DR FRANCK PEYRÉ

Faire face **aux paniques**

Comment vaincre les crises et l'agoraphobie

RETZ
www.editions-retz.com
1, rue du Départ
75014 Paris

Collection Faire face
dirigée par Charly Cungi

Je remercie les patients qui m'ont aidé à progresser et à construire ce livre.

Je remercie aussi Jean-Marie Bonnin, Charly Cungi, Raymond Elayli, Marie Estripeaut-Bourjac, Annie-Paule Peyré, Alain Sauteraud et Patricia Varenne, pour leurs conseils, leurs critiques et leur soutien.

ISBN : 978-2-7256-2598-0

Sommaire

Introduction : Présentation du trouble panique et de l'agoraphobie

Brèves histoires de panique et d'agoraphobie

Bernard qui angoisse

« Je deviens tout rouge, des sueurs puis des palpitations, la boule dans la gorge à ne plus pouvoir respirer... mal à l'aise... j'étais coincé... oppression thoracique : IL FAUT que je sorte de la voiture, IL FAUT que je respire (sort de la voiture, respire, repart)... Je suis complètement crispé, mes bras deviennent du bois quand je conduis... j'ai l'impression de devenir fou, que je risque de mourir. »

Bernard décrit une crise d'angoisse comportant des sensations physiques importantes (palpitations, oppression, boule dans la gorge) accompagnées d'un sentiment tout à fait inhabituel : la crainte de mourir ou de devenir fou.

De plus, il attend et redoute la nouvelle crise : c'est l'anticipation anxieuse.

Martine a peur du néant

« Ça a commencé en traversant à un passage clouté, par des sensations vertigineuses... "si je me laisse aller je tombe, je suis fichue... je vais tomber, c'est sûr je meurs, une espèce de coma dont on ne me sortira pas". C'est tout ce qui me fait manquer d'air... être enfermée dans un ascenseur, un avion ou en concert. La foule, la solitude aussi... Manquer d'air, ça me rappelle l'asthme que j'ai eu, pour moi c'est une petite mort. »

Bernard et Martine décrivent des crises d'angoisse qui leur font très peur. La peur d'avoir peur domine leur vie. Ils redoutent particulièrement certaines situations : la conduite pour Bernard; la foule, le concert, les ascenseurs ou la solitude pour Martine. Nous dirons qu'ils présentent, en plus des paniques, une agoraphobie, caractérisée par la peur d'être bloqué ou prisonnier de certaines situations sans possibilité d'échapper à un malaise grave ou à la mort.

Nous éprouvons tous de l'anxiété ou de l'angoisse; ce sont des émotions normales de la vie, et la plupart du temps nous trouvons dans notre éducation ou dans notre personnalité les moyens d'y faire face avec succès.

Mais, dans certains cas, nous nous sentons débordés par cette angoisse; et même si nous nous disons qu'il faudrait se comporter autrement, cela ne nous aide pas à modifier nos réactions. Au contraire, cette prise de conscience aggrave notre souffrance.

Nous ne savons pas, nous ne comprenons pas ce qu'il nous arrive : nous perdons nos repères.

Nos efforts finissent par se réduire à prendre toutes les précautions pour éviter une nouvelle crise... Quand cela arrive, nous souffrons d'un trouble panique.

Ce livre présente de manière claire et pratique ce que sont le trouble panique et l'agoraphobie, ainsi que les méthodes pour faire face, issues des thérapies comportementales et cognitives qui ont fait la preuve de leur efficacité[1].

La première partie explique ce que sont l'anxiété, les attaques de panique, le trouble panique et l'agoraphobie. Cette compréhension prépare la thérapie.

La seconde partie expose les méthodes comportementales et cognitives pour faire face, en commençant par l'analyse fonctionnelle du problème. C'est une méthode qui vous permettra de comprendre pourquoi vous restez malgré vous engagé(e) dans la spirale des paniques et/ou de l'agoraphobie. Nous sommes tous différents et notre problème n'est jamais exactement identique à celui d'une autre personne, même si les symptômes se ressemblent beaucoup. À partir de cette analyse fonctionnelle, vous pourrez choisir la méthode thérapeutique la plus adaptée à votre cas personnel, donc celle qui a le plus de chances d'être efficace : plus les moyens sont « taillés sur mesure », plus vite l'on guérit!

1. Practice Guideline for the Treatment of Patients with Panic Disorder. Supplement to *The American Journal of Psychiatry*, vol. 155, 5, May 1998.

La troisième partie explique ce qu'est la guérison et comment l'on maintient les progrès.

Comment utiliser ce livre

Ce livre est conçu comme un manuel de traitement. Sa lecture ne nécessite aucune connaissance médicale ou scientifique.

Vous découvrirez les étapes successives d'une thérapie en le lisant du début à la fin. Mais il faut savoir qu'une thérapie comportementale et cognitive est une méthode efficace si elle utilise des règles précises.

De nombreux exemples illustrent chaque étape du traitement et devraient vous permettre d'adapter ces techniques à votre propre cas, en construisant votre traitement étape par étape. Mais avant de commencer votre lecture, retenez bien qu'il ne s'agit pas d'utiliser quelques « recettes » en puisant son inspiration ici et là. Méfiez-vous de ce travers qui est souvent celui des débutants !

Une exception cependant : vous pouvez rapidement consulter le traitement d'urgence des attaques de panique, page 97.

Pour vous aider à véritablement construire votre traitement étape par étape, et à vous situer dans votre progression, consultez souvent le chapitre *Je construis mon traitement* et l'index. Vous y découvrirez un tableau qui représente la colonne vertébrale de ce manuel, et, pour chaque étape, un renvoi aux pages qui vous permettront de travailler ou de retravailler un point particulier. Il est naturel de relire et répéter pour apprendre. **Faites comme les bons thérapeutes : relisez les nouvelles connaissances pour bien les assimiler et entraînez-vous plusieurs fois pour maîtriser les nouvelles techniques !**

De nombreux encadrés, tableaux et exemples illustrent le texte et en facilitent la compréhension. Des résumés récapitulent les points importants. Des tests brefs permettent de tester vos connaissances au fur et à mesure de la lecture.

Enfin, et c'est le plus important, **des exercices** vous sont proposés pour progresser vers la guérison. Pour cela je vous recommande vivement **d'acheter un cahier, qui sera votre propre manuel de traitement**. C'est sur ce cahier que vous enregistrerez votre travail. Il représentera la mémoire de votre progression et contribuera beaucoup à augmenter votre confiance pour faire face.

Maintenant passons à la pratique. Je vous souhaite autant d'intérêt et de plaisir à lire ces pages que j'en ai eu à les écrire. Bonne lecture !

Première
Partie

Information sur le trouble panique et l'agoraphobie

CHAPITRE 1

Que sont les attaques de panique ?

Les paniques ne sont pas un phénomène rare. 5 à 30 % de la population fait une crise de panique au cours de sa vie. Une étude a montré que 9 % des femmes et 3 % des hommes avaient fait une crise de panique au cours des six mois précédents.

En revanche, le trouble panique est beaucoup moins fréquent : il touche environ 2 % de la population.

L'agoraphobie, qui est associée au trouble panique ou isolée, existe chez 3 % environ de la population[1].

Une grande étude épidémiologique américaine[2], publiée en 1998, montre que 1,7 % de la population souffre d'un trouble panique et 2,2 % d'une agoraphobie, soignés par psychothérapie ou médicaments.

Globalement, les différentes études montrent que :

– le trouble panique touche environ 2 % de la population, autant les hommes que les femmes;

– l'agoraphobie existe chez 3 % de la population et touche deux fois plus de femmes que d'hommes.

Le trouble débute la plupart du temps chez le jeune adulte, mais peut exister dès l'enfance, notamment sous forme d'anxiété de séparation

1. Rachman S., De Silva P., *Panic Disorder, the facts.*, p. 16; Rosenbaum J. F., Pollack M. H., Marcel Dekker, Panic Disorder and its treatment. 1998, p. 153; Mac Nally R. J., *Panic Disorder. A critical Analysis.* The Guilford Press, 1994; Barlow D. H., *Anxiety and its Disorders. The Nature and Treatment of Anxiety and Panic.* The Guilford Press, 1988, p. 17-22. Servant D. *Attaques de panique et agoraphobie. Diagnostic et prise en charge.* Masson, 2001, p. 47.

2. Narrow W. E., MD, MPH; Rae D. S., MA; Robins L. N. Ph D; Regier D. A., MD, MPH. Revised Prevalence Estimates of Mental Disorders in the United States. Using a Clinical Significance Criterion to Reconcile 2 Surveys'Estimates. Arch. Gen. Psychiatry, vol. 59, Feb. 2002, pp. 115-123.

(l'enfant éprouve des difficultés importantes pour s'éloigner de son milieu familial, pour aller à l'école par exemple). Le trouble panique débute très souvent après une période de stress important et loin de chez soi.

D'où vient le terme « panique » ?

De l'histoire du dieu Pan, un dieu très laid qui adorait faire la sieste et n'aimait pas être dérangé ! Il pouvait charmer les jeunes filles au son de sa flûte, mais si par hasard un voyageur non averti le réveillait, Pan poussait des hurlements tels que le malheureux était rempli d'effroi et s'enfuyait éperdument.

Que redoutait-il lorsqu'il s'enfuyait ? Le pire, certainement !

Qu'est-ce qu'une attaque de panique ?

Christian et ses peurs

« La journée ça va parce que je m'occupe, je travaille et je suis bien. Tout d'un coup, je m'arrête et je me dis « je suis bien », puis « ça va pas durer », puis je commence à me sentir mal. Je le sens venir doucement, et tout d'un coup j'ai une angoisse. J'ai peur, grosse panique, surtout le soir ; peur de mourir, de devenir fou (moins depuis quelque temps) ; je me sens souvent oppressé, de suite je pense au plus mal, je pense toujours aux mauvaises choses... des sueurs, froid, comme une montée de chaleur, les jambes molles, des tremblements, des picotements... plus ça monte, plus j'ai peur... une fois j'ai appelé SOS Médecins... dès que je vais mal, je prends le traitement [Xanax® ® 0,25 mg et Tercian® ® 25 mg[3]] ».

Christian présente un ensemble de sensations et de peurs qui surviennent brutalement et qui font partie des symptômes caractéristiques de la panique, résumés dans le tableau suivant :

3. Le Xanax® est un tranquillisant de la famille des benzodiazépines, le Tercian® est un neuroleptique, sédatif puissant.

Symptômes de panique
1. Souffle coupé, étouffement
2. Étourdissement, instabilité, évanouissement
3. Palpitations, cœur accéléré
4. Tremblements ou secousses musculaires
5. Transpiration
6. Sensation d'étranglement
7. Nausée ou gêne abdominale
8. Étrangeté, irréalité de vous-même ou du monde extérieur
9. Engourdissement, picotements
10. Chaleur, frissons, chaud-froid
11. Douleur, gêne thoracique
12. Peur de mourir
13. Peur de devenir fou ou de commettre un acte incontrôlé

La présence d'au moins **quatre de ces symptômes permet de poser le diagnostic de crise de panique**[4].

Voyons comment Christian a rempli le tableau :

Symptômes	Oui	Non
1. Souffle coupé, étouffement	X	
2. Étourdissement, instabilité, évanouissement	X	
3. Palpitations, cœur accéléré	X	
4. Tremblements ou secousses musculaires		X
5. Transpiration	X	
6. Sensation d'étranglement		X
7. Nausée ou gêne abdominale		X
8. Étrangeté, irréalité de vous-même ou du monde extérieur		X
9. Engourdissement, picotements	X	
10. Chaleur, frissons, chaud-froid	X	
11. Douleur, gêne thoracique	X	
12. Peur de mourir	X	
13. Peur de devenir fou ou de commettre un acte incontrôlé		X

4. Selon le DSM-IV, présenté en annexe page 239. Voir fréquence des principaux symptômes en annexe, page 240.

Huit symptômes sont présents ! La souffrance importante de Christian explique sa peur d'avoir peur… même lorsque tout va bien. Et le simple fait d'y penser favorise l'apparition d'une nouvelle crise, sans qu'il puisse se raisonner.

Julie et le remonte-pente

« Un jour, à 14 ans, j'ai eu peur du vide à la montagne… je me revois sur ce remonte-pente que je prenais tous les jours. Tout d'un coup je me suis posée une question, je me suis dit : "pourquoi tu ne sauterais pas ?". »

Voici comment Julie a rempli le tableau :

Symptômes	Oui	Non
1. Souffle coupé, étouffement	X	
2. Étourdissement, instabilité, évanouissement	X	
3. Palpitations, cœur accéléré	X	
4. Tremblements ou secousses musculaires	X	
5. Transpiration	X	
6. Sensation d'étranglement		X
7. Nausée ou gêne abdominale		X
8. Étrangeté, irréalité de vous-même ou du monde extérieur	X	
9. Engourdissement, picotements		X
10. Chaleur, frissons, chaud-froid		X
11. Douleur, gêne thoracique	X	
12. Peur de mourir	X	
13. Peur de devenir fou ou de commettre un acte incontrôlé	X	

Neuf symptômes sur treize ! On peut comprendre que Julie non seulement ne prenne plus le remonte-pente, mais également sa crainte de perdre le contrôle de ses actes.

Reprenons le premier exemple cité dans l'introduction, « Bernard qui angoisse » :

« Je deviens tout rouge, des sueurs puis des palpitations, la boule dans la gorge à ne plus pouvoir respirer… mal à l'aise… j'étais coincé… oppression thoracique : IL FAUT que je sorte de la voiture, IL FAUT que je respire (sort de la voiture, respire, repart)… Je suis complètement crispé, mes bras deviennent du bois quand je conduis… j'ai l'impression de devenir fou, que je risque de mourir. »

Voici le tableau de Bernard :

Symptômes	Oui	Non
1. Souffle coupé, étouffement	90 %	
2. Étourdissement, instabilité, évanouissement	70 %	
3. Palpitations, cœur accéléré	70 %	
4. Tremblements ou secousses musculaires		X
5. Transpiration	40 %	
6. Sensation d'étranglement	100 %	
7. Nausée ou gêne abdominale		X
8. Étrangeté, irréalité de vous-même ou du monde extérieur		X
9. Engourdissement, picotements		X
10. Chaleur, frissons, chaud-froid		X
11. Douleur, gêne thoracique	90 %	
12. Peur de mourir	60 %	
13. Peur de devenir fou ou de commettre un acte incontrôlé	100 %	

Huit symptômes sont présents. Bernard a de plus évalué l'intensité de chacun des symptômes sur une échelle de 0 à 100. C'est une très bonne manière d'évaluer la gêne ou la souffrance ressentie.

Il s'agit simplement de se dire : « Par rapport à ce symptôme, je note 0 s'il n'y a aucune souffrance, je note 100 si la souffrance ou la gêne sont au maximum. Tous les intermédiaires sont possibles. »

Par exemple pour le signe « peur de mourir » : « Si je n'ai aucune peur, je note 0, si ma peur est maximale, je note 100, sinon je pose une note intermédiaire entre 0 et 100 »... Bernard évalue sa peur de mourir à 60 %.

Ces exemples montrent bien que **les crises de panique ne sont pas des crises d'angoisse banales : elles déclenchent chez les sujets qui en souffrent des peurs très particulières, comme devenir fou, perdre le contrôle de soi ou être en train de mourir**.

Bernard est surtout préoccupé par les conséquences de ses crises, Christian constate que sa pensée peut déclencher les crises, Julie déclenche sa première crise en pensant qu'elle pourrait perdre le contrôle d'elle-même : nous allons voir qu'ils souffrent tous les trois d'un trouble panique.

Un sujet qui panique est complètement bouleversé ; il éprouve de **multiples sensations désagréables et pense qu'elles sont anormales et graves :**

– presque toujours une douleur ou une gêne cardiaque et respiratoire ;

– de la faiblesse, des vertiges, l'impression de s'évanouir ;

– toute sensation peut sembler anormale : chaleur, sueurs, tremblements, secousses, nausées, etc. ;

– il a parfois l'impression que l'environnement se modifie (les sons deviennent très forts ou lointains, l'espace se déforme, etc.) ;

– il a parfois l'impression de ne plus être lui-même, ou de ne plus être vraiment présent.

Tout cela lui fait penser qu'il est **en train de mourir** d'un accident cardiaque ou cérébral, ou de **devenir fou**, ou encore qu'il **perd le contrôle** de lui-même.

Les crises de panique sont donc des états d'alarme et d'angoisse intense. Elles se déclenchent en quelques minutes, parfois très brutalement, et durent en moyenne quatre minutes mais peuvent persister pendant deux heures avant de s'épuiser[6].

Mais les crises de panique ne font jamais basculer dans la « folie ». Elles ne tuent pas, elles ne font pas perdre connaissance, elles ne font pas perdre le contrôle de soi.

Pourquoi fait-on une crise de panique ?

La plupart du temps les crises sont déclenchées par des événements stressants. Mais parfois il n'y a aucune raison apparente, et l'on parle de « coup de tonnerre dans un ciel bleu ».

Nous ne sommes pas tous égaux biologiquement devant le risque de panique, et une grande émotivité, un état de stress permanent favorisent certainement les paniques. Nous reviendrons en détail sur ces points dans le paragraphe consacré au trouble panique.

Faites vous-même le diagnostic des crises de panique

Il est temps maintenant de faire le point sur vos propres attaques de panique en remplissant le tableau suivant.

Prenez votre cahier et recopiez (ou photocopiez) la liste. Cochez les symptômes caractéristiques de vos crises[7].

Notez bien qu'il s'agit de phénomènes que vous avez ressentis au cours d'une crise de durée bien limitée.

6. Servant D. *op. cit.*, p 34.

7. Les critères de diagnostic d'une attaque de panique selon le DSM-IV sont reproduits en annexe page 239.

Symptômes	Oui	Non
1. Souffle coupé, étouffement		
2. Étourdissement, instabilité, évanouissement		
3. Palpitations, cœur accéléré		
4. Tremblements ou secousses musculaires		
5. Transpiration		
6. Sensation d'étranglement		
7. Nausée ou gêne abdominale		
8. Étrangeté, irréalité de vous-même ou du monde extérieur		
9. Engourdissement, picotements		
10. Chaleur, frissons, chaud-froid		
11. Douleur, gêne thoracique		
12. Peur de mourir		
13. Peur de devenir fou ou de commettre un acte incontrôlé		

Total Oui = ...

Si vous avez souffert d'au moins quatre signes sur les treize, au cours d'un état d'angoisse de durée bien limitée, vous avez eu une crise de panique (ce nombre est une convention qui permet d'être certain qu'il s'agit d'une crise de panique). Certaines attaques de panique ont moins de symptômes, mais si elles se répètent, elles méritent la même attention que les crises « complètes ».

Cherchez également à évaluer et à enregistrer sur votre cahier, comme Bernard, l'intensité de la gêne ou de la souffrance, reliée à chacun des symptômes, sur une échelle de 0 à 100.
Ces renseignements seront très utiles pour mettre au point votre traitement et pour en surveiller l'évolution.

Récapitulation

Près d'une personne sur trois a fait une crise de panique, au cours de laquelle elle a éprouvé des émotions pénibles (angoisse, sensations physiques anormales) et éventuellement des pensées de catastrophe (sur son état physique et mental).

Les peurs caractéristiques sont : mourir, devenir fou, perdre le contrôle de soi.

Mais heureusement, même si les crises de panique font très peur, elle ne font pas sombrer dans la folie, elles ne font pas commettre des actes dangereux ou regrettables, elles ne font pas perdre connaissance et ne tuent pas.

Qu'ai-je appris sur les crises de panique ?

	Oui	**Non**
Beaucoup de gens font une crise de panique		
Les crises de panique sont bien définies (ce qui m'arrive est bien connu)		
Une crise de panique ne menace pas ma vie		
Une crise de panique ne menace pas ma santé mentale ou physique		

Si vous avez répondu un « non », je vous conseille de reprendre la lecture des paragraphes précédents.

CHAPITRE 2

Qu'est-ce que le « trouble panique » ?

Voyez le rôle de Jean-Pierre Bacri dans le film *On connaît la chanson*, d'Alain Resnais. Sa chanson-logo est : « j'ai la rate qui s'dilate... ». Il consulte de nombreux médecins qui évoquent différents diagnostics anodins, et qui essaient de le rassurer, en lui parlant de stress, etc. Ses paniques continuent et... il finit par les dédramatiser.

Exemples de troubles paniques

Gilles : des paniques comme un coup de tonnerre dans un ciel bleu

Gilles est chauffeur de taxi. Il est âgé de trente-huit ans. C'est un grand sportif, il est en bonne santé. Il y a deux ans, il a fait une crise au volant, sans aucune raison : « *Le cœur qui tapait, manque d'air, j'avais mal au bras gauche, j'ai descendu ma vitre, j'ai cru que je devrais m'arrêter et au bout d'un moment c'est passé.* » La répétition de ces crises l'a beaucoup inquiété, alors il est allé en parler à son médecin. Celui-ci l'a rassuré après l'avoir examiné. Il a ensuite évoqué une spasmophilie par manque de calcium[1] et lui a proposé un traitement pour cela, pendant six mois. Les crises ont disparu pendant deux ans. Puis Gilles a rechuté. Il est retourné consulter. L'examen était toujours normal et son médecin lui a prescrit du magnésium. Les crises ont disparu pen-

1. Le trouble panique n'a été enseigné en France que tardivement, et beaucoup de médecins faisaient encore, au début des années 90, les diagnostics qu'on leur avait enseignés : tétanie, spasmophilie, ou encore névrose d'angoisse.

dant quelques semaines, mais maintenant elles reviennent malgré le magnésium...

En savoir plus sur l'anxiété[2]

L'anxiété normale est déclenchée par une alarme vraie.
Je me rappelle avoir été subitement poursuivi par un chien qui aboyait à tue-tête, alors que je me promenais à bicyclette. Je devais avoir sept ou huit ans et je m'en souviens comme si c'était hier ! Le chien courait « dans ma roue ». J'ai senti la peur descendre le long de mon dos, et mes cuisses se durcir pour pédaler plus vite... Le chien a fini par se décourager et il a fait demi-tour pour rentrer chez son maître. Je crois que je n'ai jamais pédalé aussi vite de ma vie.
Mon cerveau, conscient du danger, a déclenché une alarme qui a libéré de l'adrénaline pour activer mon système nerveux végétatif, et cette activation a produit **instantanément** toute une série de changements dans mon corps.
Ces changements ont beaucoup d'avantages. Ils aident à réagir vite pour échapper au danger :
– la respiration s'accélère et les poumons s'ouvrent davantage. Tout cela augmente l'oxygène disponible pour les muscles ;
– le cœur accélère et la tension artérielle augmente, permettant d'apporter les aliments des muscles plus vite et en plus grande quantité ;
– le sang est réparti vers les muscles, ceux des jambes en particulier, au détriment de la digestion. Il y a moins de sang au niveau du visage et l'on peut sembler « blanc de peur » ;
– les muscles sont tendus, prêts à réagir ;
– la sudation augmente pour refroidir le corps en cas d'activité musculaire importante ;
– l'esprit est attentif et se préoccupe tellement de gérer le danger qu'il ignore les autres choses.
En revanche, d'autres phénomènes sont désagréables : la digestion est interrompue et la salivation diminue ; la bouche devient sèche, la nourriture stagne dans l'estomac et l'on peut être nauséeux.

2. Andrews G., Crino R., Lampe L., Hunt C., Page A., The Treatment of Anxiety Disorders. *Clinician's Guide and Patient Manuals*. Cambridge University Press, 1994, p. 64.

La peur et la crainte sont des phénomènes normaux

Imaginez une dizaine de personnes en train de déjeuner dehors. Quelqu'un arrive et dit : « Il y a un serpent ! ». Plusieurs convives vont se lever précipitamment en criant parce qu'ils ont peur, et c'est normal.

Qui ne s'est jamais fait du souci de peur que l'un de ses proches n'ait un accident ?

Qui n'éprouverait pas de malaise dans un ascenseur s'il se bloquait ?

Les « paniqueurs » et les agoraphobes n'ont pas des peurs anormales. Ils ne sont pas différents des autres mais leurs peurs sont excessives, trop fortes, et la raison ne peut les rassurer.

L'anxiété phobique est déclenchée par de fausses alarmes.

Par exemple, une personne qui panique dans un ascenseur, bloqué ou non, pense qu'elle manque d'air alors que ses voisins respirent facilement.

Chez certains sujets les crises se répètent, souvent sans menace réelle (on parle alors de « fausses alarmes »). Et chez un petit nombre d'entre eux (approximativement 2 % de la population) il se développe une peur persistante de refaire une de ces crises effrayantes. C'est ce que l'on a appelé la « peur de la peur » ou la « peur d'avoir peur » caractéristique du trouble panique et, nous le verrons plus loin, de l'agoraphobie.

Les sujets qui en souffrent constatent que **cette peur suffit à déclencher les crises**, et qu'elles se répètent de plus en plus souvent. Et naturellement, ils les redoutent de plus en plus… et les crises se répètent de plus belle : ils développent un trouble panique.

Isabelle essaie de ne pas penser à son cœur

Isabelle est âgée de trente-sept ans; elle m'a été adressée pour une dépression. Elle est mariée et maman d'une fille de huit ans. Sa mère a eu de graves troubles psychiatriques, un diabète et une maladie de Parkinson. « *Quand on était enfants, elle était hospitalisée une fois par mois en disant "je vous dis au revoir, je vais mourir"; on se demandait toujours si elle allait revenir.* »

Isabelle est hyperémotive et elle a peur des maladies depuis l'enfance. « *Si je sens que mon cœur bat trop vite, je me dis que ça y est… Quelque chose qui monte à la gorge, des sueurs froides, des nausées et de la diarrhée... Lorsque je suis couchée sur le dos, j'entends mon cœur qui bat et ça me dérange, j'ai l'impression que je vais entendre mon cœur s'arrêter.* »

Tous les soirs, elle repousse le moment de se coucher parce qu'à ce moment-là elle entend son cœur battre et elle a peur de l'entendre s'arrêter. Elle ne redoute pas d'autre situation. Isabelle souffre d'un trouble panique.

Bernard a peur d'étouffer et de ne plus se contrôler !

Il est âgé de trente-quatre ans, marié et père de deux enfants. Il est chauffeur de bus. Son trouble panique avec agoraphobie évolue depuis cinq ans. Avant cela, il n'avait jamais été malade.
« *C'est venu petit à petit : j'ai eu peur de la foule, je ne pouvais plus sortir de chez moi, je sortais avec des cannes, la tête me tournait tellement... je ne pouvais plus marcher en voyant des gens autour de moi. Ça a été des années noires ! Je ne pouvais plus conduire (la voiture), des angoisses.* »
La conduite de son bus était de plus en plus difficile. Cela a commencé aux heures d'affluence, lorsque les passagers se pressaient contre lui, et lorsque la visibilité était réduite par la pluie ou lorsque la nuit tombait. « *Il suffisait que je les voie ou que je les sente... quand les gens vous agressent dans un bus, vous les avez tous sur le dos. Par exemple, un coup de frein, y'en a un qui gueule, c'est tout le bus qui gueule...* »

Bernard souffre d'un **trouble panique**. Ses attaques de panique se répètent, parfois sans raison, malgré de fortes doses de tranquillisant (six comprimés de Xanax® à 0,5 mg chaque jour) et une psychothérapie de type psychanalytique. Elles sont souvent déclenchées par des tensions avec les autres ou la sensation de manquer d'air. Il a la hantise de la prochaine crise, et à cause de l'inefficacité des traitements, deux problèmes l'obsèdent : « *On ne sait pas ce que c'est* » et « *On ne sait pas le soigner.* » Il pense que cela signifie qu'il a une maladie grave et il fait répéter prises de sang et scanners cérébraux. On comprend facilement son point de vue.
Enfin il a développé une **agoraphobie**, surtout liée à la présence de la foule, c'est-à-dire qu'il a progressivement évité certains lieux et certaines situations dans lesquels il redoutait de faire une crise (nous verrons en détail ce qu'est l'agoraphobie dans le chapitre suivant).

Djamila : diarrhée, honte et panique!

Djamila est âgée de trente et un ans. Divorcée depuis deux ans, elle élève un fils qui a six ans. Elle exerce un travail de relations publiques dans une grande entreprise. Elle m'est adressée par une collègue spécialiste de médecine interne qui la soigne pour des troubles digestifs.

« *La première fois, je me suis fait dessus dans le train... je n'ai pas percuté... ensuite, j'ai fait une ou deux crises en 93, mais depuis une relation qui a démarré en 95, c'est fréquent; j'ai peur qu'il me plaque, je me rends malade des intestins; après avoir mangé, j'entends « clonc clonc » au niveau du ventre... j'ai mal au ventre, tout de suite je cherche des toilettes! J'ai des bouffées de chaleur, mon cœur est très rapide ou très lent, j'ai du mal à respirer... après je suis vraiment mal, hyperangoissée... j'ai des vertiges comme si je me vidais de mon sang.* »

L'accident digestif de Djamila ne lui a créé aucune honte et elle y a bien fait face.

Quelque temps plus tard, elle subit sa première attaque de panique : sensation de s'étouffer en bateau avec un ami. Elle lui a demandé de rentrer de suite et c'est passé.

C'est après les premières crises de panique que la peur et la honte qu'un nouvel incident digestif se reproduise sont apparues.

Elle redoute d'être abandonnée par son ami à la suite d'une telle crise.

Elle devient hypervigilante, toujours à l'écoute du (mauvais) fonctionnement de ses intestins, et dans certaines situations cette peur suffit à déclencher la panique.

Et elle commence à éviter les lieux et les situations dans lesquelles elle ne pourrait pas accéder rapidement aux toilettes. Elle évite aussi de faire certains repas avant des rencontres importantes. Cela s'étend aux réunions professionnelles, et elle trouve des prétextes pour ne pas y participer.

Finalement, elle évite aussi d'être seule, en voiture ou en train, et elle devient dépendante de son entourage familial proche : Djamila a peur de ses crises et elle évite les situations dans lesquelles ces crises pourraient lui faire honte : elle souffre aussi d'un **trouble panique avec agoraphobie**.

Hélène : vertiges, sinusite et paniques

Hélène est âgée de quarante ans. Elle a suivi une psychanalyse pendant neuf ans à cause de ses paniques. Elle vit en concubinage, une relation stable. Elle travaille dans une administration.
« *La première fois que j'ai pris le train toute seule pour aller voir ma sœur, un monsieur dans le compartiment a réalisé que je n'allais pas bien : j'étais très blanche, j'avais des sueurs, l'angoisse montait, j'ai eu l'impression que j'allais m'évanouir.* » Le monsieur lui propose un verre d'eau. Les pensées défilent : « *Je suis malade, je vais m'évanouir, qu'est-ce qui va m'arriver dans ce train ? Qui est-ce qui va s'occuper de moi si je me lève pour aller aux toilettes ? Puis tout d'un coup c'est passé ; j'ai ressenti une fatigue intense, j'avais mal aux muscles.* »
Mais les troubles ont commencé bien avant : son père lui a confié récemment que lorsqu'elle était petite, elle avait brutalement décidé de ne plus aller faire les courses (elle ne s'en souvient pas). « *Cela a commencé souvent chez le coiffeur, sans lunettes, lorsque j'avais la tête en arrière, je ressentais des nausées.* »
Vers l'âge de vingt ans, elle a ressenti quelques malaises dans la rue : « *Je vais me trouver mal* » pensait-elle, puis apparaissaient « *des sueurs et une grande lassitude* ». La première idée c'était : « *Je dois avoir attrapé quelque chose (rhume, grippe), jusqu'au moment où j'ai réalisé que ce devait être autre chose... Il y a quatre ou cinq ans, je suis arrivée à Bordeaux pour vivre en couple et finalement je me suis retrouvée seule.* »
La situation s'est progressivement aggravée et, actuellement, elle ne peut s'éloigner de plus de 100 mètres d'une personne ou d'un lieu qui la sécurise. « *J'ai besoin de repères rassurants : pouvoir m'asseoir, être près de ma voiture. Le pire c'est d'être dans la rue toute seule et dans les magasins, je supporte mal la lumière des néons, ou être dans mon appartement, seule. Depuis plusieurs mois cela a empiré. Si je suis toute seule je ne peux pas sortir, j'ai trop peur, peur de paniquer. Depuis un mois je ne peux plus déjeuner au snack* [de son administration]. » Elle craint aussi d'avoir une pulsion suicidaire au cours d'une crise : « *passer par la fenêtre* ».

On retrouve des éléments d'agoraphobie depuis l'enfance d'Hélène, mais le **trouble panique avec agoraphobie** ne s'est véritablement déclenché qu'à l'âge adulte.
Au plan physique, elle souffre de fréquents maux de tête et de sinusite, qui la rendent peu sûre d'elle, et déclenchent souvent des attaques de panique.

Son trouble panique est très lié aux préoccupations sur sa santé et au questionnement : « *Est-ce que je vais me trouver mal ?* » Il lui fait redouter une perte de contrôle catastrophique : une défenestration.

Jacqueline : petits essoufflements et grands évitements

Jacqueline souffre d'un trouble panique avec agoraphobie depuis longtemps. Dès qu'elle fait un petit effort physique, elle sent son cœur battre plus fort et surtout elle se sent « *essoufflée comme une de mes amies asthmatique* ». Elle a vu un cardiologue qui a constaté que son cœur battait vite au repos ; il lui a prescrit de l'Avlocardyl®[3], mais elle ne se sent pas vraiment mieux. Elle a été bien rassurée par le spécialiste et ne craint pas d'avoir une maladie cardiaque, mais elle est toujours aussi gênée. Très vite après l'essoufflement, elle sent « *la tête prise dans un étau, une vision différente, je tremble pour un rien, des sueurs...* », puis elle finit par penser : « *Ces derniers temps, j'allais un peu mieux, mais ça ne va pas passer, je ne m'en sortirai jamais.* »

Jacqueline ne craint pas de devenir folle, ni de mourir, ni même d'avoir une maladie ou un incident grave, mais elle redoute par-dessus tout de sentir ce malaise qui survient extrêmement rapidement (si quelqu'un vient faire la queue derrière elle par exemple), et elle fait tout pour éviter ces sensations. Elle se fait accompagner par sa mère le plus souvent possible et son autonomie est très réduite. Tout cela aggrave une dépression fluctuante. Cette forme de « panique sans peur » n'est pas exceptionnelle[4].

Jacques : réveillé par la panique !

Jacques est réveillé en pleine nuit par une panique. Voici son récit : « *Une nuit, je me suis réveillé, j'étouffais, j'arrivais pas à respirer... j'ai eu peur de mourir... je ne comprenais pas ce qu'il m'arrivait... ma femme a appelé SOS Médecins... Le docteur m'a ausculté et il a pris ma tension. Il a trouvé que la tension était trop forte, mais il m'a dit que c'était l'angoisse... Je ne comprenais pas parce que je ne voyais aucune raison.* »

3. Médicament de cardiologie, de la famille des bêtabloquants, qui ont entre autres la propriété d'empêcher le cœur d'accélérer exagérément en cas de stress.

4. Mac Nally R. J., *op. cit.*, cite Beitman pp. 16-18, « oxymoronic non fearful panic » ; et Teasdale et Rachman p. 113 : 27 % des attaques de panique ne s'accompagnent pas de cognitions de peur.

Ce n'est pas un cauchemar qui réveille Jacques, c'est la panique. Il souffre d'un **trouble panique**. Les paniques nocturnes ont la particularité de se déclencher sans raison apparente, et sans trouble du sommeil. Lorsqu'elles existent, on retrouve le plus souvent d'autres paniques dans la journée.

Définition du trouble panique

Malgré des personnalités et des histoires différentes, Bernard, Isabelle, Christian, Hélène et Jacqueline ont plusieurs points en commun :

- leurs **crises de panique se répètent** ;
- ils redoutent **de faire une autre crise** au moindre changement de sensation ou de situation (on parle d'« alarmes apprises »[5] qui déclenchent les paniques) ;
- ils ont la **hantise des conséquences de ces crises** : mourir, devenir fou ou perdre le contrôle de soi.

Ils attendent la panique, à l'affût des sensations qui annoncent le début d'une crise : « *Je me scrute en permanence* » disait une patiente.

La découverte du trouble panique[6]

En 1962, Donald Klein a montré que le nombre d'attaques de panique d'un groupe de 14 patients diminuait considérablement après quelques semaines de traitement par un antidépresseur (imipramine). En revanche, leur état anxieux de fond persistait. Cette action sélective, comme le caractère souvent spontané des attaques de panique, était en faveur d'un mécanisme biologique. Cela a battu en brèche la théorie selon laquelle il existerait un continuum entre cette anxiété de fond et les crises de panique. Ces crises de panique récidivantes, souvent inattendues et imprévisibles, et qui disparaissaient avec un traitement antidépresseur ont ensuite été définies comme le trouble panique.

Trouble panique, un trouble grave ?

Leurs frayeurs font penser à Bernard, Isabelle, Christian, Hélène et Jacqueline que « c'est grave ». Mais, fort heureusement, **ces orages émotionnels n'ont pas de conséquence grave sur l'organisme**.

5. Barlow D. H., *op cit.*, p. 367. Voir le modèle de Barlow en annexe, page 246.
6. Lemperiere T., *in* Boulenger J.-P., *L'Attaque de panique, un nouveau concept ?* Jean Pierre Goureau éditeur, 1987, pp. 25-29.

En revanche, leurs histoires montrent que **ce qui est grave, c'est la souffrance psychologique et les handicaps qui en résultent**.

Les symptômes des crises de panique sont très différents de ceux des crises cardiaques, de l'épilepsie, des vrais vertiges et de l'asthme. Mais au moindre doute, je vous recommande de faire le point avec votre médecin habituel; si vous n'en avez pas, renseignez-vous pour trouver un médecin de confiance.

Le **bilan médical** permet de :

• confirmer le diagnostic de trouble panique-agoraphobie;

• rechercher un autre trouble psychologique associé aux paniques, comme une dépression;

• faire ou éliminer le diagnostic d'une autre maladie (et le cas échéant, faire la part des choses entre le trouble panique et une autre maladie).

C'est sur la base de ces informations que vous pourrez faire face efficacement.

Faites la différence entre trouble panique et autres maladies

Les attaques de panique ne font jamais perdre connaissance

Les sensations de vertige ou de faiblesse des paniques donnent souvent peur de s'évanouir. Mais **les crises de panique ne provoquent jamais d'évanouissement ni de coma**.

La perte de connaissance la plus commune est le « malaise vagal » au cours duquel il se passe le contraire de la crise de panique : le cœur ralentit et la tension artérielle diminue, on devient très pâle, on se sent devenir très faible, et l'on peut perdre connaissance pendant quelques instants. Ce type de malaise peut aussi être déclenché par la vue du sang ou de blessures. Cette phobie du sang et des blessures est la seule à pouvoir déclencher une perte de connaissance.

En dehors des traumatismes, les autres pertes de connaissance sont dues à des causes médicales, comme des troubles cardiaques (trouble du rythme ou infarctus grave) ou neurologiques (épilepsie) ou biologiques (par exemple des hypoglycémies en cas de diabète mal équilibré).

Point important :

Si vous avez perdu connaissance, ce n'est pas à cause d'une attaque de panique. Ce n'est peut-être pas grave mais cela nécessite un bilan médical.

Faites la différence entre trouble panique et hypocondrie[7]

Le trouble panique fait souvent croire aux patients qu'ils sont malades du cœur, du cerveau, etc. L'hypocondriaque est aussi convaincu d'avoir un organe malade. Mais contrairement aux paniqueurs, sensibles à des symptômes qui commencent et finissent assez brutalement, l'anxiété des hypocondriaques est relativement stable, et elle est liée au souci permanent d'avoir un organe malade.

Faites la différence entre trouble panique et trouble obsessionnel-compulsif

C'était au cours d'un voyage à moto. La première « panique » de Sandrine a eu lieu dans les bras de son ami. Elle ne comprenait pas du tout ce qu'il lui arrivait et elle n'a pas osé lui en parler. Elle avait l'impression qu'elle ne pouvait plus se contrôler, et brusquement, elle a pensé qu'elle pourrait devenir folle et l'étrangler ! Le reste du voyage a été très difficile parce qu'elle craignait toujours d'avoir une autre crise et de l'étrangler lorsqu'elle était derrière lui sur la moto.

Les « phobies d'impulsion », qui donnent les mêmes peurs, sont des pensées obsédantes : on a peur de faire du mal aux autres dans certaines circonstances, mais cette crainte ne survient pas brutalement à cause des sensations d'une panique, c'est la peur lancinante de le faire si l'on n'y prend pas garde, ou « malgré soi ».

Et la tétanie, et la spasmophilie ?

« Tétanie » et « spasmophilie » : deux diagnostics très souvent formulés après une crise d'angoisse plus ou moins spectaculaire. « Tétanie » fait référence à la contraction musculaire et « spasmophilie » à la tendance aux spasmes...

Dans les deux cas le responsable du trouble serait une insuffisance de calcium (utile pour le fonctionnement des cellules, et notamment pour la contraction musculaire). Plus récemment, on a incriminé une insuffisance de magnésium dans le sang. Mais aucune étude scientifique n'a pu démontrer le lien entre de telles anomalies (si elles existent) et les crises de panique répétées. Enfin, l'administration de ces métaux n'a jamais

7. Mac Nally R. J., *op. cit.*, cite Clark, p. 110.

empêché le développement ni l'aggravation d'un trouble panique. Ils sont pourtant encore très employés… Mais actuellement, la plupart des chercheurs pensent que la spasmophilie doit être rattachée au trouble panique-agoraphobie[8].

Panique ou/et autres maladies somatiques ?

• Djamila réagit comme si elle allait avoir une nouvelle gastro-entérite, lorsqu'elle redoute une crise de panique.

• Hélène n'arrivait pas à faire la différence entre sinusite et panique lorsqu'elle éprouvait des sensations vertigineuses.

• Claire, onze ans, avait un asthme depuis plusieurs années. Elle avait aussi des attaques de panique. Ce sont les paniques qui lui donnaient le plus fort sentiment d'étouffement et d'urgence.

• Muriel, dix-huit ans, avait des attaques de panique et des pertes de connaissance accompagnées de quelques convulsions. Ce sont ces pertes de connaissance qui ont permis de faire le diagnostic d'épilepsie, parce que cela n'arrive jamais pendant une panique.

• Bernard était persuadé que ses paniques traduisaient un désordre du système nerveux provoqué par le SIDA ou un cancer du cerveau, mais il n'avait aucune maladie hormis son trouble panique-agoraphobie.

• Attaque de panique ou crise cardiaque ? Émile est chirurgien retraité. Il y a quelques mois, il a ressenti des douleurs thoraciques insupportables qui le rendaient incapable de faire le moindre effort. Il a été hospitalisé d'urgence en soins intensifs : il souffrait d'une grave angine de poitrine (le cœur souffre à cause d'une mauvaise circulation). Il a été bien soigné et sa convalescence a été normale jusqu'au jour… où de nouvelles crises sont apparues. Au cours de ces crises, la douleur était beaucoup moins forte que celle de l'attaque cardiaque, mais il avait tellement de mal à respirer qu'il pensait « *si j'oublie de le faire, je vais mourir* ». Émile était persuadé de faire un infarctus (une partie du cœur n'est plus irriguée et « sèche » comme une cicatrice). Et pourtant les examens rassuraient complètement le cardiologue qui l'avait sauvé quelques mois plus tôt. Essayons de comprendre l'histoire d'Émile : il a réellement failli mourir d'une crise cardiaque et c'est évidemment un stress très important. Cette expérience a laissé dans sa mémoire un sentiment de menace imminente qui s'est réactivée un jour où il a éprouvé de nouveau une gêne pour respirer. Et depuis ce jour, toute sensation cardiaque ou respiratoire anormale lui fait

8. Cottraux J. *in* Boulenger J.-P., *op. cit.*, p. 220.

craindre une nouvelle crise cardiaque : il déclenche alors des attaques de panique pendant lesquelles il se sent complètement débordé (comme au moment de la crise d'angine de poitrine). Il pense qu'une crise va l'achever[9]. Cet exemple est caractéristique de la sensibilité à l'anxiété et des erreurs de jugement que l'on trouve dans le trouble panique[10].

Au-delà de leurs différences, ils avaient tous en commun l'expérience d'attaques de panique répétées et la peur de leurs conséquences.

Faites toujours le point avec votre médecin. Il vous aidera à faire la part des choses. Il faut savoir reconnaître les paniques, mais il ne faut pas leur attribuer tous nos maux !

Beaucoup de paniqueurs sont jeunes et n'ont pas de maladie cardiaque. Pourtant ils ont la même sensibilité qu'Émile aux sensations d'essoufflement, comme Bernard, Isabelle et Martine.

Avoir un trouble panique n'est pas une honte, ni une faiblesse

Dur au mal, Émile avait enduré depuis le début de sa carrière des douleurs physiques importantes sans jamais arrêter de travailler. Il avait même traité ses premières vraies douleurs cardiaques par le mépris, mais il a eu beaucoup de mal à admettre qu'il avait un trouble panique parce qu'il considérait cela comme une faiblesse. Il a changé d'avis lorsqu'il a constaté qu'il pouvait contrôler ses crises.

Récapitulation

Un sujet qui souffre de trouble panique :

- **subit des crises qui se répètent (prévues ou non prévues);**
- **pense qu'une crise va aboutir à une catastrophe (santé physique ou mentale);**
- **redoute la survenue d'une nouvelle crise;**
- **se trompe lorsqu'il interprète des sensations physiques normales comme des menaces de catastrophe (danger);**
- **se trompe lorsqu'il croit diminuer ce « danger » avec des conduites « sécurisantes ».**

9. Voir le modèle de trouble panique de D. Barlow, en annexe, p. 246.
10. Mac Nally R. J., *op. cit.*, pp 115-132.

Faites vous-même le diagnostic de trouble panique

Vous avez un trouble panique si :
1. vous avez eu des attaques de panique caractéristiques (voir les critères page 14) ;
2. vous redoutez depuis au moins un mois d'avoir une autre panique.
(Pour plus de détails, voir les critères du DSM-IV[11] en annexe, page 240.)

Qu'ai-je appris sur le trouble panique ?

Vérifiez vos connaissances générales sur le trouble panique en consultant le tableau ci-dessous (voir réponses en annexe p. 242).

	Vrai	Faux
Le trouble panique est une maladie :		
– physique (cardiaque, neurologique...)		
– psychologique		
Une crise de panique peut :		
– tuer		
– rendre très malade		
– rendre fou		
– nous faire faire n'importe quoi		

11. Les spécialistes de l'APA (American Psychiatric Association) pensent que l'agoraphobie est une complication du trouble panique, et ceux de l'OMS considèrent que le trouble panique est une complication de l'agoraphobie. L'épidémiologie montre que ces deux troubles peuvent exister indépendamment l'un de l'autre mais qu'ils sont très souvent associés. C'est la raison pour laquelle je parlerai souvent de trouble panique-agoraphobie.

CHAPITRE 3

Qu'est-ce que l'« agoraphobie » ?

Le roi Denys ne supportait pas les viles flatteries de Damoclès au sujet de son bonheur. Alors il l'invita et lui fit servir un repas princier, mais en même temps il fit suspendre au-dessus de lui une épée, retenue par un seul crin de cheval. Damoclès resta assis parce qu'il n'avait pas le choix. Il ne put savourer les mets qu'on lui présenta car son esprit était préoccupé par le danger qui planait au-dessus de sa tête. Avait-il peur de mourir, d'un instant à l'autre ? Scrutait-il l'ombre de l'épée ? Levait-il les yeux pour se rassurer ou confirmer le danger ?

Dans le trouble panique et l'agoraphobie, le sujet réagit comme si sa vie ne tenait qu'à un fil. Mais contrairement à Damoclès, il se trompe.

Quelques exemples d'agoraphobie

Sophie fait tout pour éviter d'être embarquée par le SAMU

Sophie est âgée de trente-huit ans. Elle souffre d'un trouble panique avec agoraphobie. Elle a « *toujours* » eu peur de faire un malaise, et le plus dur pour elle c'est de faire la queue, attendre dans la foule (à la gare, au cinéma...). « *J'ai toujours eu quelqu'un avec moi, j'ai eu de la chance.* » Elle a peur d'être seule, parmi des étrangers, et d'avoir un malaise, « *qu'on appelle le SAMU – dès que j'entends le SAMU je suis mal... en voiture, il faut que je laisse le volant.* » Ce qu'elle redoute le plus, c'est qu'à la suite d'un malaise on l'emmène à l'hôpital, « *l'hôpital c'est la souffrance...* ». Elle ne peut pas non plus attendre devant un passage clouté.

Elle a établi la liste des situations qu'elle évite. Elle a aussi précisé sur une échelle de 0 à 100 sa tendance à éviter les situations décrites. Cette évaluation est très pratique pour évaluer la gravité de l'agoraphobie, et elle permet de repérer les situations qui seront les plus faciles à aborder au cours du traitement. Elle nous servira aussi pour mesurer les progrès au cours du traitement.

	Situation	**Évitement**
1	Conduire seule	100
2	Marcher seule dans la rue	95
3	S'éloigner de chez soi	90
4	Traverser une rue	70 à 90
5	Attendre un bus	80 à 100
6	Espaces situés en hauteur (escalier ajouré)	90
7	Ascenseur, espaces fermés	80
8	Foule	70

Pour sortir, elle se fait accompagner par l'un de ses parents parce que leur présence la rassure. Si elle doit sortir seule, elle se rassure en allant, le plus vite possible, uniquement dans les petits commerces, elle choisit bien ses moments et ses parcours afin de ne jamais se trouver loin d'une pharmacie ou d'un cabinet médical. Elle évite la plupart des situations de la vie quotidienne.

Sophie a un trouble panique compliqué d'une agoraphobie invalidante, qui la rend très dépendante de ses parents. Et pourtant elle se reproche vivement cette dépendance.

Prenez votre cahier et, comme Sophie, **faites la liste des situations que vous redoutez**. Lorsque la liste sera terminée, **évaluez de 0 à 100 votre tendance à éviter la situation lorsque vous avez le choix** (par exemple Bernard accompagnait ses filles à l'école malgré ses peurs parce qu'il se sentait obligé de le faire ; mais s'il avait pu choisir, il aurait totalement évité cette situation).

Djamila fait tout pour éviter les paniques et la honte

La grande peur de Djamila, c'est de « *se faire dessus* » et d'avoir une attaque de panique devant quelqu'un.

Elle évite les lieux ou les situations dans lesquelles elle ne pourrait pas accéder rapidement aux toilettes : lieux inconnus, réunions professionnelles, circuler en voiture avec quelqu'un. Elle évite aussi d'autres situations « *compromettantes* », comme prendre un repas avec des amis ou certaines rencontres importantes. Et progressivement elle s'est repliée, ne voyant plus que son entourage familial proche, le seul avec lequel elle pouvait se sentir bien.
Elle cherche à se rassurer en contrôlant son alimentation de façon très stricte avant toute rencontre importante et en prenant des traitements pour réguler son transit digestif.
Elle cherche à se rassurer en repérant immédiatement les toilettes dans les lieux nouveaux.

Djamila **évite** de multiples situations dans lesquelles elle redoute de perdre le contrôle, elle a des **comportements de réassurance** : son trouble panique s'est compliqué d'une agoraphobie sévère, handicapante dans sa vie personnelle et professionnelle.

Bernard évite le plus possible le manque d'air et la foule

Il éprouve un malaise dans la foule : « *Je ne pouvais plus sortir de chez moi… je sortais avec des cannes, la tête me tournait tellement… je ne pouvais plus marcher en voyant des gens autour de moi… J'ai pris du Xanax® 0,5 mg, au début ça m'a aidé, mais je sens que ça s'épuise, même à six… mais j'en ai toujours dans la poche.* » C'est à grand-peine qu'il va chercher ses filles à l'école (deux minutes en voiture).
Il se sent mal en voiture : « *Je me demande toujours où je vais tomber. Si dans la voiture ça m'arrive, ce fameux malaise que j'attends : je ne peux plus conduire, j'ai les bras durs, j'ai peur de causer un accident, d'être obligé de m'arrêter. C'est la panique, c'est la terreur, je suis même à la rigueur un danger public… j'ai peur de tuer quatre personnes en face.* »

Malaises dans le bus (il est chauffeur de bus) : il a fini par simuler une panne et s'arrêter, et depuis il est en arrêt de travail.
Bernard évite progressivement la foule, puis la voiture, puis le bus. Il a pourtant fait beaucoup d'efforts pour continuer son travail et il a même pris des médicaments pour y arriver.
Il a peur, mais il lutte, il cherche à se rassurer en marchant avec des cannes, en ouvrant sa vitre lorsqu'il conduit, en ayant toujours des tranquillisants dans sa poche, mais rien n'y fait : Bernard redoute la

crise de panique et ses conséquences catastrophiques, notamment en voiture. Son trouble panique s'est compliqué d'une agoraphobie sévère qui réduit considérablement son périmètre d'action.
Bernard a récapitulé ses comportements de réassurance dans un tableau :

Comportements de réassurance de Bernard
Marcher avec des cannes
Prendre du Xanax® (tranquillisant) avant de sortir
Avoir du Xanax® dans ma poche
Ouvrir la vitre si je manque d'air en voiture ou en bus
Conduire le plus vite possible
Conduire pendant les heures où il y a peu de circulation

Comme Bernard, **cherchez à prendre conscience et notez sur votre cahier les « conduites de sécurité » que vous dicte l'agoraphobie**. Ces comportements sont très nombreux et parfois très subtils. En voici une liste, qui ne prétend pas être complète, mais qui vous aidera probablement à détecter vos propres comportements de « sécurisation ».

Exemples de recherches de sécurisation
Marcher avec des cannes
Prendre un tranquillisant avant de sortir
Avoir un tranquillisant dans ma poche
Ouvrir la vitre si je manque d'air
Me dépêcher pour rejoindre le plus rapidement possible une personne ou un lieu sécurisant
Sortir à des heures où il y a peu de circulation, ou peu de monde
Modifier mon trajet pour passer près de chez le pharmacien, le médecin ou un proche
Rester chez moi ou sortir accompagné(e) par quelqu'un qui me rassure
Avoir un téléphone portable sous la main pour appeler au cas où…
Ne jamais trop m'éloigner de chez moi, de ma voiture, etc.
M'asseoir près des sorties (salles de spectacle, salles d'attente)
Etc.

Martine évite à tout prix d'être seule et de s'éloigner de chez elle

« *Le pire, c'est de traverser un endroit désert, de rester seule dans un endroit désert, rester seule la nuit. La foule, un concert ou les supermarchés pleins ! Je suis incapable ! Conduire c'est variable : les ponts ça va à peu près, mais je ne prends jamais les autoroutes ni les routes désertes, surtout la nuit... je suis toujours obligée de calculer quand je roule. Marcher en forêt, même avec des amis, je ne peux pas...* »
Martine évite le plus possible de dormir seule. « *Seule* », c'est lorsque son conjoint travaille la nuit et qu'elle dort dans son appartement avec les enfants. Dans ce cas, elle ne se déshabille pas, elle s'installe sur le canapé du salon et résiste au sommeil, la porte de l'appartement entrouverte, au cas où il lui arriverait quelque chose. Le pire pour elle c'est : « *Tomber dans le coma ou mourir et être découverte par mes enfants désemparés.* »

Martine souffre d'un trouble panique avec une agoraphobie très importante : elle évite à tout prix de se retrouver seule, ou seule responsable de ses enfants. Elle cherche à se rassurer en s'installant près de la porte d'entrée et en laissant la porte ouverte, etc. Mais tout cela la rassure bien peu, et elle ne s'endort que par épuisement.

Définition de l'agoraphobie : la peur d'avoir peur

C'est Westphal qui a décrit et défini l'agoraphobie en 1872 comme une « *impossibilité de marcher dans certaines rues... particulièrement... lorsqu'elles sont désertes et lorsque les magasins sont fermés. Les patients éprouvent un grand réconfort lorsqu'ils sont accompagnés par quelqu'un* ».
Westphal a observé que la peur est un phénomène central dans l'agoraphobie[1] : « *Il n'a aucune idée de ce qui lui fait peur, c'est en fait la peur de la peur...* »
Legrand Du Saulle[2] a fait une observation comparable : « *De quoi le malade a-t-il donc peur ? de divaguer, de pleurer, de crier, de tomber, d'avoir un étourdissement, de s'évanouir, d'être frappé d'apoplexie, d'être considéré comme un poltron... de disparaître à jamais, d'entrer dans le néant, mais le plus souvent il a peur... d'avoir peur...* »

1. et 2. Lemperiere T., *in* Boulenger J.-P., *op. cit.*, p. 91.

« Agora » désigne la place publique dans la cité grecque. L'agoraphobie désignait initialement la peur et l'évitement des endroits publics. Le concept a évolué vers la **peur d'être sans secours ou bloqué dans un lieu quelconque**, qu'il soit désert ou qu'il y ait foule. Le plus souvent, c'est l'éloignement du domicile, perçu comme un havre de sécurité, qui attise les craintes. Ces peurs sont très souvent atténuées par la présence ou la proximité d'un proche ou de quelqu'un qui est censé avoir des connaissances médicales, et qui pourrait intervenir de suite en cas d'urgence.
T. Lemperiere[3] souligne que S. Freud a été le premier à présenter l'agoraphobie comme une conséquence fréquente « d'attaques d'angoisse ». Il a écrit en 1985 : « *Dans le cas de l'agoraphobie... on rencontre souvent le souvenir d'une attaque d'angoisse, et en vérité ce que redoute le malade c'est l'événement d'une telle attaque dans les conditions spéciales où il croit ne pouvoir y échapper.* »
Des études épidémiologiques[4] ont montré que l'agoraphobie peut exister sans trouble panique, mais ces deux maladies sont très liées l'une à l'autre.

Martine, Djamila, Bernard et Sophie ont des pensées qui se ressemblent beaucoup et ils se comportent de la même façon. Nous retrouvons chez chacun d'eux les points suivants :

La prédiction d'une catastrophe (point commun au trouble panique et à l'agoraphobie)

Bernard a peur de perdre le contrôle et d'avoir une maladie grave, Djamila et Martine redoutent les conséquences d'une crise de panique...

Ces peurs peuvent varier selon les situations : Martine a peur de mourir étouffée; mais si elle est seule avec ses enfants, ce qu'elle redoute le plus, ce sont les conséquences que cela aurait sur eux.

Le tableau suivant énumère les principales croyances des agoraphobes. Il vous aidera à préciser vos peurs. **Prenez votre cahier et enregistrez vos peurs.**

3. *Ibid.*, p. 16.
4. Narrow W. E., MD, MPH; Rae D. S., MA; Robins L. N., Ph D; Regier D. A., MD, MPH. *op. cit.*, pp. 115-123.

Liste des pensées agoraphobes (d'après J. Cottraux)[5]

1. Je vais mourir
2. Je vais m'évanouir
3. Je dois avoir une tumeur cérébrale
4. Je vais faire une crise cardiaque
5. Je vais mourir d'étouffement
6. Je vais agir de manière ridicule
7. Je vais devenir aveugle
8. Je vais perdre le contrôle de moi
9. Je vais faire du mal à quelqu'un
10. Je vais faire une attaque cérébrale
11. Je vais devenir fou (folle)
12. Je vais me mettre à hurler
13. Je vais me mettre à bafouiller ou parler bizarrement
14. Je serai paralysé(e) par la peur
15. Tout le monde va me regarder en train de faire une crise de nerfs
16. Je vais mourir
17. On va m'interner à l'hôpital psychiatrique

Les évitements et les fuites

Bernard, Sophie, Djamila et Martine évitent de nombreuses situations. **L'évitement des situations redoutées (mais non réellement dangereuses) les soulage**, c'est le seul moyen qu'ils connaissent pour lutter contre leurs paniques et c'est pour cela qu'il se généralise peu à peu.

Ils ont peur lorsqu'ils s'éloignent de chez eux, dans la foule ou au contraire lorsqu'ils sont seuls. Ce qu'ils évitent réellement, c'est de se retrouver bloqués ou isolés et sans secours, au cas où… la catastrophe se produirait !

Le sentiment de ne pas pouvoir faire face par soi-même

Sophie évite absolument de se retrouver seule car elle se sent incapable de gérer l'inévitable catastrophe qui va se produire.

5. Cottraux J., *Les Thérapies cognitives*, Retz, 1992, p. 124.

Les recherches de sécurisation

▷ Les comportements rassurants

• Bernard marche avec des cannes, porte du Xanax® dans sa poche, ouvre la vitre lorsqu'il manque d'air.

• Martine reste habillée, près de la porte d'entrée qu'elle laisse ouverte si elle doit passer la nuit seule avec ses enfants.

• Djamila fait très attention à ce qu'elle mange avant ou pendant une rencontre importante, et elle repère immédiatement les toilettes.

• Sophie cherche à se faire accompagner par l'un de ses parents ou elle choisit soigneusement le moment et le parcours lorsqu'elle doit sortir seule.

Ils affrontent tous « le danger », mais seulement lorsqu'ils pensent l'atténuer avec leurs précautions.

▷ La recherche de signaux rassurants ou inquiétants

Damoclès était condamné à scruter l'état du crin qui retenait l'épée au-dessus de sa tête.

• Bernard surveille le ciel pour savoir s'il ne va pas pleuvoir lorsqu'il conduit.

• Sophie calcule mentalement la distance qui la sépare de « la sécurité » lorsqu'elle marche seule.

Dans l'agoraphobie le sujet scrute ou évite un environnement particulier, mais, comme dans le trouble panique, il redoute une menace intérieure : la perte de contrôle, la folie ou la mort.

Faites la différence entre agoraphobie et autres phobies

L'agoraphobie peut être associée ou confondue avec d'autres phobies qui peuvent faire éviter les mêmes situations. Par exemple :

• Une **phobie sociale** (peur et évitement du regard ou du jugement des autres) peut faire éviter la foule ou certains lieux dans lesquels on se sent observé.

• Certaines **phobies des transports** (peur que l'avion que l'on doit prendre ne s'écrase) font éviter les mêmes situations que l'agoraphobie.

• La **phobie du sang ou des blessures** (qui est la seule à induire de véritables malaises parce qu'elle fait chuter temporairement la tension artérielle) peut faire éviter les hôpitaux.

• La **claustrophobie** est proche de l'agoraphobie, parce que les claustrophobes déclenchent leurs paniques à cause de la peur ou la sensation de manquer d'air. Mais cette phobie reste limitée à des situations très précises (lieux étroits et/ou clos).

> Nous avons vu que dans les paniques et l'agoraphobie, la menace vient de l'intérieur (risque de malaise, de perte de contrôle de soi, etc.), alors que dans la plupart des autres phobies, la menace vient de l'extérieur : ce sont les autres qui vont nous trouver ridicule, c'est l'avion qui va s'écraser, etc.
> L'agoraphobie fait éviter plusieurs situations, qui n'ont parfois aucun rapport les unes avec les autres, comme rester seul(e) et être dans une foule, etc., alors qu'une phobie simple ne fait éviter qu'une situation ou un seul type de situation (par exemple, un sujet claustrophobe évite d'être enfermé, surtout dans un petit espace, et à cause de cela il peut éviter aussi bien un ascenseur qu'un escalier étroit).

Faites la différence entre trouble panique-agoraphobie et dépression

Cette question est d'autant plus importante que la dépression est souvent associée au trouble panique-agoraphobie. Elle peut le compliquer ou le précéder. En cas de dépression, les paniques sont en général plus fréquentes et durables; elles répondent mal aux techniques d'autocontrôle. De plus, une anxiété importante persiste entre les crises en cas de dépression.

Une dépression associée à un trouble panique-agoraphobie nécessite toujours une prise en charge par un spécialiste, et, très souvent, un traitement médicamenteux.

Les principaux symptômes de la dépression sont résumés dans le tableau suivant.

Principaux symptômes de la dépression
Tristesse
Manque de plaisir et d'envie pour les activités qui en procurent habituellement
Lassitude, fatigue (souvent plus marquée le matin que le soir)
Insomnie (surtout dans la seconde moitié de la nuit) ou parfois hypersomnie

Anxiété, tension intérieure durable
Sentiment de dévalorisation ou culpabilité excessive
Difficultés pour fixer son attention, troubles de mémoire
Dégoût pour les aliments, baisse de la libido
Agitation ou ralentissement psychique et moteur
Pensées de mort ou de suicide fréquentes
En cas de dépression, tous ces symptômes sont assez stables et durent depuis au moins 15 jours

Faites la différence entre trouble panique-agoraphobie et anxiété généralisée

Dans l'anxiété généralisée, l'anxiété est liée à des soucis obsédants. Ces soucis concernent la santé, la sécurité, l'argent, le travail. Elle se traduit par un état de tension permanent, alors que les attaques de panique sont des épisodes d'anxiété intenses et bien limités dans le temps.

Récapitulez le diagnostic d'agoraphobie sur votre cahier

Notez bien chacune des trois caractéristiques de l'agoraphobie :

- Avez-vous peur d'être seul(e) ou bloqué(e) dans certaines circonstances?
- Avez-vous tendance à éviter certaines situations?
- Cherchez-vous à vous rassurer lorsque vous affrontez ces situations?

Pour plus de détails, voyez les critères du DSM-IV en annexe, page 241.

Écrivez la liste des situations que vous évitez

Prenons par exemple la liste de Sophie :

« Liste graduée de situations évitées » de Sophie

1	Conduire seule	100 %
2	Marcher seule dans la rue	90-95 %
3	M'éloigner de chez moi	90 %
4	Traverser une rue (90 % pour une grande rue, loin de chez moi)	70-90 %
5	Attendre bus (100 % si attente avec du monde)	80-100 %
6	Espaces situés en hauteur (escalier ajouré)	90 %
7	Ascenseur, espaces fermés	80 %
8	Foule	70 %

Voici comment Sophie a construit sa liste : elle a commencé par énumérer les situations problèmes, et ensuite elle a évalué sur une échelle de 0 à 100 sa tendance à éviter la situation.
Les fourchettes de pourcentages indiquent que la difficulté dépend des circonstances, par exemple « traverser une rue » vaut 70 % si c'est « *une rue près de chez moi* », et vaut 90 % si c'est « *une grande rue, loin de chez moi* ». Ces commentaires sont importants et Sophie les a indiqués sur sa liste.
Notez bien qu'il s'agit d'évaluer la **tendance à éviter des situations ou des actes « gratuits », c'est-à-dire que l'on ne se sent pas obligé de faire**. Rappelez-vous Bernard, il accompagnait ses filles à l'école parce qu'il se sentait « *bien obligé* », sinon il aurait évité de le faire.
En effet, en observant le tableau de Sophie, nous voyons que son agoraphobie est très sévère, et l'on pourrait penser qu'elle reste confinée chez elle ou qu'elle ne sort plus jamais seule, mais ce n'est pas le cas, elle est encore capable de faire des efforts pour chercher du travail ou pour d'autres choses qu'elle se sent obligée de faire… mais à quel prix !

La liste de Sophie montre un problème caractéristique : elle se sent incapable de faire seule un acte simple (marcher seule dans la rue). Tout notre travail consistera à trouver des moyens pour décomposer la difficulté que représente cette activité pour elle. Vous verrez, dans le chapitre 4 de la seconde partie, comment nous y sommes parvenus.

Reprenez le cahier et construisez votre propre liste sur le modèle de celle de Sophie. Voir modèle en annexe page 244.
Cette liste vous permettra ensuite de classer les situations en fonction du type de problème qu'elles posent :
- situations d'attente (attendre le bus),
- espaces clos (ascenseur, espaces fermés),
- sentiment d'isolement (conduire seule, marcher seule dans la rue),
- présence de foule,
- etc.

La construction d'une liste n'est évidemment pas un acte définitif. Vous vous rendrez peut-être compte que vous n'avez pas envisagé toutes les situations difficiles du premier coup. Si c'est le cas, vous la compléterez plus tard si c'est nécessaire.
Le traitement commencera par aborder les situations les plus faciles, qui permettront un apprentissage progressif des techniques comportementales pour faire face aux paniques.

Qu'ai-je appris sur l'agoraphobie ?

Voir les réponses en annexe p. 242

	Oui	Non
C'est la peur d'un « danger » intérieur		
C'est la peur d'un « danger » extérieur		
L'agoraphobe évite des situations qu'il (elle) croit dangereuses		
L'agoraphobe évite des situations réellement dangereuses		
L'agoraphobe évite des situations non dangereuses		
C'est une maladie qui met en danger		

Si certaines de vos réponses ne concordent pas avec celles que vous pouvez lire en annexe, je vous conseille de relire le chapitre « agoraphobie ».

CHAPITRE 4

Pourquoi devient-on « paniqueur-agoraphobe » ?

Nous ne sommes pas tous égaux devant les paniques et de nombreux facteurs influencent cette maladie.

• Des enquêtes épidémiologiques et familiales ont montré que ce trouble est favorisé par une **prédisposition génétique**[1]. Mais cette prédisposition génétique existe avant le déclenchement de la maladie et elle n'empêche pas la guérison.

• Des **stress** psychologiques précèdent souvent un trouble panique[2].

• Le trouble panique d'Émile a été la conséquence d'une **maladie grave**[3]. Des maladies physiques (cardiaques notamment) ou mentales (la dépression notamment) précèdent souvent un trouble panique.

• On trouve parfois une anxiété de séparation[4], ou des événements menaçants dans l'enfance du sujet, comme dans l'exemple d'Isabelle : « *Quand on était enfants, elle [sa mère] était hospitalisée une fois par mois en disant "je vous dis au revoir, je vais mourir"; on se demandait toujours si elle allait revenir.* »

• Dans *Les Mamandises*[5], une mère dit à son enfant : « *Tu veux faire du vélo ? Pour tomber !* (accent pied-noir) ». On retrouve souvent des consignes de précautions excessives dans **l'éducation** des agoraphobes.

• Plusieurs **troubles psychiatriques sont fréquemment associés** au trouble panique-agoraphobie : la dépression près d'une fois sur deux[6], les phobies sociales, etc.

1. Mac Nally R. J., *op. cit.*, pp. 183-186.
2. et 3. Cottraux J., *in* Boulenger J.-P., *op. cit.*, p. 210-211.
4. Bailly D., *L'Angoisse de séparation*, Masson, 1995, p. 48.
5. Sutton N., *Les Mamandises*, Paris, Albin Michel, 1986, p. 82.
6. Servant D., *op. cit.*, p. 60.

• Des crises de panique peuvent être déclenchées par **l'absorption de certaines substances**. La caféine (café mais aussi sodas au cola) augmente la vigilance, accélère le rythme cardiaque, et peut favoriser les crises de panique (dans l'ensemble les sujets qui souffrent de trouble panique consomment moins de café que le reste de la population[7]). Le cannabis[8] et les drogues comme la cocaïne et les amphétamines sont aussi des facteurs favorisants ou déclencheurs.

• Un **sevrage** de tranquillisants peut aussi déclencher des attaques de panique.

• Certains sujets déclenchent des paniques avec des substances normalement fabriquées par l'organisme, comme l'acide lactique[9] qui est éliminé dans le sang par les muscles après des efforts importants et prolongés.

• Les conduites d'alcoolisation et les abus de tranquillisants[10] compliquent souvent un trouble panique-agoraphobie.

Voyons maintenant quels facteurs sont les cibles du traitement

La sensibilité à l'hyperventilation

Martine nous dit : « *C'est **tout ce qui me fait manquer d'air**... être enfermée dans un ascenseur, un avion ou en concert, la foule, la solitude... manquer d'air ça me rappelle l'asthme que j'ai eu, pour moi c'est une petite mort.* »

Et Bernard : « *Je deviens tout rouge, j'ai des sueurs puis des palpitations, la **boule dans la gorge à ne plus pouvoir respirer**... une **oppression thoracique** : IL FAUT que je sorte de la voiture, IL FAUT que je respire* [sort de la voiture, respire...]. »

Ils pensent manquer d'air là où les autres respirent normalement. Ils réagissent en cherchant à respirer plus (plus vite ou plus profondément). Mais au lieu de les calmer, cela aggrave leurs paniques.

En réalité, leurs attaques de panique sont souvent déclenchées ou aggravées par une respiration excessive que l'on appelle « hyperventilation »[11], donc par « *trop d'air* » !

7. et 8. Servant D., *op. cit.*, p. 32, 66.

9. Mac Nally R. J., *op. cit.*, pp. 52-55. L'acide lactique a servi pour déclencher et étudier les paniques chez des volontaires.

10. Servant D., *op. cit.*, p. 62.

11. Mac Nally R. J., *op. cit.*, 1994, pp. 46-52.

Pour en savoir plus sur l'influence de l'hyperventilation sur les paniques

Les poumons permettent de faire passer l'oxygène de l'air (O_2) dans le sang et ils rejettent le gaz carbonique (CO_2).
Le cœur fait circuler le sang enrichi en O_2 dans tout l'organisme, qui le brûle en gaz carbonique (CO_2). En même temps, le sang rapporte ce CO_2 vers les poumons.
Le cœur et les poumons assurent donc la même fonction et ne peuvent pas fonctionner l'un sans l'autre. Ils forment ce que l'on appelle « l'appareil cardio-vasculaire », et ils sont synchronisés : si l'un d'eux accélère ou ralentit, l'autre aussi.
La ventilation dépend de notre consommation en oxygène, elle correspond au nombre de litres d'air que l'on respire pendant une minute. Elle augmente si l'on respire plus profondément ou plus vite et elle diminue si l'on respire doucement.
Elle est automatiquement adaptée aux besoins de l'organisme. Par exemple, lorsque nous faisons des efforts, notre consommation d'oxygène augmente et notre respiration devient plus profonde et plus rapide. Cela augmente la ventilation et apporte plus d'oxygène à nos muscles. Et en même temps, notre cœur accélère et bat plus fort.
Dans d'autres circonstances, c'est notre cœur qui accélère brutalement à cause d'une émotion ; la respiration devient alors plus rapide ou plus forte. C'est précisément ce qui arrive dans le cas d'une alarme. L'alarme (qui déclenche la fameuse « décharge d'adrénaline ») accélère immédiatement le cœur et cela augmente automatiquement la ventilation (parfois sans que l'on s'en aperçoive), comme si nous étions en train de courir ou de faire un effort important. Mais comme ce n'est pas le cas, nous apportons trop d'oxygène à notre organisme et nous rejetons trop de gaz carbonique.
En cas d'hyperventilation, il se passe donc exactement le contraire de ce que nos sensations nous font croire : on ne manque pas d'air, on respire trop vite ou trop amplement !
Le sentiment de manquer d'air déclenche puis aggrave l'hyperventilation. La respiration devient de plus en plus pénible et épuisante, les muscles respiratoires deviennent douloureux (douleurs au niveau de l'estomac, des côtes, de la gorge). Tout cela augmente l'anxiété et l'on est enfermé dans un cercle vicieux.
Nous connaissons tous l'influence de la fièvre sur notre organisme : lorsque la température augmente de quelques dixièmes de degré, nous

sommes épuisés et nos sensations sont très perturbées. De petites modifications de l'oxygène et du gaz carbonique dans le sang peuvent aussi provoquer des perturbations très désagréables.
Les premières sensations de la panique apparaissent lorsque l'excès d'oxygène arrive dans les artères du cerveau, qui « compensent » en se rétrécissant un peu.
Puis la baisse de gaz carbonique déclenche les sensations les plus désagréables de la panique, qui ne sont pas dues comme on le dit encore trop souvent à un manque de calcium ou de magnésium (tétanie ou spasmophilie).
Vous comprendrez maintenant pourquoi le traitement de la crise de panique consiste d'abord à ralentir sa respiration, pour décontracter les muscles respiratoires et, surtout, normaliser l'oxygène et le gaz carbonique dans le sang. Nous verrons comment faire dans le chapitre : « Les méthodes comportementales pour faire face ».

Les données scientifiques sur les principales conséquences de l'hyperventilation dans la crise de panique[12] sont résumées dans les tableaux suivants.

Tableau des sensations induites par l'hyperventilation débutante[13]

Augmentation de l'oxygène dans le cerveau	Augmentation de l'oxygène dans le reste du corps
Vertiges	Le cœur accélère et bat plus fort
Tête vide	Engourdissement et picotements des extrémités
Confusion	Mains froides et humides
Vision brouillée	Muscles raides
Sensation d'irréalité	

12. Mac Nally R. J., *op. cit.*, p. 50. La réduction de pression de gaz carbonique dans le sang par hyperventilation déclenche une réponse de peur beaucoup plus importante chez les patients atteints de trouble panique que chez ceux qui sont atteints de trouble anxieux généralisé ou de phobie sociale.
13. Andrews G., Crino R., Lampe L., Hunt C., Page A., *op. cit.*, p. 70

Tableau des sensations induites par une hyperventilation prolongée

Diminution du CO_2 dans le sang
Vertiges sévères avec nausées
Incapacité à respirer librement
Multiples sensations de douleurs aiguës dans la poitrine
Paralysie temporaire de différents muscles du corps
Pertes de conscience momentanées, « blancs »
Terreur croissante : peur qu'il advienne quelque chose de terrible (accident cardiaque, cérébral, ou même mort)

Si vous voulez tout de suite faire un test sur l'influence de la respiration sur vos sensations, reportez-vous au chapitre « Les méthodes comportementales pour faire face », pages 97 à 176.

La sensibilité à certaines sensations

Jacqueline sent son cœur battre fort et surtout elle se sent « *essoufflée comme une asthmatique* » dès qu'elle fait un effort. Ce malaise se transforme vite en panique si elle ne rejoint pas un lieu ou une personne qui la rassure. Et pourtant son cœur et ses poumons fonctionnent normalement.

Les sujets qui souffrent de trouble panique sont souvent beaucoup plus sensibles que les autres (et même que ceux qui souffrent d'autres troubles anxieux[14]) à certaines sensations corporelles, et en particulier aux sensations d'anxiété[15] : le simple fait de sentir son cœur battre, d'éprouver une vague sensation de tête vide en cas de fatigue ou de ressentir une oppression respiratoire peut déclencher une panique.

La sensibilité à certaines sensations[16] et à l'anxiété est un phénomène très important dans le trouble panique parce qu'elle déclenche les interprétations alarmantes[17].

14., 15., 16. Mac Nally R. J., *op. cit.*, pp. 116, 123-133. L'hypersensibilité à l'anxiété serait due à des croyances selon lesquelles ces symptômes ont des conséquences dangereuses.

17. Clark (1988) cité par Mac Nally, p. 108 : « Les attaques de panique résultent d'interprétations catastrophiques erronées de certaines sensations corporelles » ; p. 116 : le trouble panique résulte de « la tendance persistante à interpréter des sensations corporelles de façon catastrophique ». Ce modèle psychologique du trouble panique a servi à élaborer des techniques cognitives de traitement du trouble panique.

Une étude scientifique[18] a montré que l'administration d'un produit qui accélère la respiration sans provoquer les modifications chimiques habituelles de l'hyperventilation (c'est-à-dire que l'oxygène, le gaz carbonique et l'acidité du sang restaient stables dans le sang) déclenchait des paniques chez 80 % des sujets atteints de trouble panique. Les sensations d'effort ou de gêne respiratoire suffisent donc à déclencher l'alarme et la panique dans la grande majorité des cas de trouble panique.

La prédiction de catastrophes dans certaines situations

- Bernard pense qu'il va mourir ou causer un accident.
- Sophie craint d'être embarquée par le SAMU.
- Martine pense mourir…

Les agoraphobes prédisent des catastrophes liées à certaines situations[19]. Cette crainte existe parfois sans expérience de panique[20], comme il semble que cela ait été le cas pour Hélène, qui refusait d'aller faire les courses sans explication lorsqu'elle était enfant.

La peur de perdre le contrôle et la recherche de sécurité

- Isabelle a peur que son organisme perde le contrôle : « *Lorsque je suis couchée sur le dos, j'entends mon cœur qui bat et ça me dérange, j'ai l'impression que je vais entendre mon cœur s'arrêter.* »
- Sandrine a peur de devenir folle et d'étrangler son ami pendant une panique.
- Bernard a peur de ne plus se contrôler : « *Je deviens crispé, mes bras deviennent du bois quand je conduis… impression de devenir fou.* » Il cherche la sécurité en marchant avec des cannes et en ouvrant la vitre lorsqu'il conduit…

Ils redoutent tous de faire une nouvelle crise, et de perdre le contrôle au cours d'une panique. Ils cherchent à se rassurer en évitant ou en fuyant certaines pensées (Isabelle fait tout pour ne pas penser à son cœur) et certaines situations, en ayant toujours à portée de main un tranquillisant

18. Lee cité par Barlow D. H., Cerny J. A., *Psychological Treatment of Panic*. The Guilford Press, 1988, p. 144.
19. Mac Nally R. J., *op. cit.*, 1994, p. 125.
20. *Ibid.*, p. 117.

ou un téléphone portable, en restant proche des gens qui les rassurent, etc.

La peur de perdre le contrôle de soi est l'une des croyances fondamentales du trouble panique et de l'agoraphobie[21].

Hyperventilation, hypersensibilité à l'anxiété, pensées catastrophiques, peur de perdre le contrôle : comment tout cela s'articule-t-il ?[22]

La plupart des interprétations catastrophiques peuvent produire des paniques[23], mais 27 % d'entre elles ne sont ni précédées, ni suivies de « cognitions de peur ».

Les paniques nocturnes réveillent à cause de symptômes physiques intenses et non à cause d'anticipations de peur.

L'hyperventilation existe dans la plupart des paniques mais pas toutes[24], et elle existe dans d'autres états anxieux. Mais elle déclenche une panique chez 80 % des sujets qui souffrent de trouble panique au lieu de 20 % dans les autres troubles anxieux.

À chaque sujet correspond un profil particulier, qu'il convient de déterminer avant de lui proposer des méthodes pour faire face. C'est ce que nous verrons dans le chapitre « Comprendre mon problème ».

Savez-vous pourquoi vos crises cèdent ?

Comme Bernard, Isabelle et les autres, vous avez certainement remarqué que **l'évitement** vous soulageait.

Avez-vous moins d'air que les autres dans un ascenseur ou un espace clos ? En sortir vous donne-t-il plus d'air à respirer ? Non, bien sûr.

Mais sortir (c'est-à-dire éviter) permet d'activer une pensée rassurante : « *Je ne vais plus manquer d'air* » ; cette pensée éteint l'alarme et elle vous permet de vous décontracter, votre respiration se normalise et vous allez mieux tout de suite[25].

La prise d'un tranquillisant peut produire le même effet, bien avant qu'il ait pu agir sur l'organisme (il faut pour cela vingt à trente minutes).

Certaines études ont montré que lorsque les sujets atteints de trouble panique pensent que leurs sensations sont désagréables mais non dangereuses, le nombre de paniques provoquées par perfusion d'acide lactique

21 à 25. Barlow D.H., Cerny J.-A., *op. cit.* ; p. 121. : D. Barlow (1988) a souligné que la croyance selon laquelle on est sur le point de perdre le contrôle est cruciale dans le déclenchement d'une panique ; p. 50, p. 136 ; p. 113 ; p. 49 ; p. 121.

diminue de 90 % à 30 % ![26]. Ce constat est à l'origine de nombreux travaux de thérapie cognitive.

Certaines crises de panique durent plusieurs dizaines de minutes et ne cèdent que « faute de combattants », lorsque **les muscles respiratoires finissent par se relâcher**[27]. À ce moment-là la respiration redevient calme et la panique cède.

Ainsi, toutes les crises de panique cèdent, même si les pensées catastrophiques persistent !

La souffrance et le handicap

Les études au long cours montrent que l'évolution du trouble panique et de l'agoraphobie est chronique. La souffrance psychologique induite par les paniques peut être intense. Le handicap social et professionnel lié à l'agoraphobie est souvent important, et il tend à s'aggraver progressivement. C'est la raison pour laquelle beaucoup de chercheurs ont tenté de mettre au point des traitements efficaces.

26. *Ibid.*, p. 109.

27. *Ibid.*, p. 49. Le mécanisme responsable est mal élucidé. Van den Hout a montré que des sujets non paniqueurs peuvent hyperventiler pendant 90 minutes et ressentir que l'hyperventilation devient de plus en plus facile au fur et à mesure de l'expérience. Ainsi, la fatigue des muscles intercostaux n'explique pas toujours la fin d'une attaque de panique.

CHAPITRE 5

Les traitements du trouble panique et de l'agoraphobie

Ce paragraphe ne fait pas partie intégrante d'une thérapie comportementale et cognitive, mais les questions qui y sont abordées sont presque toujours posées par les patients à un moment ou à un autre de leur prise en charge. Ces connaissances sont nécessaires parce qu'elles permettent d'instaurer une cohérence dans le traitement, qui ne peut se faire efficacement que dans la collaboration.

Existe-t-il des médicaments efficaces pour traiter le trouble panique-agoraphobie ?

Depuis une trentaine d'années, de nombreuses études ont régulièrement démontré l'efficacité de deux types de médicaments sur le trouble panique-agoraphobie : certains antidépresseurs et certains tranquillisants de la famille des benzodiazépines. Mais il faut savoir qu'environ la moitié des patients (30 à 75 %) sous traitement ont encore des attaques de panique et une anxiété résiduelle ou un handicap de fonctionnement, même après plusieurs mois ou années de traitement[1]. C'est la raison pour laquelle on propose parfois d'associer plusieurs types de médicaments et de les combiner à une thérapie comportementale et cognitive. Tout cela doit être évalué avec un spécialiste de la question.

1. Rosenbaum J. F., Pollack M. H., *op. cit.*, p. 166.
Practice Guideline for the Treatment of Patients with Panic Disorder. Suppl. to *The American Journal of Psychiatry*, vol. 155, 5, may 1998.

Consultez la liste de ces médicaments en annexe, page 247. La présentation en tableaux vous permettra d'étudier directement l'action de médicaments qui vous ont été, ou qui vous seront peut-être prescrits[2].

Les traitements médicamenteux peuvent-ils induire une dépendance ?

Les antidépresseurs, non. Les benzodiazépines, oui, mais en pratique ce n'est le cas que lorsque le sujet a déjà été dépendant d'une autre substance (alcool, cannabis, etc.).

Quand et comment arrêter les médicaments ?

Même lorsqu'ils n'induisent pas de dépendance, les médicaments ne doivent être interrompus qu'après une longue période de stabilisation, et très progressivement, pour éviter un phénomène de rebond d'anxiété et une rechute.

Les traitements médicamenteux sont-ils compatibles avec une thérapie comportementale et cognitive ?

Oui. Il n'y a aucune incompatibilité de principe entre les deux approches et il arrive souvent que l'on associe les deux formes de traitement. Ces techniques ne sont pas concurrentes mais plutôt complémentaires.

Le problème est de préciser clairement les attentes du patient et celles du thérapeute :

– Certains patients refusent ou préfèrent ne pas prendre de médicaments. D'autres, au contraire, refusent la thérapie ou n'ont pas le temps d'en faire une, ou encore elle leur demande des efforts trop difficiles.

– Un thérapeute doit évaluer le caractère réalisable d'une thérapie. Si le trouble anxieux est trop grave, ou si une dépression lui est associée, il est presque indispensable de recourir aux médicaments, au moins dans un premier temps, ce qui facilitera la thérapie.

La combinaison d'un médicament et d'une thérapie augmente l'efficacité du traitement (au moins à court terme), mais dans ce cas il est

2. Rosenbaum J. F., Pollack M. H., *op. cit.*, p. 153.
Practice Guideline for the Treatment of Patients with Panic Disorder, *op. cit.*

important que le patient sache quelle part de son amélioration il doit attribuer au médicament, et quelle part à la thérapie.

Qu'est-ce que la thérapie comportementale et cognitive (TCC) du trouble panique-agoraphobie[3] ?

Une thérapie comportementale consiste à apprendre des techniques d'autocontrôle de l'anxiété, et à faire des expériences pour affronter l'anxiété en la gérant efficacement. Les thérapies comportementales sont fondées sur des observations et des expérimentations sur les comportements animaux.

« Cognitive » provient de la même racine latine que « connaissance ». Les « cognitions » sont des façons de penser, d'interpréter les choses. La thérapie cognitive consiste à dédramatiser les peurs liées aux sensations, à se motiver pour faire des expériences comportementales et à enregistrer les progrès accomplis avec cette technique. Comme vous le verrez au fil de ce livre, ces deux méthodes sont devenues indissociables l'une de l'autre.

Une TCC dure en moyenne 12 à 15 heures réparties en séances hebdomadaires d'une demi-heure à trois quarts d'heure. Les paniques disparaissent en un à trois mois dans environ 80 % des cas. L'amélioration de l'agoraphobie est plus lente et moins fréquente (50 % des cas).

Ces thérapies requièrent beaucoup de temps et de discipline, et environ 10 à 30 % des patients ne peuvent supporter ou n'acceptent pas ces contraintes.

À long terme, l'efficacité globale des TCC est comparable à celle des médicaments sur le trouble panique-agoraphobie. Mais contrairement à celui des médicaments, l'effet (apprentissage) se maintient après la fin de la cure. Cependant, l'entretien des techniques apprises pendant la cure semble souvent indispensable pour éviter les rechutes, au-delà de deux ans après la cure initiale.

De plus amples informations vous sont données dans le chapitre « Guérison et maintien des progrès » (p. 221).

3. Rosenbaum J. F., Pollack M. H., *op. cit.*, pp. 181-203.
Practice Guideline for the Treatment of Patients with Panic Disorder, *op. cit.*

Existe-t-il d'autres psychothérapies actives sur le trouble panique-agoraphobie[4] ?

Non. À ce jour, aucune autre forme de psychothérapie n'a démontré son efficacité depuis que le trouble a été défini dans une classification reconnue internationalement (1980).

▷ Les différentes formes de psychanalyse n'ont jamais démontré leur efficacité sur le trouble panique-agoraphobie

Les études de traitements à court et à long terme ont toutes montré qu'il est inutile d'essayer de sonder l'inconscient et de comprendre par la méthode analytique ce qui s'est passé pendant la petite enfance pour traiter le mal, en fonction d'une *théorie de l'inconscient*. Vous verrez que cela ne signifie pas qu'il est inutile de connaître l'histoire du patient.

Toutes les études à long terme ont montré que la guérison d'un trouble panique-agoraphobie ne fait pas apparaître un autre trouble « névrotique » par la suite. Ce constat contredit les réserves encore exprimées par certains psychanalystes, qui considèrent la panique ou l'agoraphobie comme des symptômes mais pas comme la cible de leur intervention, qui est d'ailleurs peu claire dans la « névrose d'angoisse »[5].

▷ L'hypnose et la relaxation seules sont aussi inefficaces sur le trouble panique-agoraphobie

Les seuls traitements recommandés par l'APA sont les thérapies cognitives et comportementales et les deux types de médicaments évoqués précédemment. En l'absence d'efficacité notable après six à huit semaines de l'une quelconque de ces formes de psychothérapies, il est conseillé de s'orienter vers l'une des deux formes de traitements recommandés.

Tableau comparant les avantages et les inconvénients des différentes approches thérapeutiques à court terme (8 à 15 semaines)

(*) Seuls les traitements suivis d'un astérisque sont recommandés par l'APA et remboursés par différentes assurances sociales européennes et privées. Si une autre prise en charge est tentée et qu'elle est inefficace au bout de six à dix semaines, il est conseillé d'entreprendre un traitement médicamenteux ou une thérapie comportementale et cognitive.

4. Practice Guideline, *op. cit.*.
5. Il n'existe pas d'équivalent du trouble panique dans la terminologie psychanalytique, qui ne reconnaît pas les différences qui existent entre trouble panique, agoraphobie et autres troubles anxieux, comme l'anxiété généralisée, tous regroupés dans la « névrose d'angoisse ».

Type de prise en charge	Avantages à court terme	Inconvénients à court terme
Antidépresseurs*	Peu d'avantages car action de prévention sur les attaques de panique en 8 à 12 semaines	Commencer par de faibles doses pour ne pas renforcer les crises en début de traitement
Tranquillisants de type benzodiazépines*	Action rapide sur les crises de longue durée	Peu d'action sur l'agoraphobie[6] Risque de somnolence et de troubles de l'attention aux doses dont l'efficacité a été démontrée
Thérapie comportementale et cognitive*	Plus de 80 % des patients n'ont plus d'attaques de panique à l'issue de la TCC	Demande beaucoup de temps et des efforts très réguliers (ne convient pas à 10-30 % des patients) Ne suffit pas dans les formes très sévères de trouble panique ou en cas de dépression associée Peu d'action à court terme sur l'agoraphobie
Relaxation seule	Certaines études ont montré une diminution des attaques de panique	Ce n'est pas un traitement fiable du trouble panique Ce n'est pas un traitement de l'agoraphobie
Différentes formes de psychanalyse	Prise en charge « intensive », avec deux à trois séances par semaine	Aucune intervention spécifique sur les paniques ni sur l'agoraphobie, considérées comme des symptômes secondaires d'un « conflit interne » Aucune action démontrée sur les paniques ni sur l'agoraphobie
Hypnose	Aucun démontré	Inefficace sur les attaques de panique et l'agoraphobie
Traitements à base de calcium, vitamine D ou magnésium	Aucun démontré	Inefficace Risque d'irritabilité et de troubles du sommeil Induit le patient en erreur sur le diagnostic

6. Rosenbaum J. F., Pollack M. H., *op. cit.*, 1998, p. 39 et 42.

Tableau comparant les avantages et les inconvénients des différentes approches thérapeutiques à long terme (1 à 2 ans ou plus)

Type de prise en charge	Avantages à long terme	Inconvénients à long terme
Antidépresseurs*	Disparition complète des paniques dans 30 à 75 % des cas Amélioration très progressive de l'agoraphobie et du handicap de fonctionnement, très nette dans 30 à 40 % des cas	Risque de rechute très fréquent après l'arrêt du traitement (les antidépresseurs n'apprennent pas à faire face) Effets secondaires propres à chaque classe d'antidépresseur (poids, libido, etc.)
Tranquillisants de type benzodiazépines*	De faibles doses peuvent faciliter une thérapie comportementale et cognitive L'efficacité réelle à long terme reste très discutable	Risque de somnolence et de troubles de l'attention aux doses dont l'efficacité a été démontrée à court et moyen terme
Thérapie comportementale et cognitive*	1 an après une TCC : 88 % des patients n'ont plus d'attaques de panique 2 ans après une TCC : 50 à 75 %[7] des patients n'ont plus d'attaques de panique mais seulement 21 % restent aussi très améliorés sur l'agoraphobie et le handicap de fonctionnement L'apprentissage pour faire face doit donc être entretenu pour rester efficace à long terme	Risque de rechute si le patient oublie ou néglige d'entretenir ses progrès Ne suffit pas dans les formes très sévères de trouble panique ou en cas de dépression associée Peu d'action à court terme sur l'agoraphobie
Relaxation seule	Aucun	Inefficacité totale
Différentes formes de psychanalyse	Cela pourrait améliorer la réponse de certains troubles paniques avec agoraphobie en cas de trouble de la personnalité	Inefficace, coûteux en temps et en argent
Hypnose	Aucun démontré	Inefficace
Traitements à base de calcium, vitamine D ou magnésium	Aucun	Inefficace Risque de coliques néphrétiques sur lithiases rénales (« calculs »)

7. Rosenbaum J. F., Pollack M. H., *op. cit.*, 1998, p. 41.

DEUXIÈME

PARTIE

La thérapie comportementale et cognitive

CHAPITRE 6

Comprendre mon problème : l'analyse fonctionnelle

« *Je vais vous donner une technique qui va vous permettre d'interpréter vos sensations.* » C. Forlini.

« Pourquoi cela dure malgré tous mes efforts ? »

Voici ce que Inga m'a dit : « *C'est surtout de ne pas savoir pourquoi ça ne disparaît pas et que cela dure malgré tous mes efforts.* » Elle a conscience d'être prisonnière d'un cercle vicieux et elle pense que comprendre pourquoi l'aiderait à en sortir. Elle a raison, et vous allez apprendre à le faire à l'aide d'exemples réels.

Un problème bien posé est un problème à moitié résolu. En posant le problème pour le comprendre, on fait ce que l'on appelle une « **analyse fonctionnelle** ».

Ce travail se fait en plusieurs étapes :

• Comprendre **l'histoire de mon trouble panique-agoraphobie** (analyse « diachronique »). Où et quand cela a-t-il commencé ? Quels sont les facteurs qui l'ont déclenché ? Depuis combien de temps cela dure-t-il et comment est-ce que cela évolue ? Ai-je une autre maladie ?

• Comprendre pourquoi « *ça ne disparaît pas et que cela dure malgré tous mes efforts* », pourquoi **je suis enfermé(e) dans un cercle vicieux** (analyse « synchronique »).

• **Comprendre sur quels points je pourrais agir pour sortir du cercle vicieux** (par exemple, en contrôlant les crises, en modifiant mon comportement, en modifiant mes pensées catastrophiques).

Commençons par des analyses fonctionnelles de paniques

« *La peur du danger est dix mille fois plus terrifiante que le danger lui-même.* » D. Defoe, *Robinson Crusoë*.

Bernard panique en conduisant son bus : peur d'étouffer et de perdre le contrôle

Il est âgé de trente-quatre ans, marié et père de deux enfants. Il est chauffeur de bus. Sa première panique a eu lieu il y a cinq ans. Avant cela il n'avait jamais été malade.
« *C'est venu petit à petit : j'ai eu peur de la foule, je ne pouvais plus sortir de chez moi, je sortais avec des cannes, la tête me tournait tellement... je ne pouvais plus marcher en voyant des gens autour de moi. Ça a été des années noires! Je ne pouvais plus conduire (la voiture), des angoisses.* »

La conduite de son bus était de plus en plus difficile. Cela a commencé aux heures d'affluence, lorsque les gens se pressaient près de lui, et lorsque la visibilité était réduite par la pluie ou lorsque la nuit tombait. « *Il suffisait que je les voie ou que je les sente... quand les gens vous agressent dans un bus, vous les avez tous sur le dos. Par exemple, un coup de frein, y'en a un qui gueule, c'est tout le bus qui gueule...* »

Bernard souffre d'un trouble panique : ses attaques de panique se répètent, parfois sans raison, malgré de fortes doses de tranquillisant (six comprimés de Xanax® à 0,5 mg chaque jour) et une psychothérapie d'inspiration analytique. Elles sont souvent déclenchées par des tensions avec les autres ou la sensation de manquer d'air.

Il a développé une agoraphobie, c'est-à-dire qu'il a progressivement évité certains lieux et certaines situations dans lesquels il redoutait de « *faire une crise* ».

Analyse fonctionnelle de la situation

Il conduit un bus rempli de passagers et s'approche du « pont de pierre », le vieux pont majestueux qui enjambe la Garonne au centre de Bordeaux. « *C'était la foule autour de moi... chaleur, les bras raides... j'avais ouvert la vitre et je roulais la porte ouverte... je prenais un bol d'air... mais petit à petit j'ai plongé : des palpitations, des sueurs, une oppression thora-*

cique, la boule dans la gorge à plus pouvoir respirer... j'étais coincé... je me suis dit : "Tu vas avoir un accident, tu vas crever." J'ai simulé une panne et j'ai arrêté mon bus dans une station-service avant de passer le pont. »

Cette crise a été le début de l'arrêt de travail de Bernard, complètement démoralisé parce que plus rien ne le soulageait, ni le tranquillisant avant de conduire, ni l'ouverture des portes « *pour respirer* ».

Recherchons maintenant dans l'histoire de cette panique les éléments de l'analyse fonctionnelle :

✓ Dans une **situation précise** (conduite du bus avec des passagers, avant de s'engager sur le pont),

✓ Bernard éprouve **plusieurs sensations très désagréables** :

a – des difficultés respiratoires et cardiaques (*oppression thoracique, boule dans la gorge, palpitations*),

b – des sensations musculaires qui gênent la conduite (*bras raides*),

c – d'autres sensations désagréables (*chaleur, sueurs, etc.*).

✓ Ces sensations angoissent Bernard, **il pense qu'il va lui arriver des catastrophes** :

a – « *plus pouvoir respirer... tu vas crever* »

b – « *tu vas avoir un accident* »

c – « *je suis coincé* »

✓ Ces pensées le poussent à **réagir immédiatement** (comportements) :

a – dans un premier temps il ouvre vitre et porte en roulant (il cherche à se sécuriser),

b – ensuite il simule une panne, gare le bus dans une station-service (il évite le pont),

c – enfin il sort du bus (il fuit).

✓ Tout cela a des **conséquences importantes** : dès qu'il sort de son bus après l'avoir garé, il se sent soulagé, il n'est plus « *coincé* », il se sent hors de danger et hors d'état de nuire... Mais c'est à cause de ce soulagement qu'il pense qu'il n'existe aucun autre moyen pour lutter contre la panique... et que seule la fuite ou l'évitement sont possibles !

Ses comportements aggravent son anticipation anxieuse. Il pense donc : « *La prochaine fois je vais y passer* ». Tous les efforts que Bernard a faits pour lutter contre les paniques se retournent contre lui, parce qu'ils aggravent son impression de perte de contrôle.

C'est à cause de cela que Bernard a fini par éviter presque toutes les sorties et qu'il est resté replié chez lui.

En construisant l'analyse fonctionnelle d'une panique, Bernard a appris à distinguer ses émotions, ses pensées et ses comportements,

et à prendre conscience du lien qui existe entre pensées et émotions, et entre pensée et comportement. Il a aussi compris que ces comportements qui le soulagent l'enferment dans un cercle vicieux.

Les pensées qui viennent à l'esprit de Bernard pendant les paniques sont ce que l'on appelle des « pensées automatiques ».

Pour en savoir plus sur les pensées automatiques

Les **pensées automatiques** sont celles qui nous traversent l'esprit, sans effort de réflexion, au moment où nous éprouvons une forte émotion négative ou anxieuse. Celui qui les a mises en évidence, qui a découvert leur importance et qui les a nommées ainsi est le psychiatre américain A.T. Beck[1], l'un des principaux inventeurs des thérapies cognitives.

En cas de panique, les pensées automatiques font allusion au danger, au risque de mourir (par exemple, si nous sommes essoufflés, cela signifie forcément que nous allons étouffer), de devenir fou, de perdre le contrôle de soi.

En cas d'agoraphobie, elles font allusion à l'incapacité de faire face seul(e), par soi-même, dans certaines situations (avec au fond, les mêmes risques que dans la panique).

Dans les deux cas, elles ont en commun le sentiment d'être incapable de faire face à une éventuelle **menace interne**.

Ces pensées d'alarme ont la propriété de déclencher la panique[2] et elles ont deux caractéristiques très importantes :

– ce sont des certitudes de catastrophe,

– elles envahissent notre champ de conscience, en excluant toute autre interprétation de la situation (par exemple, je suis essoufflé(e) parce que j'ai marché un peu vite).

Les pensées automatiques, qui sont une façon d'interpréter la situation, sont des **cognitions**.

Ce sont elles qui nous font réagir en évitant le danger supposé ou en cherchant la réassurance.

Elles ont donc un rôle central, lié à nos émotions, à l'origine de nos comportements et de leurs conséquences. C'est pourquoi la connaissance de vos pensées automatiques vous aidera à faire face aux paniques.

1. Beck A., *Cognitive Therapy and the Emotional Disorders.* New American Library, 1976, p. 29 et p. 35.
2. Mac Nally R. J., *op. cit.*, p 108.

L'analyse fonctionnelle de cette panique a permis à Bernard de prendre conscience d'autres points importants :

• **Il s'est comporté de façon adaptée malgré la pire panique de sa vie** : il n'a pas jeté son bus contre un autre véhicule, il ne s'est pas arrêté brutalement au milieu de la circulation; il a réfléchi à une solution adaptée et il l'a appliquée en parquant son bus dans un endroit sûr.

Ce constat contredit l'une des prédictions catastrophiques de sa panique (perdre le contrôle) et lui permet d'avoir une pensée plus réaliste : **il ne sait pas contrôler ses crises de panique mais il a pu contrôler son comportement pendant la pire panique de sa vie**.

• **Il a fait preuve de beaucoup de courage** pour affronter, malgré toutes ses inquiétudes, une situation qu'il redoutait beaucoup (parce qu'« *il faut* » travailler). Il se décrit comme quelqu'un qui a « *toujours eu peur de tout* » et pourtant il a attendu d'être à bout pour arrêter son bus et demander un arrêt de travail. Cela signifie qu'il a eu le courage d'affronter quotidiennement des situations pénibles pendant des mois, alors qu'il n'avait pas de solution efficace pour aller mieux.

Ces « **passages en force** » ont contribué au moins autant à aggraver le cercle vicieux que les évitements, puisque chacun de ces efforts se retournait contre lui en le maintenant en situation de souffrance.

Une telle expérience est évidemment désespérante et déprimante. Nous verrons plus loin comment il a pu en sortir.

Voici comment nous avons représenté l'analyse fonctionnelle de la grande crise de Bernard

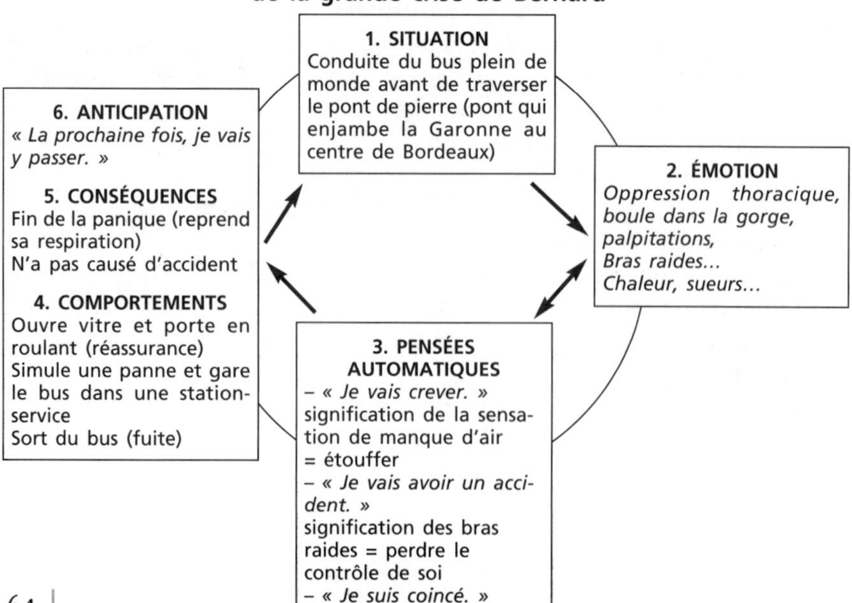

L'analyse fonctionnelle a permis à Bernard de comprendre pourquoi il avait de plus en plus peur de la peur, et pourquoi il est enfermé dans un cercle vicieux. De panique en panique, il a appris à éviter de plus en plus : il est **conditionné** à avoir peur de ses paniques.

Pour en savoir plus sur le rôle du conditionnement dans le trouble panique-agoraphobie[3]

Tout le monde évite ce qui est désagréable. Imaginez la scène suivante : vous sonnez à la porte en arrivant chez des amis. En sonnant vous recevez une décharge électrique : vous sursautez et votre bras se rétracte, votre cœur bat vite et fort, vous êtes surpris(e) et peut-être en colère. Personne ne répond. Vous n'appuyez plus sur le bouton, vous frappez à la porte... Vos amis finissent par ouvrir et vous expliquent que c'est désagréable mais pas dangereux, parce que la sonnette fonctionne en basse tension. Vous le comprenez peut-être mais si vous revenez chez eux, vous éviterez probablement de sonner, vous frapperez directement à la porte.

Une petite décharge a provoqué une réaction d'**alarme** et une **sensation désagréable mais inoffensive**. Cette sensation a disparu dès que votre bras s'est rétracté. Et maintenant **vous redoutez** d'appuyer sur la sonnette, même si vous avez compris que ce n'est pas dangereux : **vous avez appris à éviter** pour ne pas souffrir.

Mais en évitant, vous ne pouvez pas savoir si la sonnette reste cassée ou si elle est réparée.

Le modèle du conditionnement est la base expérimentale à partir de laquelle des chercheurs ont proposé des thérapies comportementales efficaces.

Le « **conditionnement opérant** » est une forme de conditionnement élaboré décrite par le chercheur B.F. Skinner à partir de l'observation d'expériences faites sur les animaux.

Le schéma général en est le suivant :

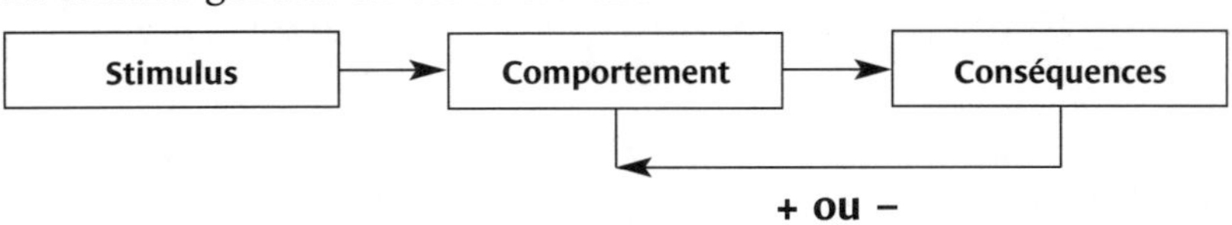

3. Cottraux J., *in* Boulenger J. P., *op. cit.*, p. 204-206.
Barlow D. H., *op. cit.*, p. 367.

Le « stimulus » représente l'ensemble des facteurs qui déclenchent un comportement. Le comportement a des conséquences positives s'il soulage la douleur ou s'il apporte du plaisir, ou négatives s'il prolonge la douleur.

Plus ces conséquences sont rapides et nettes, plus elles influencent le comportement. En revanche, il n'est pas nécessaire qu'elles soient présentes à chaque fois pour le renforcer. Un joueur sait bien qu'il ne va pas gagner à chaque fois et pourtant il joue, parce qu'il se dit « cette fois, je vais gagner ». Il suffit qu'il gagne une fois, de temps en temps, pour que cette pensée soit renforcée (et fasse gagner de l'argent au casino).

Il s'agit d'un conditionnement élaboré parce qu'il se rapporte à des comportements volontaires (par opposition aux comportements réflexes ou innés), en réaction à des attentes de plaisir et de maîtrise ou de souffrance et d'impuissance. Il s'agit donc de **véritables stratégies d'adaptation** et non d'automatismes végétatifs, comme dans le cas des conditionnements décrits par Pavlov.

On ne sait évidemment pas ce que pensent les animaux ni comment ils pensent. Mais leurs comportements de recherche de plaisir ou d'évitement de la douleur et du danger traduisent une capacité à interpréter la situation qui leur permet de s'adapter à leur environnement.

Ce que l'on peut représenter de la façon suivante :

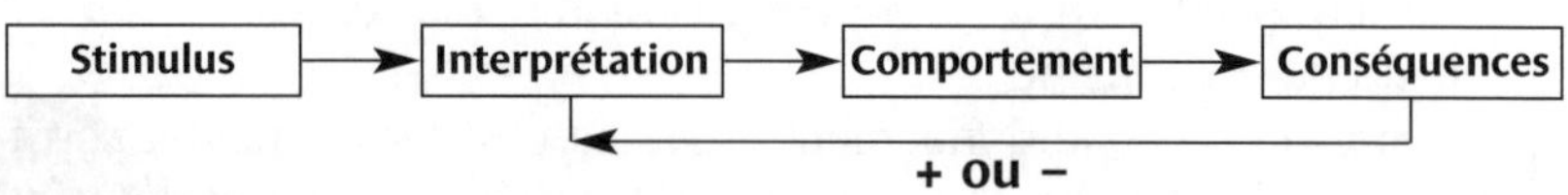

Prenons l'exemple d'une situation qui déclenche une douleur et un stress, comme un premier contact avec un fil électrifié :

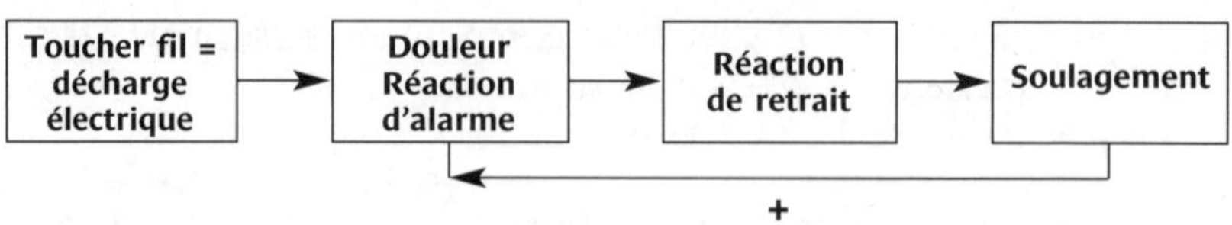

Le sujet se rétracte aussitôt et la douleur cesse. Il associe la douleur au contact du fil et le soulagement au retrait. Le soulagement renforce puissamment le comportement de retrait.

Si par la suite le sujet est contraint à s'approcher du fil, il déclenchera une réaction d'alarme, se contractera, se débattra et cherchera à fuir pour en éviter le contact. Il ne reviendra au calme que s'il s'échappe ou si l'on cesse de le contraindre.

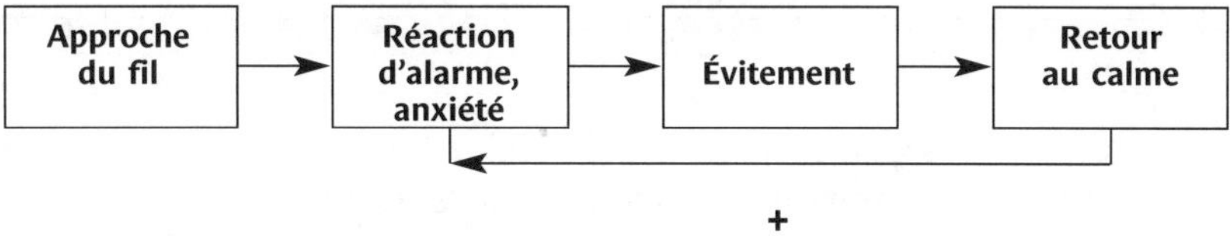

Dans ce cas, l'évitement a des conséquences positives : il éteint la réaction d'alarme et l'anxiété et par conséquent il renforce l'interprétation alarmante (fil = douleur inévitable), sans connaître la réalité actuelle (le fil est-il encore électrifié ?).
Après une expérience désagréable, le sujet va continuer d'éviter le contact du fil pendant longtemps, comme si l'interprétation « contact = douleur » était toujours vraie.
Le sujet réagit selon une nouvelle programmation de comportement que l'on appelle conditionnement : une seule décharge douloureuse a conditionné un comportement d'évitement persistant. On parle dans ce cas de **conditionnement aversif**.
L'application de cette observation est la clôture électrifiée : un simple ruban arrête des animaux capables de détruire de solides enclos. Une décharge suffit à induire un conditionnement aversif, même si elle est inoffensive et relativement peu douloureuse.
Le schéma du conditionnement opérant aide à comprendre la psychologie et la persistance des comportements d'évitement dans les paniques et l'agoraphobie : l'analyse fonctionnelle met en évidence un conditionnement aversif à certaines peurs ou à certaines sensations ; tout se passe comme si le « paniqueur » interprétait sa gêne ou sa souffrance (les manifestations physiques et psychologiques de son anxiété) comme une menace vitale (danger supposé réel). Ce que l'on peut récapituler dans le tableau suivant :

Sujet	**Non paniqueur**	**Paniqueur**
Sensation	Cœur qui bat fortement	*Cœur qui bat fortement*
Interprétation	Rien de particulier	*C'est anormal et dangereux*
Conséquences	Rien de particulier	Réaction d'alarme
Comportement	Rien de particulier	Évitement

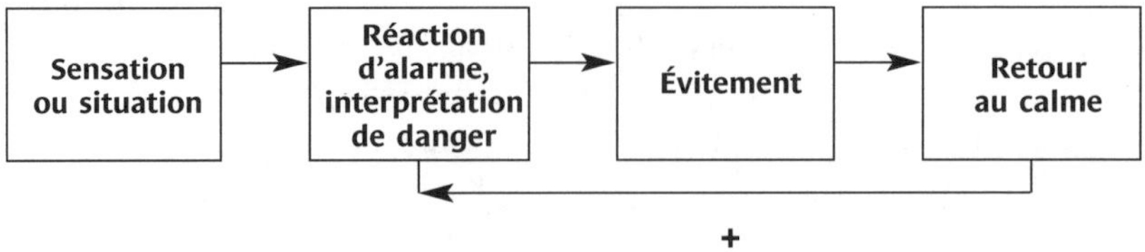

En évitant ses peurs, le sujet qui souffre de paniques et d'agoraphobie est immédiatement soulagé et cela renforce ses croyances.

Ces constats ne signifient pas pour autant que l'on réduit la compréhension d'un trouble anxieux à celle d'une expérience de conditionnement opérant.

En effet, ce modèle n'explique pas pourquoi l'agoraphobie semble pouvoir exister sans expérience de panique, ni pourquoi une faible partie seulement des gens qui ont des paniques développent la peur d'avoir peur.

Les réponses à ces questions viennent probablement de notre sensibilité et de la manière dont nous sommes « préprogrammés » pour interpréter le danger et déclencher des réactions d'alarme. L'éducation, l'histoire personnelle, les facteurs de stress jouent manifestement un rôle déterminant pour amener certains sujets à privilégier l'interprétation alarmiste à un moment de leur vie.

Les exemples d'erreurs qu'induit ce type de conditionnement ne manquent pas : nous avons beaucoup plus peur du gendarme (peur de la sanction immédiate) que d'un accident. À cause de cela, nous freinons presque tous devant un képi mais beaucoup d'entre nous roulent vite dans le brouillard (en pensant « je suis bon conducteur », par exemple). Et pourtant les accidents dans le brouillard tuent beaucoup plus que les gendarmes !

Une bonne nouvelle pour conclure ce long détour théorique : un conditionnement n'est pas définitif, même s'il est très ancien et fortement ancré dans notre vie ! On peut « désapprendre » un conditionnement inadapté comme on peut perdre une mauvaise habitude, ou comme un sportif peut corriger un mauvais geste.

Inga a peur de « tomber dans les pommes » lorsqu'elle est seule avec son fils

Inga est âgée de vingt-huit ans. Elle élève seule un fils âgé de dix-sept mois depuis le départ de son père, il y a près d'un an. Ses parents l'aident beaucoup.

Elle souffre d'un trouble panique avec agoraphobie depuis quatre ans. Elle enseigne assez loin de chez elle malgré son agoraphobie, mais elle prend le train pour éviter de conduire.

Les deux premières crises ont été déclenchées par l'usage de marijuana : « *Je ne sentais plus mes bras, je restais scotchée sur ma montre pour attendre que l'effet disparaisse.* » Un an plus tard, elle a une attaque de panique en conduisant sa voiture. On fait alors le diagnostic de spasmophilie à l'hôpital. Ce diagnostic l'inquiète beaucoup parce qu'elle craint de « *tomber dans les pommes, d'avoir des tremblements, d'être paralysée d'un membre, surtout en voiture. Je suis toujours crispée, tendue (dos, mâchoire)... si je m'écoutais, je resterais chez moi sans bouger... on dirait que je m'interdis d'être libre... le pire ce serait d'être seule en voiture sur l'autoroute, alors que j'adore conduire* ».

Les situations qu'elle redoute le plus sont la voiture, le train, l'avion, les rues commerçantes piétonnes et donner le bain seule à son fils.

Par ailleurs, Inga a souffert d'une dépression lors de l'abandon par le père de son fils, pendant un mois.

Elle a été prise en charge de la façon suivante : deux tentatives de psychothérapie (« *j'ai parlé de tout...* »); une hospitalisation de dix jours. On lui a prescrit du Lysanxia®[4] qu'elle ne prend que si elle se sent débordée par l'anxiété (très rarement), mais elle l'emporte toujours avec elle. Elle prend un antidépresseur depuis un an (Stablon®)[5], sans effet notable sur son trouble panique-agoraphobie.

Il n'existait pas dans sa famille de trouble anxieux ni dépressif.

Analyse fonctionnelle de la situation

Dans l'inventaire des situations problèmes, Inga écrit qu'elle est « *incapable de donner le bain à son fils si [elle est] seule dans la maison, ou si la porte de la salle de bains est fermée* ». C'est une situation qu'elle évite toujours (100 %). En voici l'analyse fonctionnelle :

4. Tranquillisant de la famille des benzodiazépines.
5. L'efficacité du Stablon sur le trouble panique-agoraphobie n'a pas été démontrée.

Analyse fonctionnelle d'Inga : « Je ne peux donner le bain seule... »

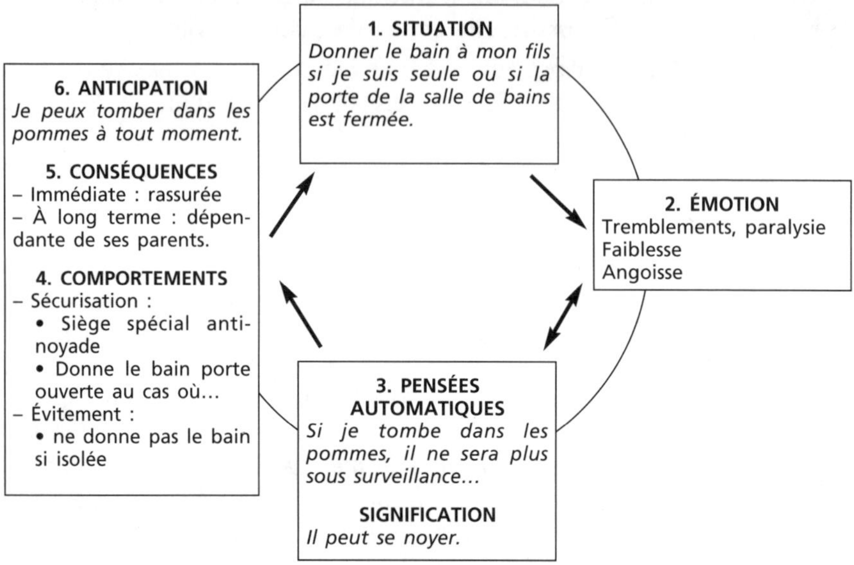

Comme Bernard, Inga imagine un **scénario catastrophe sans nuance** : elle va « *tomber dans les pommes* », donc son fils va se noyer. Il n'y a pas de place dans son esprit pour une autre possibilité.

Comme Bernard, Inga a des **comportements caractéristiques des paniques** : elle **évite** certaines situations (donner le bain à son fils si elle est seule) et **cherche à se rassurer** en minimisant les conséquences du « danger » (elle utilise un siège antinoyade et s'arrange toujours pour que quelqu'un puisse entrer facilement « au cas où »).

Notez qu'Inga n'est pas inquiète pour elle-même, elle est inquiète pour son fils ; la catastrophe qu'elle redoute dans cette situation, c'est la noyade de son fils au cas où elle aurait une panique... qui lui ferait perdre connaissance.

La conséquence de ces comportements de sécurisation et d'évitement est de renforcer la peur de « *tomber dans les pommes à tout moment* », malgré les efforts qu'elle fait pour ne pas céder à ses angoisses.

Bernard a peur d'avoir une maladie très grave

Beaucoup de patients atteints de trouble panique commencent par consulter médecins généralistes, neurologues, oto-rhino-laryngologistes, cardiologues, gastro-entérologues, etc.[6]. Ces médecins constatent très souvent qu'il n'y a pas de maladie, mais leurs réponses ne font pas disparaître les paniques.

Bernard a vu deux psychiatres. Il prend un traitement. Il a cherché à comprendre ce qui s'était passé au cours de son enfance, mais les attaques de panique sont de plus en plus pénibles et invalidantes. On lui répète que « *c'est psychologique* », mais Bernard est exaspéré, il ne peut plus y croire. Il pense qu'il a une tumeur au cerveau : « *Si c'est dans la tête, c'est qu'il y a quelque chose* », ou le SIDA – il a lu que « *le SIDA peut donner des troubles nerveux bizarres* ». Alors il cherche ; il a fait faire un nombre impressionnant de prises de sang et deux scanners cérébraux. Tout est normal… Mais il insiste, parce qu'il pense à des gens qui se sont plaints pendant des années sans qu'on les prenne au sérieux, « *jusqu'à ce qu'on leur trouve une maladie grave* ».

Analyse fonctionnelle des recherches de maladie chez Bernard

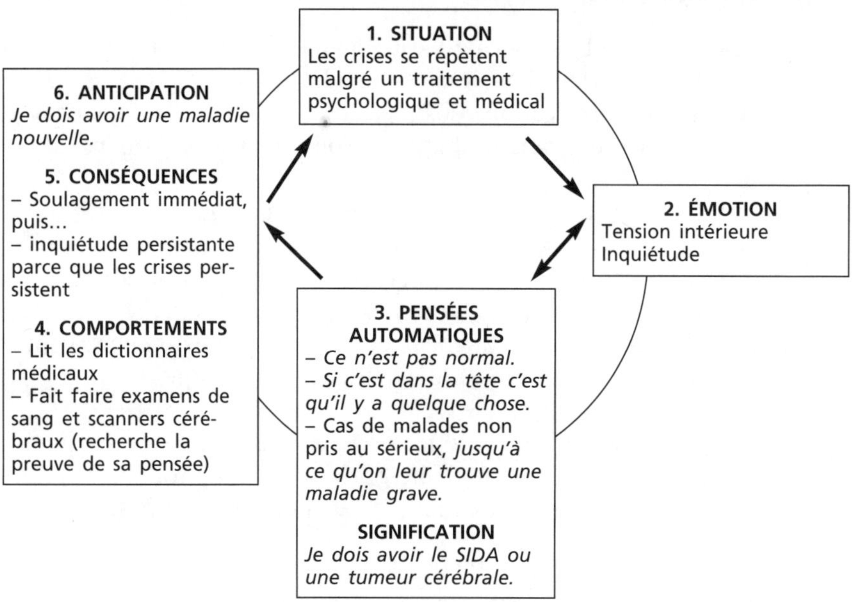

6. Servant D. *op. cit.*, p. 67-69.

• Le point de départ de son raisonnement est un constat : il souffre de crises très inquiétantes qui persistent malgré une psychothérapie et un traitement médicamenteux.

• Cela lui fait penser que « *ce n'est pas normal* », c'est-à-dire qu'il souffre certainement d'une maladie grave et difficile à diagnostiquer. Cette interprétation est renforcée par des cas de malades qui se sont plaints sans être pris au sérieux, jusqu'à ce que l'on découvre une maladie grave – son raisonnement est logique.

• Continuons : s'il a une maladie grave, il faut la diagnostiquer pour la traiter – son raisonnement est toujours logique. Il est inquiet mais il n'est pas pessimiste ; il se sent même prêt à faire face à un diagnostic grave, pourvu qu'on le débarrasse de ses crises.

• Continuons : pour faire un diagnostic difficile, il faut faire des examens ; Bernard fait donc faire des bilans sanguins et des scanners cérébraux.

• **Mais les examens sont normaux et les crises persistent. Au lieu de rassurer Bernard, cela aggrave son anxiété parce qu'il pense qu'il s'agit d'une maladie inconnue et il revient au point de départ...**

• **« Il faut répéter les examens »**, et plus les examens s'accumulent, plus ses espoirs sont déçus, plus il est désespéré. Et plus il se sent incompris par ses médecins.

Le raisonnement de Bernard est logique, mais il est fondé sur une erreur – la conviction d'avoir une maladie physique grave. À cause de cette erreur, ses vérifications obstinées n'ont qu'une conséquence : elles aggravent sa pensée catastrophique et son angoisse, et il pense qu'il est perdu.

Et cette croyance aggrave évidemment ses paniques !

> L'analyse fonctionnelle de l'inquiétude de Bernard illustre bien ce que A.T. Beck a appelé « spiraling of anxiety »[7], un phénomène de « spiralisation » qui fait que l'angoisse et le sentiment de menace vont en s'aggravant, à chaque nouvelle expérience de panique.

Bernard est pris dans un second cercle vicieux à cause de ses paniques. Il est persuadé d'avoir une maladie grave, mais il ne souffre pas d'hypocondrie parce que son inquiétude est étroitement liée à ses paniques[8].

7. Beck A. T., Emery G., Greenberg R., *Anxiety Disorders and Phobias.* Harper Collins Publishers, 1985.
8. Voir page 29.

Cela s'est confirmé lorsque sa thérapie comportementale a été efficace sur les paniques : il a alors abandonné cette croyance catastrophique.

Analyses fonctionnelles d'agoraphobie

Le trouble panique fait éviter des sensations. L'agoraphobie, avec ou sans trouble panique, fait éviter des situations. Nous allons voir pour quelles raisons.

Jacques ne se sent plus en sécurité nulle part

Jacques est âgé de vingt-sept ans. Il est marié ; le couple a un enfant et réside à Bordeaux, mais Jacques travaille aux environs de Paris (travaille la nuit).

Son trouble panique a commencé pendant l'enfance, il ne sait pas pourquoi. L'agoraphobie généralisée est apparue brutalement, il y a une quinzaine de jours, et depuis lors Jacques ne sort plus de chez lui ; il est en arrêt de travail. Il est modérément déprimé et son médecin lui a prescrit Prozac® 20 mg et Xanax® 1,25 mg par jour[9].

Il n'avait jamais été traité pour son trouble anxieux auparavant. Ses crises de panique sont fréquentes depuis l'enfance ; elles durent habituellement deux à trois minutes, mais depuis qu'il est déprimé elles peuvent durer plus d'une heure.

Ses premières inquiétudes sérieuses concernant les paniques ont commencé deux ans avant le déclenchement de l'agoraphobie : son médecin a alors fait faire un scanner cérébral (normal) à cause de sensations vertigineuses.

Les situations qu'il évite le plus sont :
- l'éloignement de son domicile (5 à 6 km),
- « *les situations où je suis bloqué* »,
- prendre une douche en l'absence de son épouse.

Jacques a d'autres difficultés psychologiques : un comportement boulimique avec prise de poids, et il fait des achats compulsifs (achète sans pouvoir se retenir). Cela crée des difficultés financières importantes.

9. Le Prozac ® est un antidépresseur, le Xanax® un tranquillisant. Tous deux sont efficaces pour traiter un trouble panique.

Analyse fonctionnelle de la situation

Pendant ses paniques, Jacques a des impressions étranges : « *Ce que je vois s'éloigne de moi* », et il entend « *une sorte de brouhaha* ». Cela lui donne le sentiment inquiétant que la réalité se modifie – c'est ce que nous appelons « déréalisation ».

La crise qui a déclenché son agoraphobie se passe dans le train. Pour la première fois, Jacques n'est pas rassuré par la présence de gens autour de lui. Cela le décourage complètement : « *Je ne peux plus rien faire... je me dis : "Je vais très loin et je ne reviendrai plus... c'est ça qui doit être la mort."* » – nous appelons « dépersonnalisation » cet état de conscience très particulier.

En revanche, il ne ressent pas les symptômes cardiaques et respiratoires habituels (à peine quelques tremblements, qui succèdent à la crise plus qu'ils ne l'accompagnent).

Voici l'analyse fonctionnelle de la crise qui l'a démoralisé et qui l'a rendu complètement agoraphobe en le confinant chez lui :

Analyse fonctionnelle de Jacques : ne plus se sentir en sécurité nulle part

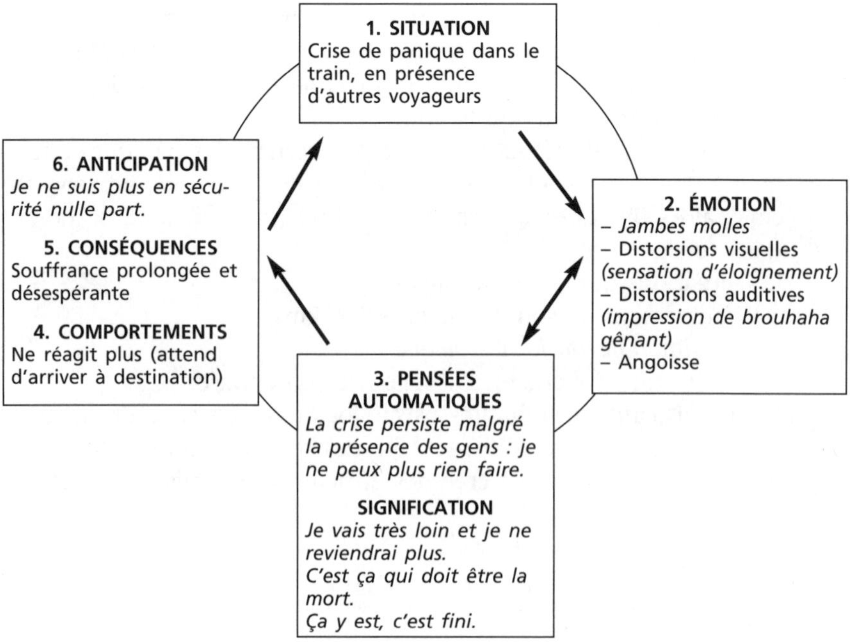

Jacques a vécu un simple trouble panique pendant de nombreuses années. Ce trouble ne semble pas avoir été déclenché par un événement particulier. Contrairement à Bernard et Inga, Jacques n'évitait pas de situation particulière à cause de ses paniques, jusqu'au jour où il a vraiment cru mourir et où il n'a plus été rassuré par la présence des gens autour de lui. Il a déclenché une agoraphobie complète.

Sophie craint d'être embarquée par le SAMU à cause d'un malaise

Sophie est âgée de trente-huit ans. Elle est célibataire et pharmacienne. Elle exerce une profession libérale en faisant des remplacements. Cela lui est difficile à cause des trajets mais elle se force, comme elle se force à faire face socialement.

Ses paniques et son agoraphobie l'handicapent beaucoup : elle ne peut pratiquement pas sortir seule dans la rue ni conduire seule, et elle est devenue très dépendante de ses parents.

Cela a commencé il y a treize ans pendant une dépression sévère. Sa première panique a eu lieu en se rendant à un examen. Elle a été hospitalisée et obligée de suspendre ses études.

Elle a été traitée par Ludiomil®, Buspar® et Tranxene®[10] pendant huit ans, puis elle a passé cinq ans sans traitement. Elle a fait une psychothérapie d'inspiration analytique pendant deux ans; elle vient de l'interrompre parce que cela n'a pas eu d'effet sur ses angoisses. Elle a fait des séances de relaxation pendant un an, associées à des instructions à appliquer lors de ses sorties, mais cela n'a rien changé. Depuis deux mois, elle est traitée par Deroxat® et Stilnox®[11]. Son trouble panique et son agoraphobie ne sont pas modifiés.

Analyse fonctionnelle de la situation

Sophie a peur d'avoir un malaise dans la rue, elle ne peut pas attendre devant un passage clouté : « *J'ai peur qu'on appelle le SAMU – dès que j'entends le SAMU, je suis mal.* » Ce qu'elle redoute le plus, c'est qu'à la suite d'un malaise, on l'emmène à l'hôpital : « *L'hôpital c'est la souffrance... j'ai peur qu'on prenne ça trop au sérieux... le SAMU c'est la mort.* »

10. Le Ludiomil® est un antidépresseur (non testé sur le trouble panique); le Buspar® est un tranquillisant inefficace sur le trouble panique, et le Tranxene® est un tranquillisant de type benzodiazépine.

11. Le Deroxat® est un antidépresseur efficace sur le trouble panique. Le Stilnox® est un somnifère.

Cette pensée déclenche la panique : son cœur accélère, elle a du mal à respirer, elle se sent faible…

Elle calme sa panique en renonçant à sortir seule, à attendre un bus, à traverser certaines rues si elle est seule. Mais ce soulagement renforce son sentiment d'impuissance, et la dépendance vis-à-vis de ses parents.

Analyse fonctionnelle : Sophie a peur d'être embarquée par le SAMU

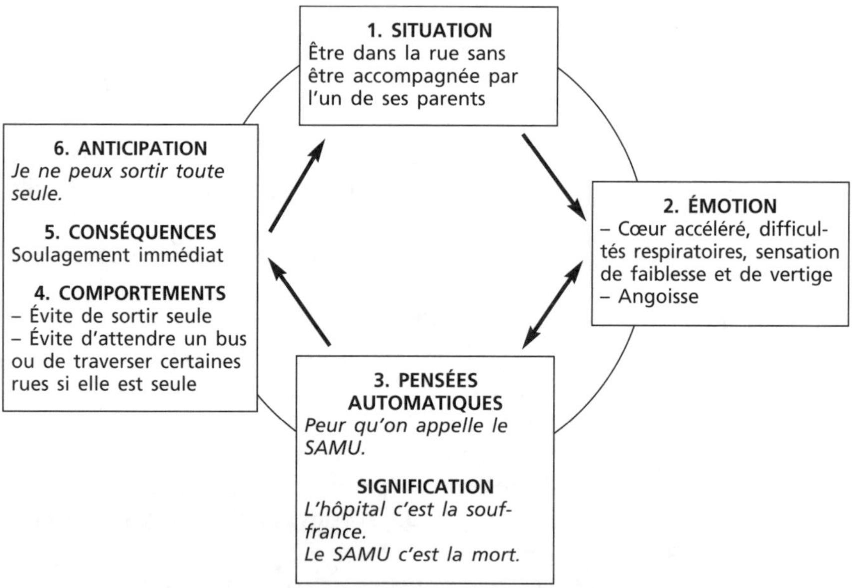

Sophie **évite**, lorsqu'elle est seule, la plupart des situations de la vie quotidienne.

Lorsqu'elle doit sortir seule, elle **se rassure en allant le plus vite possible (fuite),** et en choisissant bien ses moments et ses parcours, afin de ne jamais se trouver loin d'une pharmacie ou d'un cabinet médical.

Sophie a un trouble panique compliqué d'une agoraphobie invalidante. Ses croyances catastrophiques ont été influencées par des événements dont elle a été le témoin (décès de ses grands-parents au cours d'un accident de la circulation). Elle se reproche vivement sa dépendance vis-à-vis de ses parents, mais elle ne sait pas comment faire autrement.

L'analyse fonctionnelle lui a permis de comprendre que ses comportements d'évitement et ses recherches de réassurance l'enfermaient dans un cercle vicieux.

Point important

Les analyses fonctionnelles que nous venons de voir montrent que les comportements des différents patients se ressemblent tous. Ce sont :

– la fuite ou l'évitement, qui atténuent l'anxiété (à court terme);

– les comportements de « sécurisation », qui consistent à scruter ses sensations ou l'environnement pour détecter le moindre signe de « menace » ou de « sécurité ».

La conséquence de tous ces comportements est de renforcer les croyances catastrophiques.

Résumé

L'analyse fonctionnelle vous aide à comprendre pourquoi vous êtes prisonnier(ère) du cercle vicieux des paniques et de l'agoraphobie :

- **en précisant quelles sont vos peurs (prédictions catastrophiques);**
- **en montrant que ces pensées vous alarment et déclenchent les paniques;**
- **en précisant les comportements de sécurisation, d'évitement et de fuite;**
- **en montrant que ces comportements soulagent dans l'instant mais qu'ils renforcent les pensées catastrophiques.**

Je me prépare à affronter ce que je redoute

L'analyse fonctionnelle va aussi vous servir pour vous **préparer à affronter les situations que vous redoutez, pour commencer à en sortir**. Voyons cela avec Jacqueline.

Jacqueline veut bien sortir, mais... accompagnée par sa mère

Jacqueline a quarante et un ans. Son trouble panique a commencé vers l'âge de dix-huit ans, par une attaque de panique dans un magasin, dont elle est vite ressortie pour rentrer chez elle. Elle a fait d'autres crises à l'école et au cinéma.

Pendant ses paniques, elle ressent surtout une gêne respiratoire, des palpitations, des tremblements et des sueurs.

Son père aurait fait un jour une « *attaque cardiaque* » suivie d'agoraphobie. « *Vous comprenez, j'ai vécu ça de l'intérieur.* »

Elle a été suivie par un psychiatre pendant trois ans sans résultat.
Elle est dépendante de Lexomil®[12] depuis plusieurs années. On lui a prescrit différents antidépresseurs, mais elle ne les supporte pas.
Elle a souffert de bronchite asthmatiforme (infection respiratoire qui gêne la respiration) et elle a de fréquentes migraines.
Malgré toutes ces difficultés, elle exerce son travail normalement, mais elle évite le plus possible de sortir, et surtout de faire les courses toute seule : depuis deux ans, elle ne peut plus faire ses courses sans être accompagnée par sa mère.

Je m'entraîne en construisant l'analyse fonctionnelle de Jacqueline : aller acheter du pain toute seule

Voici les éléments qui doivent vous permettre de schématiser l'analyse fonctionnelle de la situation :
Ce matin-là, Jacqueline doit aller acheter du pain à la demande de sa mère. Elle éprouve des bouffées de chaleur et des tremblements, elle se dit : « *Je vais avoir une crise de panique, j'irai cet après-midi, il y aura moins de monde.* » Elle remet donc la course à plus tard, ce qui met sa mère en colère. Elle prend du Lexomil® pour y aller « *plus facilement* » cet après-midi.
Comme promis, Jacqueline part pour acheter le pain après le déjeuner. Elle se force pour faire plaisir à sa mère. Elle fait le trajet à pied, « *pour respirer* ». Elle éprouve une « *sensation de blocage* » en arrivant parce qu'elle voit qu'on attend à la caisse. Elle entre après une courte hésitation et attend. D'autres clients arrivent et viennent faire la queue derrière elle. C'est alors qu'elle se sent mal : « *Je pensais qu'il fallait que je sorte, comme si j'étouffais.* » Elle sort en faisant semblant de chercher quelque chose dans son sac. Aussitôt, elle se sent soulagée. Jacqueline pense que décidément elle ne peut faire les courses sans sa mère, car sa présence dans la file d'attente lui permet de sortir sans inconvénient dès qu'elle se sent mal.

Construisez maintenant, à partir des éléments que Jacqueline nous a donnés, l'analyse fonctionnelle de « Jacqueline va acheter le pain ». Pour cela, je vous conseille de procéder méthodiquement : recueillez les éléments qui définissent la situation, puis l'émotion, les pensées automatiques et leur signification, les comportements adoptés, et enfin les conséquences de ces comportements sur son anticipation de la même situation, une prochaine fois.

12. Tranquillisant de type benzodiazépine.

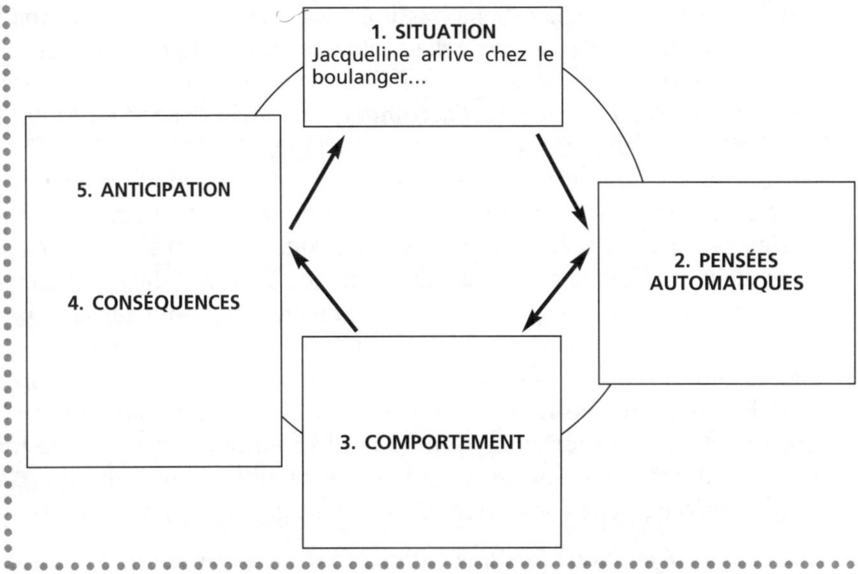

Voici maintenant la version de Jacqueline. Comparez votre analyse fonctionnelle à la sienne. Relisez au besoin le résumé des faits, si vous éprouvez quelque difficulté à construire le cercle vicieux.

Comment Jacqueline imagine faire ses courses

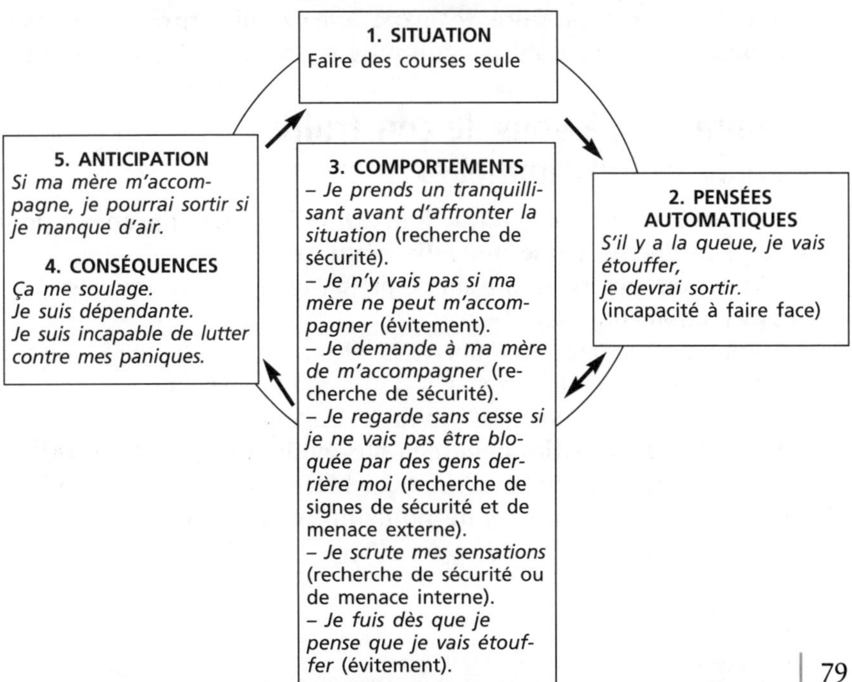

Pourquoi Jacqueline est-elle rassurée lorsque sa mère l'accompagne faire les courses ? Parce que celle-ci peut rester et faire la queue à sa place, en lui donnant ainsi la possibilité... de fuir pour éviter l'anxiété. Sa mère lui rend service en l'accompagnant, mais en même temps ce comportement renforce ses croyances anxieuses.

Cet exemple montre que **l'entourage joue souvent un rôle important dans le maintien des croyances anxieuses et de l'agoraphobie**[13]. Si c'est votre cas, cherchez à préciser pour quelles raisons cette personne vous rassure. Jacqueline est rassurée parce que sa mère lui permet d'éviter ou de fuir la situation qu'elle redoute. Mais d'autres sont rassurés parce que la personne sécurisante saura ce qu'il faut faire en cas d'urgence, ou simplement parce que cette présence les rassure. Et il est nécessaire **d'informer les gens qui vous « rassurent » sur les mécanismes du cercle vicieux et sur les méthodes que vous allez employer pour faire face**, parce qu'ils participeront au traitement en modifiant leur attitude. Dans le cas contraire, leur comportement pourrait gêner votre progression.

Cette analyse nous indique les cibles du traitement de Jacqueline :

1. Apprendre à **gérer son anxiété** : tant qu'elle ne supportera pas la sensation de « manque d'air », et tant qu'elle ne saura pas contrôler ses paniques, Jacqueline évitera ou passera en force.
2. Apprendre à **repenser ses prédictions catastrophiques** (qu'est-ce qui lui fait croire qu'elle va réellement étouffer lorsqu'elle fait la queue ?).
3. Enfin et **surtout, faire des expériences qui contredisent ses prédictions**. En commençant par travailler sur ses sensations d'anxiété.

Et maintenant, à vous de construire vos analyses fonctionnelles

En construisant une analyse fonctionnelle, vous apprenez à penser à votre problème d'une nouvelle manière.

- Vous vous observez en train de penser au lieu d'être soumis(e) à vos pensées automatiques.
- Vous comprenez pourquoi vous restez enfermé(e) dans un cercle vicieux en découvrant les rouages d'un conditionnement.
- Vous allez déterminer les cibles du traitement.

Une analyse fonctionnelle semble évidente une fois qu'elle est construite, comme toute évidence. Mais acceptez de prendre du temps, plusieurs moments de réflexion pour la construire.

13. Andrews G., Crino R., Lampe L., Hunt C., Page A., *op. cit.*, 1994, p. 40.

Pour cela, reprenez votre cahier et commencez par écrire en détail

- **L'histoire de vos paniques et/ou de votre agoraphobie.** Vous vous rappelez probablement votre première ou votre seconde panique avec beaucoup de précision. Ce qui s'est passé et ce que vous avez pensé à ce moment-là peut vous permettre de comprendre pourquoi vous avez « sélectionné » certaines pensées catastrophiques. Certains événements vécus peuvent aussi avoir influencé votre façon d'interpréter les choses, comme Jacqueline, qui explique qu'elle a « vécu de l'intérieur » l'accident cardiaque de son père.
- **L'histoire d'une de vos paniques ou d'une situation problème qui vous a fortement impressionné(e),** à partir de laquelle vous allez construire et dessiner le cercle vicieux, de la façon suivante...

Mon anxiété se déclenche : où, quand, comment, avec qui...

Vous êtes maintenant capable de reconstituer les détails d'une scène, comme Bernard, Inga, Jacques, Sophie et Jacqueline.
Comme eux, vous pouvez maintenant décrire le décor (où), le moment (quand), les personnages (avec qui), ce que vous avez pensé (avant et pendant la panique), ce que vous avez ressenti (émotions), et ce que vous avez fait (comportement). Comme eux, vous allez chercher à comprendre les conséquences de vos comportements sur le maintien de l'anxiété.
Les questions résumées dans le tableau suivant vous aideront :

Questions à poser pour l'analyse fonctionnelle
Où ?
Quand ?
Comment ?
Avec qui ?
Émotions (état physique et psychologique)
Pensées (ce que je me suis dit à ce moment-là, ce que cela signifiait pour moi)
Qu'est-ce qui aggrave ? (isolement, éloignement, enfermement...)
Qu'est-ce qui soulage ? (médicament, portable, présence d'un proche...)
Comportements (recherches de sécurité, évitements, fuite)
Conséquences

Choisissez une « situation-problème »

C'est une situation dans laquelle vous redoutez d'avoir une panique, et que vous avez tendance à éviter. Choisissez-la parmi celles que vous avez déjà **écrites dans votre cahier.**

Précisez les émotions que vous avez ressenties à ce moment-là

Les sensations physiques (cœur, respiration, vertiges, tremblements, sueurs, etc.), l'humeur (anxiété, honte, colère, etc.).

Recherchez vos pensées automatiques (P.A.)

Ce sont celles qui vous ont traversé l'esprit **au moment où vous éprouviez les émotions les plus pénibles.** Cherchez aussi des images qui ont pu vous marquer fortement (comme par exemple le film d'un accident), et la signification que prenait la situation (par exemple « je vais causer un accident »).

Qu'est-ce que je me disais à ce moment-là ?
Qu'est-ce que cela signifiait pour moi ?

Comme Bernard, précisez la P.A. qui correspond à une émotion particulière :

Émotion	Pensée automatique
Manque d'air, chaleur, palpitations...	*« Je vais crever (étouffé). »*
Vertiges, bras raides...	*« Je vais avoir un accident. »*

Les significations ou les images de paniques font souvent référence à :
• des événements vécus, comme dans le cas d'Émile (ses paniques lui donnaient la même peur que sa crise cardiaque) ;
• des événements dont on a été le témoin, comme Sophie (elle a vu quelqu'un, qui avait perdu connaissance dans la rue, être emmené par le SAMU).
Elles peuvent aussi avoir été influencées par notre éducation, ou par des choses dont on a entendu parler.

Précisez ensuite vos comportements anxieux

Reprenons l'exemple de Bernard :

Pensée automatique	Comportement
« Je vais crever. »	Ouvre la vitre (réassurance) Arrête le bus et en descend (fuite)
« Je vais avoir un accident. »	Simule une panne et arrête le bus avant de s'engager sur le pont (évitement et fuite)

Les principaux comportements anxieux sont :

• Les **évitements** et la **fuite** (par exemple Jacqueline qui sort de la file d'attente), les évitements subtils (essayer de penser à autre chose pour ne pas s'inquiéter ou limiter la « prise de risques »).

Distraction d'attention ou évitement?

La distraction d'attention consiste à penser à autre chose pour ne pas ressasser inutilement l'objet de notre inquiétude. C'est une attitude banale et utile dans la vie. Mais cela ne suffit pas à résoudre les peurs et les angoisses des paniques. Cela peut même aggraver les choses si c'est un évitement mental (par exemple affronter une situation tout en essayant d'éviter d'y penser). Dans ce cas, la distraction d'attention a les mêmes conséquences qu'un évitement physique : elle aggrave la spirale de l'angoisse.

• Les **recherches de réassurance** (« sécurisation », par la présence d'un proche, un tranquillisant ou le téléphone portable dans la poche, un trajet ou un horaire particulier, etc.).

• La **tendance à scruter l'environnement et les sensations internes** à la recherche de signaux menaçants et/ou rassurants (est-ce que je suis enfermé(e) ou coincé(e), est-ce que mon cœur bat trop fort?).

À plus long terme, ce sont souvent les recherches de réassurance, par des examens de santé, comme dans le cas de Bernard.

Pour prendre conscience de vos conduites d'évitement et de réassurance, vous pouvez utiliser les suggestions des tableaux suivants.

Exemples de sensations évitées dans le trouble panique-agoraphobie	Exemples de situations évitées dans le trouble panique-agoraphobie
Essoufflement	Rester seul(e) chez soi
Manque d'air	Aller seul(e) ou accompagné(e) dans la rue
Palpitations	Supermarché, hypermarché, cinéma, théâtre, restaurant ou cafétéria
Vertiges	Faire la queue
Faiblesse	Foule
Chaleur	Transport : bus, métro, train, avion, voiture
Troubles digestifs (peur de diarrhée)	Conduire seul(e) ou accompagné(e) : en ville, routes, rocades, autoroutes, ponts, tunnels
Tremblements	Éloignement de chez soi seul(e) ou accompagné(e)
	Enfermement
	Nuit, pluie, brouillard

Exemples de conduites de sécurisation (évitements subtils)
S'exposer à certaines situations, mais...

Se faire accompagner (même par un animal familier)
Le portable dans la poche au cas où
Le tranquillisant dans la poche au cas où
S'accrocher au caddie dans le supermarché
Faire un trajet calculé en passant près de pharmacies, de médecins, d'hôpitaux ou cliniques, de proches, au cas où
Rester au bord d'une rangée ou près de la sortie dans une salle de spectacle
Rester dans un périmètre limité autour de chez soi
Faire vite
Choisir des horaires particuliers
Chercher à savoir si c'est un « bon jour » pour...
Scruter l'environnement (recherche de sécurité et/ou de danger)
Scruter ses sensations (recherche de sécurité et/ou de menace)
Penser à autre chose (évitement de la pensée anxieuse)

Exemples de « passages en force »

Utiliser le « il faut » (faire les courses, aller travailler, accompagner les enfants, etc.)
Affronter mais avec des évitements
Affronter mais avec des conduites de sécurisation
Affronter mais en se dépêchant

Et enfin, c'est très important, réfléchissez aux conséquences de ces comportements

- Ces comportements soulagent immédiatement l'anxiété.
- À cause de cela, **ils aggravent les anticipations anxieuses.**

Ils ont des **conséquences négatives sur votre autonomie, et sur votre vie familiale, sociale et professionnelle.**
Reprenons l'exemple de Bernard :

Comportement	Conséquences sur l'anticipation	Conséquences sur l'autonomie
Ouvrir la vitre en cas de malaise	Cela aggrave la pensée automatique de menace	Aucune
Simuler une panne et arrêter le bus	Désormais Bernard se sentira incapable de maîtriser quoi que ce soit	Arrêt de travail; isolement social; dépendance de l'entourage
Répéter les examens de sang, etc.	Cela augmente le doute et l'inquiétude d'avoir une maladie inconnue et grave	Dépend de plus en plus de son médecin

Vous pouvez maintenant représenter le cercle vicieux de votre analyse fonctionnelle sur le cahier

Votre analyse fonctionnelle, comme celles de Bernard, Inga, Jacques, Sophie et Isabelle, vous permet de comprendre que votre comportement est logique. Il ne répond pas à une logique rationnelle (puisque les dangers que vous redoutez sont irréalistes), mais il obéit à une logique anxieuse.
L'anxiété et les pensées angoissantes sont la vraie cible du traitement.

Dessinez le cadre comme nous l'avons fait dans les exemples présentés. N'hésitez pas à remplir toute la page pour avoir la place d'écrire la liste des émotions, des pensées automatiques et des comportements problèmes.

Représentation de l'analyse fonctionnelle

Il existe plusieurs façons de représenter une analyse fonctionnelle. Celle que je vous propose met en évidence le cercle vicieux des paniques et de l'agoraphobie.

Représentation schématique de l'analyse fonctionnelle

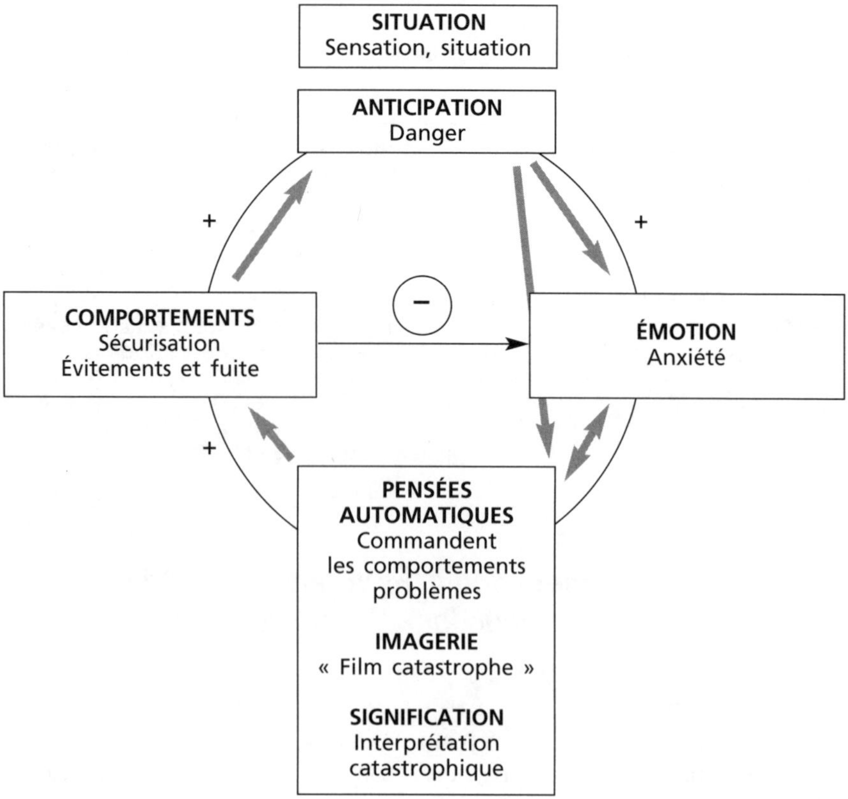

La lecture du schéma se fait de la façon suivante :

Au cours d'une **situation** particulière, deux phénomènes se déclenchent simultanément (flèches grises) :

– une **émotion** (anxiété);

– des **pensées automatiques** ou des images mentales dont la signification est catastrophique.

Ces pensées commandent instantanément un **comportement d'évitement** (flèche grise) qui soulage immédiatement le sujet (flèche grise), et le conditionne à reproduire ces croyances et ce comportement si la situation se représente (flèche grise vers « **anticipation** »).

Le sujet a mémorisé l'expérience négative et a renforcé son interprétation anxieuse : **le cercle vicieux est constitué.**

Voici une autre représentation résumée de l'analyse fonctionnelle des paniques et de l'agoraphobie, centrée sur les comportements problèmes et leurs conséquences négatives. Utilisez la forme qui vous permet le mieux de visualiser votre analyse fonctionnelle.

Passages en force	Évitements cognitifs	Conduites de réassurance	Évitements et fuites
« Je dois » + ...	**Je pense à autre chose** en m'exposant : – j'essaye de ne pas y penser; – ou de faire autre chose en même temps, comme des courses.	**Je scrute l'intérieur** Sensations rassurantes / inquiétantes **Je scrute l'extérieur** – Circonstances rassurantes / inquiétantes – Présence ou absence rassurante / inquiétante **Je me rassure** Présence rassurante Canne Portable Tranquillisant avalé ou porté sur soi Alcool avant Parcours choisi Horaire choisi Etc.	**J'évite** un mot, une sensation, une situation **Je fuis** une situation ou je me dépêche

↓ ↓ ↓ ↓

Cela :
- **renforce mes croyances catastrophiques**
- **diminue mon autonomie**
- **me rend dépendant(e)**

Résumé de l'analyse fonctionnelle

Nous avons vu des histoires de femmes et d'hommes de situations affectives, sociales et professionnelles différentes. Et pourtant, leurs histoires de panique et d'agoraphobie se ressemblent, à tel point qu'en lisant celles des autres, ils ont parfois la sensation de lire ce qu'ils ont vécu et ressenti.
Cette similitude s'explique parce qu'ils ont vis-à-vis des paniques et de l'agoraphobie les mêmes mécanismes de fonctionnement.
L'analyse fonctionnelle met au jour ces mécanismes et permet d'adapter le traitement à chacun, en fonction de son profil particulier. C'est une technique cognitive (c'est-à-dire une technique d'interprétation). C'est donc une étape très importante pour faire face.

Je choisis le changement à partir de l'analyse fonctionnelle

Choisir le changement c'est choisir de **sortir du cercle vicieux**. L'analyse fonctionnelle vous permet de **préciser les cibles du traitement** pour affronter une situation problème :

• contrôler activement l'anxiété (technique comportementale, flèche n° 1),

• réévaluer les pensées automatiques (technique cognitive, flèche n° 2),

• modifier les comportements (technique comportementale, flèche n° 3) et vérifier que vous pouvez faire face efficacement à l'anxiété.

Selon le type de problème posé, elle oriente vers telle ou telle solution, en sachant que le but est de créer un nouvel équilibre, un cercle « vertueux », dans lequel pensées, émotions et comportements interagissent, exactement comme dans le cercle vicieux.

Le schéma suivant résume les différents niveaux d'intervention de la thérapie comportementale et cognitive.

Niveaux d'intervention de la thérapie comportementale et cognitive (TCC) sur les paniques et l'agoraphobie

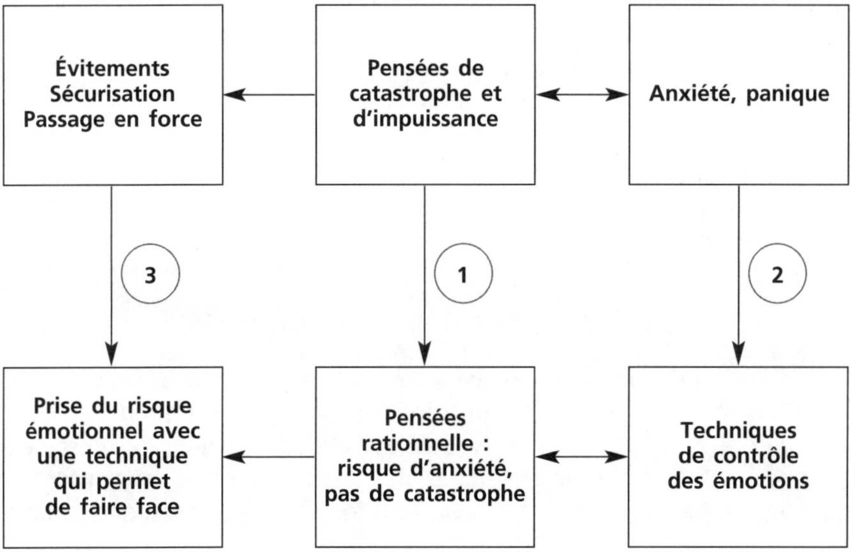

CHAPITRE 7

Les méthodes pour faire face

Présentation des méthodes pour faire face[1]

Vous savez maintenant que les paniques ne mettent pas votre raison ni votre vie en péril. Ces informations vous rassurent-elles ? Peut-être que oui. Vous ont-elles convaincu(e) ? Probablement pas. Il est évident que le traitement des paniques ne se résume pas à une information scientifique, ni même à la construction de l'analyse fonctionnelle du cercle vicieux.

Pour vous traiter, vous allez faire des exercices qui contredisent vos expériences de paniques. Pour faire face aux paniques, vous allez apprendre à contrôler l'anxiété, à dédramatiser vos prédictions catastrophiques et à modifier vos comportements.

Les **méthodes comportementales** vous permettront d'affronter les paniques avec succès ; par conséquent vous les redouterez moins.
- La première méthode pour faire face aux paniques consiste à **stopper l'hyperventilation en contrôlant sa respiration**. Elle est très rapidement efficace et permet aussi d'éviter que l'anxiété ne se transforme en panique.

1. Mac Nally R. J., *op. cit.*, pp. 137-164.
Barlow D. H., Cerny J. A., *op. cit.*, pp. 96-119, p. 151.
Beck A. T., Emery G., Greenberg R., *op. cit.*, pp. 258-312.
Andrews G., Crino R., Lampe L., Hunt C., Page A., *op. cit.*, pp. 43-106.

• La seconde méthode consiste à **s'exposer progressivement aux sensations et aux situations redoutées avec une technique précise**, pour constater que l'angoisse retombe d'elle-même. L'exposition est le traitement essentiel de l'agoraphobie.
• La troisième méthode est la **relaxation**. Elle facilite l'exposition et contribue aussi à réduire le nombre de paniques.

Les **techniques cognitives vous permettront de réévaluer vos prédictions catastrophiques et le sentiment selon lequel vous ne pourriez pas faire face par vous-même**. Cela peut vous aider à vous motiver pour faire des exercices ; cela vous aidera aussi à prendre conscience de vos succès et à les mémoriser.
Cette prise de conscience sera le meilleur moyen de lutter contre vos pensées automatiques.

Pour cela, il est indispensable de noter votre travail sur le *cahier pour faire face*. Cela peut vous sembler fastidieux, mais sans lui, les pensées automatiques risquent de rester plus fortes que les pensées rationnelles, malgré vos efforts.

Trois conditions sont nécessaires pour faire face :

• Prenez des rendez-vous avec vous-même. Les thérapies comportementales prennent du temps pour faire des exercices régulièrement.

• Faites des exercices. Aucun thérapeute ne peut les faire à votre place, et le meilleur des thérapeutes n'a aucun résultat si ses patients ne font pas les exercices.

• Enregistrez la méthode et les résultats des exercices pour les améliorer progressivement et prendre confiance en vous.

Avant toute chose, préparez-vous méthodiquement

Mesurez l'évolution des paniques et de l'agoraphobie

Comme Jacqueline, apprenez à mesurer votre anxiété

Maintenant, Jacqueline sait tout sur la thérapie comportementale et cognitive ; elle a bien compris qu'elle doit affronter les situations qu'elle redoute pour se traiter. Elle désire le faire mais elle n'y arrive pas.

Devant cette difficulté, nous avons repris l'analyse fonctionnelle de l'exercice (voir l'analyse fonctionnelle de « Comment Jacqueline imagine faire ses courses », p. 79).

Cela a fait ressortir deux constats :

1. Le premier symptôme gênant est l'essoufflement. Dès qu'elle en prend conscience, tout va très vite : elle s'inquiète et en quelques instants l'essoufflement s'aggrave, elle sent son cœur qui s'accélère, puis sa vue est brouillée, elle panique...

2. Elle perçoit donc son anxiété en tout et rien. Elle ne sait pas évaluer le niveau de son anxiété. Cela renforce sa crainte d'être surprise par la panique dans cette situation, et elle ne sait pas quand elle doit commencer à contrôler sa respiration (nous verrons que c'est une technique très efficace pour traiter les paniques), ni jusqu'à quel point elle doit insister lorsqu'elle s'y expose.

Nous avons donc commencé par **définir sa propre « échelle d'anxiété »**.

Beaucoup de gens ont besoin d'un peu de temps pour préciser comment se manifeste leur anxiété sur une échelle graduée de 0 à 100 %.

Ce qui importe, c'est de bien définir trois niveaux principaux :

- une zone de calme,
- une zone d'anxiété supportable,
- une zone d'anxiété insupportable.

Voici comment Jacqueline a construit son échelle :

Échelle d'anxiété de Jacqueline

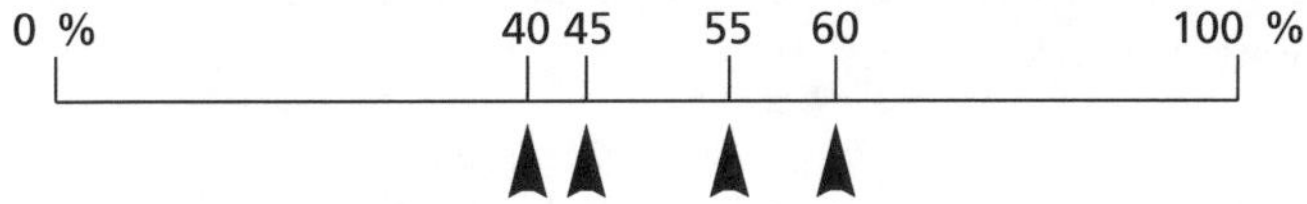

Léger essoufflement 40 % Essoufflement, cœur accéléré 45 %	55 % Vue brouillée	60 % Manque d'air, gorge nouée, étouffement Cœur qui palpite Bouffées de chaleur Sueurs Tremblements des mains Peur de perdre de connaissance
Conséquences des symptômes		
Gêne préoccupante mais bien supportée	Gêne très préoccupante	Panique

Apprenez à déceler l'hyperventilation « silencieuse »

L'hyperventilation prédispose à la panique. Elle est évidente lorsque les symptômes caractéristiques sont nets (cœur accéléré, oppression respiratoire). Mais l'on n'a pas toujours conscience de ce phénomène qui est parfois discret.

Les questions suivantes devraient vous aider à prendre conscience de l'hyperventilation lorsqu'elle est encore modérée :

Sensations qui doivent faire suspecter l'hyperventilation
Je respire par la bouche
J'éprouve le besoin de souffler ou de débloquer ma respiration
Je suis pressé(e) de reprendre de l'air avec ma poitrine en fin d'expiration
Je respire trop rapidement (plus de 12 respirations par minute)
J'ai tendance à respirer en remontant et en reculant mes épaules
Je rentre le ventre lorsque j'inspire
Je soupire et je baille souvent
Je bloque ma respiration lorsqu'on me parle de quelque chose qui m'inquiète
J'inspire profondément lorsqu'on me parle de quelque chose qui m'inquiète

Dès que vous prendrez conscience de ces phénomènes, vous pourrez contrôler votre respiration pendant une ou deux minutes. Ainsi, vous vous sentirez mieux et cela vous permettra d'éviter des paniques[2].

Construisez maintenant votre échelle d'anxiété sur le cahier. Pour vous donner une idée de graduation, sachez que :

– la zone de calme s'étend habituellement de 0 à 30 %,

– l'apparition des premiers signes caractéristiques d'anxiété se situe aux alentours de 40 %,

– le seuil de la panique est habituellement de 50 à 60 %. C'est à ce niveau-là que se situent les sensations qui définissent le profil de vos paniques (voyez votre premier exercice).

Comme Jacqueline, cherchez à bien définir les sensations qui peuvent précéder une crise, car plus vous interviendrez tôt, plus vite et mieux vous contrôlerez vos paniques.

Résumé

Apprendre à mesurer son anxiété, c'est accepter de la regarder comme un phénomène naturel.
Cela permet de gérer la situation en fonction du degré d'anxiété ressentie, en choisissant la méthode la plus efficace pour faire face.

Enregistrez l'évolution des paniques sur votre cahier

Notez quotidiennement sur votre cahier les paniques éventuelles comme dans l'exemple ci-dessous. Évaluez votre anxiété de la façon suivante : faible + modérée ++ forte ou très forte +++.

Date	Heure	Lieu	Degré d'anxiété De + à +++	Durée de la crise (minutes)	Contrôle respiratoire (oui/non)
10.3.02	10 h 30	bureau	++	5 minutes	non
	16 h 15	courses au supermarché	+	2	oui
	etc.				

2. Andrews G., Crino R., Lampe L., Hunt C., Page A., *op. cit.*, p. 229.

Cette observation vous permettra de faire une « **ligne de base** », c'est-à-dire de noter le nombre moyen de paniques avant traitement, et d'évaluer l'efficacité du traitement par la suite.

Enregistrez l'évolution de l'agoraphobie sur votre cahier

Reprenez pour cela sur votre cahier la liste des situations que vous évitez, comme celle de Sophie, et prévoyez un tableau avec plusieurs colonnes.

	Situation	Évitement avant traitement	Évitement (date)	Évitement (date)	Évitement (date)
1	Conduire seule	100 %			
2	Marcher seule dans la rue	95 %			
3	S'éloigner de chez soi	90 %			
4	Traverser une rue	70 à 90 %			
5	Attendre le bus	80 à 100 %			
6	Espaces situés en hauteur (escalier ajouré)	90 %			
7	Ascenseur, espaces fermés	80 %			
8	Foule	70 %			
	Etc.				

Cette liste permettra, elle aussi, d'observer votre évolution au fur et à mesure du traitement.

Déterminez vos objectifs (hiérarchisation)

Vous ne regretterez pas d'avoir pris un peu de temps pour cela. Faire face aux paniques ne consiste pas à foncer tête baissée en essayant des techniques comportementales de façon désordonnée. Construisez un **plan de traitement** en commençant toujours par le contrôle respiratoire, puis l'exposition aux sensations, avant d'aborder l'exposition aux situations (pour vous y aider, consultez le chapitre « Je construis mon traitement », page 214).

Le contrôle des paniques est le premier objectif

C'est une évidence, si vous souffrez de trouble panique, et c'est important même si votre agoraphobie semble pure, sans panique. N'oublions pas que tout se passe comme si l'agoraphobie vous poussait à tout faire pour éviter la panique. Savoir traiter les paniques vous donnera confiance en vous lorsque vous vous exposerez !

Ce traitement se fait par le **contrôle respiratoire**, qui est efficace en quelques minutes, même dans les pires attaques.

La prévention des paniques

Mieux on les contrôle, moins on les redoute. Et moins on les redoute, moins on est victime de panique.

Mais pour prévenir les paniques, il est nécessaire de ne plus craindre les sensations qui les déclenchent, comme l'essoufflement, la sensation de cœur qui tape ou de tête vide, etc. Cela ne relève pas du contrôle respiratoire mais d'une technique **d'exposition progressive aux sensations redoutées**, que nous allons voir en détail dans ce chapitre.

La lutte contre l'agoraphobie

Elle sera possible lorsque vous aurez une confiance suffisante dans votre technique pour prévenir et contrôler les paniques, qu'elles surviennent chez vous ou au-dehors, seul(e) ou accompagné(e), à pied ou en voiture…

L'objectif est de ne plus subir d'attaque de panique dans ces situations. La technique pour faire face à l'agoraphobie consiste à **s'exposer progressivement au risque d'anxiété dans différentes situations**, au lieu de chercher à l'éviter.

CHAPITRE 8

Les méthodes comportementales pour faire face

Nous savons tous qu'en cas de forte anxiété, nous restons « scotchés » à nos pensées négatives et qu'il est inutile d'essayer de raisonner à ce moment-là ! L'angoisse nous empêche de réfléchir de façon rationnelle à notre problème.

Sur la base de ce constat, nous allons donner la priorité à la gestion de l'émotion par le contrôle respiratoire dans deux circonstances :

– lorsque nous éprouvons des sensations physiques désagréables liées à la panique (émotions),

– lorsque nous n'arrivons pas à nous détacher des pensées catastrophiques (cognitions), même si l'émotion n'est pas encore (trop) forte.

URGENCE ! J'apprends à traiter les paniques

Le contrôle respiratoire fait vite céder les paniques

• C'est une technique d'**autocontrôle** préconisée par la plupart des spécialistes du trouble panique[1]. Elle permet de faire face sans passer en force.

• **On ne dépend de personne** pour l'appliquer et en bénéficier.

• Elle est **efficace en quelques minutes** – alors que les tranquillisants ne calment qu'en vingt ou trente minutes, même s'ils sont placés sous la

1. Andrews G., Crino R., Lampe L., Hunt C., Page A., *op. cit.* ; Mac Nally R. J., *op. cit.* ; Rachman S., de Silva P., *op. cit.* ; Rosenbaum J. F., Pollack M. H., *op. cit.*

Le contrôle respiratoire pour traiter les attaques de panique a été proposé par Lum en 1976, *in* Cottraux J., *in* Boulenger J.-P., *op. cit.*, p. 220.

langue ou injectés – et l'on peut l'appliquer partout, sans l'aide de personne, même au cours de la pire crise de panique.

À condition, bien sûr, de s'en accorder le droit (devant les autres) et de s'y être entraîné auparavant. Ne négligez pas cet entraînement, même si les exercices vous semblent faciles « à froid », car c'est en les répétant qu'ils deviendront des automatismes efficaces en cas de crise.

Faites ces exercices régulièrement, tous les jours au moins deux fois par jour, pendant cinq à dix minutes à chaque fois.

Pourquoi le contrôle respiratoire ?

Voyez le schéma. Il représente un personnage de profil. Le diaphragme est le muscle respiratoire principal. Il est tendu comme un arc entre le ventre et l'ensemble cœur-poumons.

Il se contracte pendant l'inspiration et, en s'abaissant, il agrandit les poumons qui aspirent l'air (comme un soufflet que l'on ouvre). En même temps, il repousse le ventre vers l'avant (flèche noire). Il se relâche pendant l'expiration, et remonte en vidant les poumons (flèche grise).

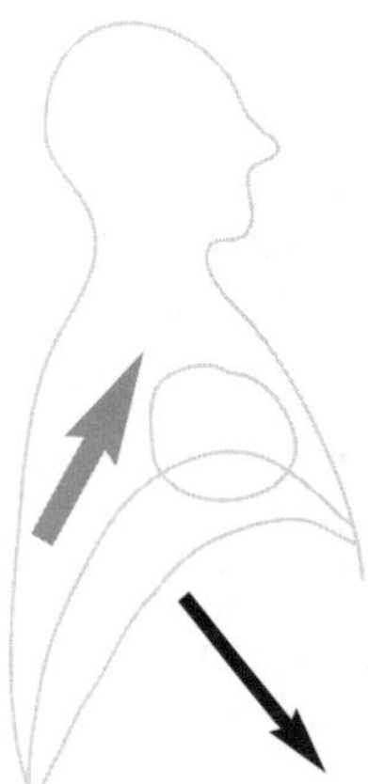

Légende

Le diaphragme est contracté et tendu au maximum en fin d'inspiration profonde. Il est descendu, il agrandit la cavité pulmonaire et repousse le ventre vers l'avant (flèche noire).

Le diaphragme est relâché en fin d'expiration. Il est remonté et l'espace pour les poumons est très réduit (flèche grise).

Le cercle représente le cœur dans la position qu'il occupe en inspiration.

Faites un exercice pour prendre conscience de l'amplitude de votre respiration

Pour vous donner une idée de l'importance de l'attitude sur le fonctionnement du diaphragme, faites les manœuvres suivantes :

Redressez-vous fortement et remontez les épaules.

Inspirez ensuite au maximum puis expirez tout en restant bien redressé(e).

Vous constaterez que votre amplitude de respiration est très courte, et que cela vous incite probablement à respirer plus vite et plus fortement. C'est un peu ce qui se passe au cours de l'hyperventilation.
Et maintenant, en même temps que vous expirez, relâchez votre nuque, et laissez votre dos et vos épaules s'arrondir en vous penchant légèrement vers l'avant.
Vous constaterez que vous pouvez expirer beaucoup plus profondément (la flèche grise remonte beaucoup plus haut) : votre diaphragme se relâche et cela vous permettra d'inspirer plus profondément et confortablement.

Le but du contrôle respiratoire est de **neutraliser rapidement les conséquences physiologiques de la réaction d'alarme** : en contrôlant sa respiration pendant quelques minutes, on provoque un réflexe qui va ralentir le cœur, et en même temps on rétablit l'équilibre des gaz dans le sang.

Le contrôle respiratoire permet de rompre rapidement le cercle vicieux :

- **il relâche les muscles respiratoires,**
- **il ralentit le cœur,**
- **il normalise les gaz dans le sang** (voir page 47).

Comment contrôler ma respiration[2] ?

Pour faire ces exercices, installez-vous dans de bonnes conditions :

- installez-vous au calme,
- vous prenez un peu de temps pour vous,
- on ne viendra pas vous déranger,
- vous ne portez pas de ceinture serrée ; vous, madame, en particulier, vous ne portez pas de ceinture large qui serre votre taille pendant l'exercice, parce qu'une telle ceinture empêche votre diaphragme de fonctionner convenablement (le ventre ne peut avancer lorsque vous inspirez, et cela gêne le diaphragme).

Apprenez d'abord à compter votre fréquence respiratoire :

- comptez 1 pour une respiration (inspiration suivie d'expiration), 2 pour la suivante, etc.,

2. Andrews G., Crino R., Lampe L., Hunt C., Page A., *op. cit.*, p. 230.

• essayez de ne pas changer votre rythme respiratoire lorsque vous comptez (il se peut que ce soit difficile au début),
• notez le nombre de respirations que vous aurez comptées au bout d'une minute, entraînez-vous à le faire à différents moments de la journée et **enregistrez vos résultats sur le cahier.**
La fréquence normale en situation de calme va de dix à douze respirations par minute.

Le contrôle des paniques commence par des blocages en inspiration :
• commencez par inspirer par le nez (sans vous dépêcher, sans inspirer profondément),
• bloquez votre respiration en durcissant le ventre et maintenez le blocage en inspiration pendant cinq à dix secondes (comptez mentalement « *et un, et deux, et trois, et quatre, et cinq*, etc. »),
• laissez ensuite vos poumons se vider naturellement, sans effort pour souffler.

Faites ensuite trois ou quatre respirations sans contrôle particulier et recommencez le blocage en inspiration, plusieurs fois, jusqu'à ce que les sensations de la panique commencent à diminuer.
Vous pourrez alors passer à l'étape suivante.

Dans un second temps, essayez de respirer lentement, par le nez (cela vous aidera à respirer plus lentement que par la bouche) :
• commencez par poser une main à plat sur le haut de votre ventre,
• inspirez tranquillement pendant trois secondes (en comptant mentalement « *et un, et deux, et trois* »); vous devez sentir que votre main est repoussée par votre ventre (cela prouve que vous respirez avec votre diaphragme et non en remontant les épaules),
• expirez en comptant de la même façon jusqu'à trois,
• répétez cela dix fois (soit pendant approximativement une minute).

Refaites un blocage inspiratoire après un cycle de dix respirations lentes, et **recommencez plusieurs cycles exactement de la même façon, jusqu'à ce que vous éprouviez une sensation de détente, et que votre respiration soit redevenue « naturelle » et superficielle, sans effort de concentration ni sensation de tension.**

Pensez bien à prolonger le contrôle respiratoire pendant plusieurs minutes après le retour au calme. Si vous vous interrompez trop tôt, les gaz du sang ne seront pas encore normalisés, et la moindre hyperventilation risque alors de redéclencher la panique.

Il est assez facile de bloquer sa respiration pendant une panique, alors qu'il serait extrêmement difficile d'essayer de respirer lentement tout de suite. Dire « calmez-vous, respirez calmement » à quelqu'un qui fait une attaque de panique risque de le crisper encore plus et de le désespérer en aggravant son sentiment d'impuissance, et sa sensation de manque d'air !

Donc, retenez que **plus la crise est forte, plus il faut répéter les blocages inspiratoires, parce que vous ne manquez pas d'air. Vous respirez trop vite et trop fort lorsque vous faites une attaque de panique.**

Que faire si j'ai du mal à contrôler ma respiration ?

Sachez tout d'abord que **cette difficulté est banale.** Demandez à une personne de votre entourage de se concentrer sur sa respiration et vous observerez probablement qu'elle se met à respirer plus profondément et plus fort. Elle hyperventile, simplement parce qu'elle s'applique et se concentre sur sa respiration !

Ce phénomène est probablement encore plus net chez vous, parce qu'en vous proposant de vous concentrer sur votre respiration, on vous fait penser aux sensations que vous redoutez, celles qui sont associées à la panique.

Alors que faire ? Éviter de vous entraîner ? Repensez aux conséquences de la spirale de l'angoisse. Admettez plutôt que cet exercice est réellement difficile et « mettez les chances de votre côté » : entraînez-vous dans les meilleures conditions, dans un moment de calme et dans un endroit propice (n'évitez pas).

Si, au début, l'entraînement dérègle votre respiration ou provoque des sensations désagréables (comme la sensation de tête vide), **faites une pause (ne passez pas en force), marchez tranquillement pendant quelques minutes jusqu'au retour au calme et reprenez l'exercice.** Vous constaterez que cela devient plus facile. Si ce n'est pas encore le cas, recommencez exactement dans le même esprit et **vous finirez par gagner quelque progrès : c'est comme cela que vous allez commencer à briser le cercle vicieux.**

Important :
Prenez votre cahier et enregistrez à chaque fois votre progression, jusqu'au moment où vous constaterez que vous faites tout cela « automatiquement », sans effort de concentration. Cela signifiera que vous possédez une arme efficace pour lutter contre la panique.

La respiration dans une poche

Cette technique peut être très utile si vous vous sentez encore incapable de contrôler votre respiration en cas de panique.

Même si vous continuez d'hyperventiler dans la poche, l'air que vous y respirez est progressivement enrichi du gaz carbonique que vous rejetez, et appauvri en oxygène, et ces modifications neutralisent les conséquences habituelles de l'hyperventilation.

Rassurez-vous, vous ne risquez pas de vous asphyxier ! C'est vous qui appliquez la poche comme un masque, et de temps en temps vous pouvez la décoller de votre visage.

- Choisissez une poche en plastique ou en papier, comme celles qui contiennent les revues du courrier, ou un sac de congélation de taille comparable (il faut pouvoir prendre sa respiration en une fois dans la poche gonflée). Elle doit être ouverte sur un petit côté.
- Prenez votre respiration et appliquez la poche avec les deux mains, comme un masque, autour du nez et de la bouche.
- Commencez par souffler dans la poche pour la gonfler, puis respirez une dizaine de fois sans la décoller de votre visage.
- Décollez-la, reprenez une ou deux respirations libres et recommencez l'opération... jusqu'au moment où vous sentez que vous vous détendez.

Essayez ensuite d'enchaîner la respiration lente décrite au paragraphe précédent (10 respirations par minute).
Entraînez-vous plusieurs fois : il faut que tous ces gestes deviennent automatiques pour être efficaces en cas de crise.

Dernière consigne : n'oubliez pas d'emporter la poche avec vous, dans un sac ou un portefeuille qui reste toujours à portée de main !

Quand et comment dois-je contrôler ma respiration ?[3]

Dès le début de l'entraînement, vous pouvez appliquer cette méthode lorsque vous vous sentez **contrarié(e) ou contracté(e), et bien sûr, à chaque fois que vous « sentez » une crise venir** – c'est-à-dire lorsque vos pensées catastrophiques ou vos sensations commencent à vous préoccuper. Faites-le avant d'être débordé(e) par vos émotions. En appliquant cette technique très tôt, vous éviterez la panique, ou vous la contrôlerez très vite.

Si vous commencez alors que la crise est forte, prolongez l'exercice pendant cinq ou six minutes après le retour des sensations de calme. Cette consigne est très importante car il faut plusieurs minutes pour rééquilibrer les gaz du sang et rompre le cercle « biologique » de la panique. Si vous cessez le contrôle respiratoire trop tôt, la crise risque de redémarrer, ce qui serait évidemment très décourageant. Par conséquent, si la crise redémarre ne vous découragez pas, ne concluez pas que la méthode ne fonctionne pas sur vous, mais pensez à recommencer et à persister : combattez les crises jusqu'au bout !

Quand arrêter le contrôle respiratoire ?

Vous pouvez cesser les blocages lorsque vous sentez que vous pouvez de nouveau expirer facilement et généreusement, et passer alors à la respiration lente.

Vous pouvez cesser la respiration lente lorsqu'elle devient facile : lorsque vous n'éprouvez plus le besoin de vous dépêcher d'inspirer.

Mais pensez toujours à respirer lentement pendant quatre à cinq minutes pour éteindre complètement une panique.

Comme Djamila, testez l'efficacité du contrôle respiratoire

Principe de l'exercice

L'hyperventilation suffit souvent à déclencher la panique, et elle l'aggrave toujours (voir première partie, chapitre 2).

Maintenant que vous savez contrôler votre respiration, vous pouvez essayer de faire le contraire, c'est-à-dire hyperventiler pendant quelques instants, jusqu'au moment où les premiers symptômes de panique vont apparaître (par exemple, une sensation de tête vide ou un peu vertigineuse).

3. Andrews G., Crino R., Lampe L., Hunt C., Page A., *op. cit.*, p. 50, p. 230.

Dès que le premier symptôme désagréable apparaîtra, vous reprendrez le contrôle respiratoire pour le faire disparaître.

Entendons-nous bien : il ne s'agit pas de déclencher une attaque de panique, mais seulement l'apparition des premiers signes d'anxiété pour vous prouver que vous avez le pouvoir de les faire céder avec le contrôle respiratoire.

Application : Djamila hyperventile puis revient au calme[4]
Exercice
Djamila est assise.
Elle respire fortement (des respirations profondes et assez rapides), comme si elle était essoufflée après avoir couru.
Elle se concentre sur l'apparition des premiers signes caractéristiques de ses paniques (oppression respiratoire, faiblesse).
Au bout de trente secondes, son cœur « *s'emballe* » et une « *sensation au niveau de la tête* » apparaît.
Elle cesse aussitôt l'hyperventilation et applique la méthode du contrôle respiratoire : les symptômes désagréables disparaissent presque aussi rapidement qu'ils sont apparus.

Commentaire
Djamila perçoit très bien l'effet de la ventilation sur son niveau d'anxiété. L'expérience a été rapidement concluante, dans les deux sens (elle déclenche les premiers symptômes de panique en hyperventilant et les fait disparaître en contrôlant sa respiration).
Cela renforce son sentiment de maîtrise et de sécurité vis-à-vis des paniques, et cela lui permettra d'aborder plus facilement le stade suivant du traitement : l'exposition aux situations redoutées.

Recommandations pratiques
Faites cet exercice seulement lorsque vous saurez bien contrôler votre ventilation.
Les premiers signes de panique apparaissent souvent en moins d'une minute.
S'il ne se produit rien (hormis une sensation d'ébriété) après deux minutes d'hyperventilation, il est inutile d'insister : tous les « pani-

4. Mac Nally R. J., *op. cit.*, L'auteur cite p. 157 Clark, Salkovskis et Chalkley qui préconisent l'hyper-perventilation pour tester les croyances catastrophiques.

queurs » ne déclenchent pas une panique avec l'hyperventilation (le fait de *savoir* qu'il s'agit d'une expérience suffit à rassurer et à empêcher la panique. Cela a aussi été démontré avec d'autres déclencheurs de panique)[5].

Oui, j'ai bien compris que le contrôle respiratoire est utile mais...

« *Mais docteur, si je me mets à respirer comme ça devant les gens, ils vont me prendre pour une folle !* » Vous verrez au chapitre suivant (techniques cognitives) comment traiter ce genre de pensée négative et l'obstacle qu'elle représente pour appliquer la méthode lorsqu'elle est nécessaire.

En ce qui concerne l'utilisation de la poche, les objections de ce genre sont naturellement encore plus fréquentes. Mais de nombreux patients ont appris à l'utiliser sans honte devant les autres.

En dernier lieu, ce sera à vous de peser les avantages et les inconvénients de telle ou telle méthode ou du « laisser faire », en fonction du contexte. Vous verrez au chapitre des « Techniques cognitives pour faire face » comment vous motiver, si cela vous semble difficile.

Très important : enregistrez vos progrès sur le cahier

Vous pourrez juger de l'efficacité du contrôle respiratoire en observant la fréquence, la gravité et la durée des paniques.
Le tableau suivant vous servira de modèle :

Jour / heure	Lieu	% d'anxiété maximum	Durée de la crise (minutes)	Contrôle respiratoire (oui/non)
10 h 30	Bureau	65	5 minutes	Non
16 h 15	Courses au supermarché	60	2	Oui
Etc.				

5. *Ibid.*, p. 122. Il semble aussi que l'hyperventilation ne soit pas présente dans toutes les attaques de panique (p. 49).

Le cahier reflétera votre progression de façon réaliste, et il vous aidera :
– à évaluer précisément l'efficacité de votre contrôle respiratoire,
– à prendre confiance en vous pour faire face aux paniques.
Une progression normale comporte des hauts et des bas, et la lecture du cahier vous permettra de vous situer dans une progression moyenne, sans passer du « septième ciel au trente-sixième dessous ».

Que sais-je du contrôle respiratoire (C.R.) ?

Voir les réponses en annexe p. 243

	Oui	**Non**
Le contrôle respiratoire des paniques consiste à ralentir sa respiration avec des blocages inspiratoires et une respiration lente.		
Il faut quelques minutes pour que le contrôle respiratoire soit efficace.		
Il faut le prolonger pendant quatre à cinq minutes après avoir fait céder une crise.		
Il est utile même si l'hyperventilation ne déclenche pas de crise.		
Il est beaucoup plus rapidement efficace que les tranquillisants, même injectés ou placés sous la langue.		
Il est utile pour traiter les paniques.		
Il est utile pour prévenir les paniques.		

Résumé

Le contrôle respiratoire est une technique d'urgence pour faire céder les paniques :

• En stoppant l'hyperventilation, il agit beaucoup plus rapidement que n'importe quel tranquillisant avalé, fondu sous la langue ou injecté par piqûre.

• Il contribue à briser la spirale de l'angoisse en vous montrant que vous pouvez contrôler les paniques (un tranquillisant ne vous apprend pas à avoir confiance en vous).

• Acceptez que cela ne se fasse pas en un jour. C'est l'entraînement qui augmentera votre efficacité.
• Enregistrez ces expériences nouvelles sur votre cahier, parce qu'elles contredisent les prédictions catastrophiques qui sont bien ancrées dans votre mémoire.
• Enfin, un bon contrôle respiratoire permet de passer beaucoup plus facilement à une autre étape fondamentale du traitement, l'exposition, que nous allons bientôt étudier.

Je prépare et facilite mes expositions avec la relaxation

La relaxation n'est pas un traitement efficace des paniques et de l'agoraphobie si elle est employée seule. « ... *la relaxation n'est pas une technique principale de traitement des attaques de panique, sinon les méthodes orientales telles que le yoga, ou les méthodes occidentales telles que la relaxation psychique de Schultz ou la relaxation musculaire de Jacobson suffiraient largement à les traiter. Or il n'en est rien.*[6] »

En revanche, elle peut **faciliter les expositions** :
– lorsqu'on y pense et lorsqu'on s'y prépare,
– en atténuant les tensions musculaires en cours d'exposition.

Il existe de nombreuses méthodes de relaxation. On recherche en thérapie comportementale des **techniques assez rapidement efficaces pour être utilisables en situation d'anxiété.**

Le rôle de la tension musculaire dans la réaction d'alarme

Notre réponse à la menace ou au stress est innée. Les anglophones la définissent comme « *fight or flight* », alternative que l'on pourrait traduire par « faire face ou fuir ».
Cette réponse dépend en partie de l'état de tension de nos muscles, qui nous aident à réagir de façon adaptée et à nous comporter en urgence de la manière la plus adaptée.
Normalement les muscles ne sont pas contractés en permanence, mais ils sont activés et désactivés en fonction des circonstances. C'est ainsi

6. Cottraux J., *op. cit.*, p. 121.

que nous subissons des successions de tensions et de relâchements au cours de la journée, sans être tendus en permanence.
La vigilance et la tension musculaire sont nécessaires par exemple si l'on attend le signal de départ pour courir un 100 mètres. La vigilance est aussi nécessaire lorsqu'on passe un examen, mais il suffit d'une faible tension musculaire pour se tenir assis et écrire ; un excès peut vite devenir gênant et risque de faire trembler.
La tension musculaire est inutile et handicapante dans trois circonstances :
– lorsqu'elle active une fonction d'alerte inutilement,
– lorsqu'elle est trop importante pour l'activité en cours,
– si elle reste élevée après une période d'activation utile.
Si elle persiste après que les situations stressantes ont cessé, cela induit un état d'alerte permanente qui se transforme en appréhension et en anxiété.
La tension permanente nous rend hypersensibles. Nous répondons alors à des événements de plus en plus insignifiants comme à des menaces réelles.
Et en définitive, elle est nocive parce qu'elle facilite le déclenchement de l'hyperventilation et de la panique par des événements mineurs.

En apprenant à vous relaxer, vous augmenterez votre bien-être et le contrôle sur vos sensations d'anxiété.

J'apprends à reconnaître mes tensions

Nous nous habituons aussi... à être tendus ! Après une longue période de tension, nous risquons de ne plus avoir conscience de l'être.

L'état de tension finit par être perçu comme un état normal, et peut même ressembler à un état de relaxation, en comparaison des états de panique !

Où ressentez-vous vos tensions ? **Enregistrez vos tensions sur votre cahier** pendant plusieurs jours, en fin de journée, avant ou après le dîner en vous aidant du tableau suivant.

Échelle de tension et tableau d'après Andrews[7]

Dans chaque case notez le niveau de votre tension

0	1	2	3
!	!	!	!
nul	faible	moyen	fort

Lieu de tension	j.1	j.2	j.3	j.4	j.5	j.6	j.7	j.8
Mâchoires								
Le long du cou								
Derrière le cou								
Épaules								
Haut du dos								
Bas du dos								
Poitrine								
Ventre								
Mollets								
Pieds								
Haut des bras								
Bas des bras								
Mains								

La relaxation progressive

Le relâchement des muscles se fait progressivement. Cette technique est utile avant d'affronter des sensations ou des situations difficiles.

Évitez de vous relaxer couché(e), car cela risque de vous endormir et cela n'est pas notre but : vous ne pourrez pas apprendre à vous relaxer lorsque vous serez endormi(e), et le sommeil est différent de l'état de relaxation (rappelez-vous les fois où vous vous êtes réveillé(e) tendu(e) ou paniqué(e)).

7. Andrews G., Crino R., Lampe L., Hunt C., Page A., *op. cit.*, p. 233.

C'est assez rare, mais il arrive que la baisse de tension artérielle induite par la relaxation déclenche… un sentiment d'alarme et une panique. Rassurez-vous : au cas où cela vous arriverait, cela ne compromet en rien le reste du traitement. Vous en verrez un exemple page 132 (Faiblesse et peur de m'évanouir lorsque je me détends).

Premier temps : je me prépare à me relaxer

Cette consigne est fondamentale parce que beaucoup de gens qui auraient besoin de se relaxer se disent : « Je n'ai pas le temps maintenant » ou « Je dois faire telle chose ».

Pour se relaxer, il faut se dire : **« J'en ai besoin, j'en ai le droit, cela va me faire du bien »**, et accepter de prendre quelques minutes pour le faire. C'est aussi un **rendez-vous avec vous-même**, et vous vous arrangez pour que personne ne vienne vous déranger.

Deuxième temps : je m'installe pour me relaxer

- Installez-vous au calme, organisez-vous pour ne pas être dérangé(e).
- Choisissez si possible un siège dont l'assise est horizontale et sans bras, comme un tabouret ou une chaise de secrétariat (car un siège dont l'assise est inclinée vers l'arrière vous bloquerait le dos contre le dossier).
- Placez ce siège à un endroit dans lequel vous vous sentez à l'aise.
- Asseyez-vous en cherchant à percevoir tout de suite que le poids de votre corps repose en équilibre sur deux points, les os du bassin situés sous vos fesses (si vous penchez vers l'avant, votre poids se déplace vers vos cuisses, si vous penchez vers l'arrière, il se déplace vers le coccyx et le bas du dos).
- Essayez d'être assis(e) au milieu du siège, pour ne pas utiliser le dossier, et de rester comme cela en équilibre, sans trop chercher à vous redresser. Si cela vous fait un peu mal au dos, reculez un peu sur le siège et aidez-vous du dossier, mais sans vous reposer excessivement sur lui (il doit vous aider mais pas vous soutenir).
- Laissez maintenant vos bras tomber naturellement le long du corps, puis repliez les coudes pour poser les mains à plat sur vos cuisses. Cela soulagera vos épaules qui n'auront pas à porter tout le poids des bras pendant la relaxation. Le point important est de garder les coudes le long du corps lorsqu'on pose les mains sur les cuisses (si les coudes avancent, comme lorsqu'on agrippe les genoux avec les mains, cela nous oblige à contracter les doigts et les épaules pour maintenir la position).

• Cherchez maintenant à mettre vos jambes en place. Elles le seront lorsque vous sentirez que leur poids sera à peu près également réparti entre la plante des pieds et les talons. Au début, vous percevrez cela plus facilement si vous êtes déchaussé(e). Pour affiner vos sensations, reculez un peu une jambe et sentez que son poids se déplace vers la plante, puis avancez-la jusqu'à ce que vous sentiez son poids sur le talon : la position d'équilibre est entre les deux. Faites de même avec l'autre jambe.

Vous êtes maintenant en place pour vous relaxer.

Troisième temps : je me relaxe (texte à enregistrer sur une cassette)
Prenez ce texte comme un canevas : changez les mots qui ne vous conviennent pas ; vous pourrez modifier l'enregistrement en insistant sur tel ou tel point en fonction de vos difficultés.
Ne vous arrêtez pas sur les premières difficultés en cherchant à les résoudre tout de suite, mais continuez le déroulement de la séance, quitte à revenir plus tard sur les points difficiles.
Avec l'entraînement, tout se déroulera rapidement et vous pourrez faire des allers et retours entre les différents stades de la relaxation.

Lisez ce texte assez lentement et attendez quelques instants pour passer d'une instruction à une autre.
« *Je suis assis(e) en équilibre, les bras le long du corps, mes mains reposent sur mes cuisses et mes pieds reçoivent le poids de mes jambes, également réparti entre les plantes et les talons...*
Je commence par refermer les yeux en laissant mes paupières tomber lourdement...
Je me concentre sur mon front, un front lisse, léger, qui s'étend jusqu'aux oreilles, oreilles dont je perçois au passage le contour...
Je perçois mes yeux, bien relâchés derrière mes paupières qui tombent lourdement...
Ma bouche est fermée mais mes mâchoires ne sont pas serrées... et dans ma bouche je perçois ma langue bien décontractée... elle ne pousse pas vers l'avant ni vers le haut, elle ne se rétracte pas vers la gorge, elle repose, mollement, à sa place dans ma bouche...
Ainsi je commence à me relaxer : mon visage est lisse et léger... mes yeux bien relâchés... mes paupières sont lourdes... ma langue et ma mâchoire sont bien décontractées...
Je descends mentalement le long de mon cou jusqu'au niveau des épaules... je sens toute leur largeur... elles tombent naturellement à leur place, attirées par le poids des bras...

Je descends le long des bras des épaules jusqu'aux coudes... des bras très lourds, bien relâchés, qui tombent naturellement le long de mon corps...
Ces bras se prolongent par les avant-bras, qui reposent en partie sur mes cuisses, lourdement...
Ces avant-bras se prolongent par les mains... mes paumes et mes doigts reposent lourdement sur mes cuisses... je ressens mes doigts bien relâchés, un à un, en commençant par les pouces... puis les index... les médius... les annulaires... et les auriculaires...
Je suis en train de me relaxer : mon visage est lisse et léger... mes yeux bien relâchés... mes paupières sont lourdes... ma langue et ma mâchoire sont bien décontractées... mes épaules tombent lourdement, attirées par le poids de mes bras, des bras très lourds, comme des bras de plomb, qui reposent en partie sur mes cuisses...
Je descends mentalement le long de mon dos jusqu'au niveau du bassin... c'est un bassin très lourd... en équilibre sur le siège, il reçoit tout le poids de mon tronc et de ma tête... ce bassin se prolonge par les cuisses qui reposent en partie sur le siège... des cuisses bien relâchées, je perçois bien leur longueur jusqu'aux genoux... ces cuisses se prolongent par les jambes... des jambes bien décontractées sur toute leur longueur... décontractées dans les mollets et aussi devant les tibias... ces jambes se terminent par les chevilles et elles reposent lourdement sur mes pieds... la plante des pieds et les talons, en équilibre...
Je suis en train de me relaxer : mon visage est lisse et léger... mes yeux bien relâchés... mes paupières sont lourdes... ma langue et ma mâchoire sont bien décontractées... mes épaules tombent lourdement, attirées par le poids de mes bras, des bras très lourds, comme des bras de plomb, qui reposent en partie sur mes cuisses... je sens mon bassin qui s'enfonce lourdement dans le siège, mes cuisses bien relâchées et mes jambes qui reposent lourdement... en équilibre sur mes pieds...
Je vais maintenant chercher à percevoir ma respiration... c'est une respiration calme et superficielle... à chaque fois que j'inspire... doucement... je cherche à percevoir l'air qui entre par mes narines... qui remonte dans mon nez... qui redescend ensuite dans ma gorge et dans mes poumons... à chaque inspiration, je visualise le trajet de l'air qui entre jusque dans mes poumons... et à chaque fois que je me dégonfle, passivement... je sens l'air qui remonte de mes poumons vers ma gorge... puis vers mon nez... et qui ressort doucement par mes narines... j'essaie de percevoir cette respiration calme plusieurs fois de suite...
Je suis en train de me relaxer : mon visage est lisse et léger... mes yeux bien relâchés... mes paupières sont lourdes... ma langue et ma

mâchoire sont bien décontractées... mes épaules tombent lourdement, attirées par le poids de mes bras... des bras très lourds, comme des bras de plomb, qui reposent en partie sur mes cuisses... je sens mon bassin qui s'enfonce lourdement dans le siège... mes cuisses bien relâchées et mes jambes qui reposent lourdement... en équilibre sur mes pieds... je perçois maintenant ma respiration, une respiration calme et superficielle... je suis en train de me relaxer...

Je vais maintenant chercher à percevoir mon cœur... c'est un cœur calme et puissant qui bat tranquillement... je peux en percevoir les battements au fond de ma poitrine, ou au niveau de mon ventre... ou encore au niveau de mon cou... ou dans l'extrémité de mes doigts...

Je reviens à la perception de mon corps... tout un corps lourd... pesant comme un corps de plomb... je sens ma respiration calme et superficielle... je perçois mon cœur qui bat calmement au fond de moi... je suis en train de me relaxer...

... Je compte tranquillement jusqu'à cinq, et à « cinq » j'ouvre les yeux, je prends mon temps pour me situer de nouveau dans l'espace... je m'étire si j'en éprouve le besoin. »

Ce canevas permet de décontracter les groupes musculaires les uns après les autres. Il se peut que vous éprouviez des difficultés à ressentir votre cœur, cela n'a pas d'importance.

Ne vous inquiétez pas si votre respiration s'accélère ou devient plus profonde, ou si votre cœur bat plus fort au moment où vous vous concentrez sur eux. N'insistez pas, revenez à la relaxation globale pendant une minute environ et recommencez l'exercice.

L'entraînement régulier est nécessaire... il vous permettra d'accélérer considérablement le temps qu'il vous faut pour vous relaxer (dix à quinze minutes au début, trois à cinq avec de l'entraînement).

Vous verrez une application de ce type de relaxation avec la vignette : *Bernard va attendre en voiture à un feu rouge.*

La relaxation isométrique[8]

Qu'est-ce que la relaxation isométrique ? Essayez de faire l'exercice suivant : fermez la mâchoire, et une fois qu'elle est fermée, augmentez progressivement la force du serrage en contractant les muscles de vos joues

8. Andrews G., Crino R., Lampe L., Hunt C., Page A., *op. cit.*, p. 234. Mac Nally R. J., *op. cit.*, p. 156, cite Öst (1988) qui a montré l'efficacité de cette technique pour faire disparaître durablement les paniques.

pendant quelques secondes… puis relâchez-les, sans desserrer la mâchoire. Au cours de cet exercice, vous avez contracté puis relâché des muscles mais leur longueur n'a pas changé : c'est ce que signifie « isométrique ».

Cette relaxation, qui est couplée à un contrôle respiratoire dans la méthode que je vous propose, agit très rapidement elle peut donc être appliquée en situation de peur. La plupart des exercices ne provoquent pas de mouvement ni de changement notable dans la posture, ils sont donc invisibles aux yeux des autres, et l'on peut se relaxer facilement en public.

Attention ! **Les changements de tension des muscles doivent être progressifs et modérés. Ce sont des exercices lents et doux**. Beaucoup de gens se trompent en pensant qu'il faut se contracter fortement et rapidement.

Voici quelques exemples qui vous montrent comment appliquer cette méthode dans différentes circonstances.

Je me relaxe assis(e) en présence d'autres personnes

Voici un exercice qui relâche vos jambes et vos cuisses.

- Inspirez modérément par le nez et bloquez votre respiration pendant 7 secondes.
- Pendant ce temps, tendez progressivement les muscles de vos jambes en croisant les pieds au niveau des chevilles et en pressant la jambe du dessus vers celle du bas pendant que vous essayez de remonter l'autre doucement…
- Après 7 secondes, expirez passivement et dites-vous « relax »…
- Laissez la tension s'en aller de vos muscles…
- Fermez les yeux…
- Pendant une minute, dites-vous « relax » à chaque fois que vous expirez en laissant toute la tension s'évacuer de vos muscles…

Vous pouvez appliquer la même méthode pour relaxer d'autres groupes musculaires :

- Accolez vos mains en cherchant à les pousser l'une contre l'autre (relâche les pectoraux).
- Attrapez votre siège par-dessous et tirez-le vers le haut tout en le repoussant avec votre bassin (relâche les muscles des bras et des épaules).

• Croisez les doigts derrière la tête et essayez de la ramener en avant pendant que votre cou lui résiste (relâche la nuque).

Je me relaxe debout en présence d'autres personnes

Voici un exercice pour relaxer vos jambes.
• Inspirez modérément par le nez et bloquez votre respiration pendant 7 secondes.
• Pendant ce temps, tendez tous les muscles des jambes en repoussant les genoux en arrière aussi loin que possible.
• Après 7 secondes, expirez passivement et dites-vous « relax »...
• Laissez la tension s'en aller de vos muscles...
• Fermez les yeux...
• Pendant une minute, dites-vous « relax » à chaque fois que vous expirez en laissant toute la tension s'évacuer de vos muscles...

Le but est d'essayer de programmer des exercices qui vous permettront de relâcher les muscles qui sont tendus, modérément ou de façon importante, sur votre liste d'auto-observation.

Par exemple :
– si vos épaules sont tendues, essayez de les remonter progressivement,
– si vos doigts sont contractés, serrez le poing, etc.

Points importants pour se relaxer rapidement :

• La relaxation est un entraînement – elle s'améliore si on la pratique régulièrement.
• Faites les exercices dès que vous vous rendez compte que vous commencez à avoir peur.
• Ne tendez pas vos muscles au point d'avoir mal, et ne prolongez pas la tension au-delà de 7 secondes.
• Chaque exercice doit être adapté pour relâcher les muscles trop tendus.
• Après quelques jours d'entraînement, vous serez capable de réduire vos tensions et vous contribuerez ainsi à réduire le nombre des paniques, en augmentant votre *self-control* ainsi que votre confiance en vous.

Le traitement de fond de la peur de la peur : l'exposition (éviter d'éviter)

« *L'objectif principal du traitement est d'encourager les patients à pratiquer l'exposition entre les séances avec une méthode efficace. Ce qui était auparavant considéré comme un aspect mineur du traitement en devient maintenant la composante principale.*[9] »

L'exposition comportementale est une technique fondamentale du traitement. Elle va vous permettre de **découvrir qu'il n'est pas toujours nécessaire de vous tenir sur vos gardes, ni de contrôler votre respiration pour faire face.**

Mais à quoi s'expose-t-on ? À faire n'importe quoi, à devenir folle ou fou, à mourir ? Ou à rester coincé(e) dans une situation où personne ne pourra nous secourir ?

Non, l'**on s'expose au risque d'éprouver de l'anxiété.** L'anxiété est une émotion normale mais désagréable ou extrêmement désagréable, et à cause de cela elle provoque parfois une aversion qui la fait éviter à tout prix.

Le but de la thérapie n'est pas d'affronter un danger réel, comme un champ de mines au milieu des balles qui fusent. **L'objectif est d'apprendre à affronter son anxiété et à l'apprivoiser en la gérant, pour sortir de la spirale de l'angoisse.**

L'analyse fonctionnelle nous a montré que les comportements d'évitement ou de fuite, ou le passage en force avec les réassurances ou les distractions d'attention entretiennent et aggravent la spirale de l'angoisse. Ces comportements sont l'une des cibles de la thérapie comportementale.

Vous allez constater que l'on peut s'exposer en évitant progressivement d'éviter. **Cela signifie que vous ne serez pas toujours obligé(e) de contrôler votre respiration pour vous sentir bien. Avec une méthode appropriée votre anxiété retombera d'elle-même !**

Quelques informations sur l'exposition comportementale

Je m'expose pour m'habituer[10]

Qu'entend-on par « s'habituer » ?

Les chercheurs ont observé un phénomène physiologique très répandu qu'ils ont nommé « habituation ». Ils ont constaté que notre organisme ne

9. Matthews *et al.* 1981, cité *in* Mac Nally R. J., *op. cit.*, p. 145.
10. Cottraux J., *Les Thérapies comportementales et cognitives*, 2e édition. Masson, 1995, p. 56.

perçoit que les variations. Par exemple, une personne qui porte un parfum depuis longtemps ne le sent plus, même si elle en met des quantités importantes. De même, un contact permanent avec la peau (une alliance, une montre) n'est plus perçu après quelque temps. On a découvert que dans certaines conditions, ce phénomène s'appliquait aussi dans les situations qui déclenchent l'anxiété. Par la suite, l'exposition comportementale avec habituation est devenue la base du traitement des phobies.

Ainsi, contrairement à ce que vos pensées automatiques et vos expériences antérieures vous ont laissé croire, votre anxiété retombera d'elle-même si vous décidez d'affronter et de rester dans les situations redoutées sans chercher à les éviter, sans rechercher la sécurité en dehors de vous-même (par exemple, vous faire accompagner, avoir votre portable ou un tranquillisant dans la poche, suivre un itinéraire particulier, etc.) et sans passer en force (« *il faut* »).

En savoir plus sur l'exposition comportementale : le phénomène d'habituation

Le schéma suivant vous montre comment l'anxiété évolue au cours d'une exposition comportementale. Le « stimulus » dans notre exemple est l'entrée dans une salle de cinéma.

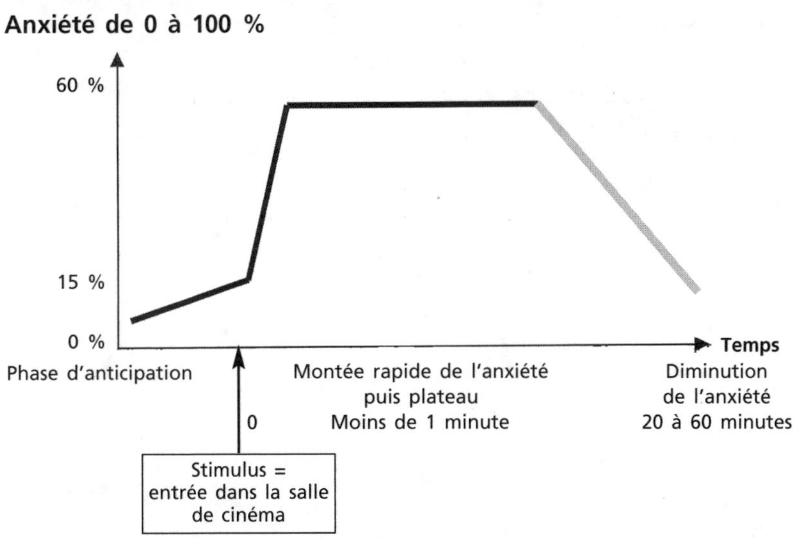

Le trait gras représente l'évolution de l'anxiété au cours du temps, lorsqu'un sujet s'expose à une situation redoutée.

– Elle augmente (de 0 à 15 % dans notre exemple) dès que le sujet sait qu'il va s'exposer à cette situation (anticipation anxieuse).
– Elle s'élève toujours très rapidement au moment où le sujet entre dans la situation redoutée (il suffit généralement de quelques secondes), jusqu'à un maximum (plateau à 60 % d'anxiété sur le schéma). La durée de ce plateau est très variable selon les individus : de vingt minutes à soixante minutes dans la majorité des cas[11].
– Puis (trait gris), l'anxiété commence à diminuer progressivement « d'elle-même », c'est-à-dire que sa diminution n'est pas le résultat d'une technique d'autocontrôle, ni le fruit d'un effort de raisonnement. **Le sujet qui en fait l'expérience découvre des ressources intérieures qui contredisent les croyances qui l'ont jusqu'alors poussé à éviter ou à chercher des signaux rassurants pour s'exposer.**

Lorsque la même exposition est répétée de façon rapprochée, trois phénomènes apparaissent simultanément :
– l'anxiété est de moins en moins forte,
– le plateau est de plus en plus court,
– le retour au calme par habituation est de plus en plus rapide.
Et l'on assiste habituellement à une diminution progressive de l'anticipation anxieuse qui précède l'entrée dans le cinéma, jusqu'à son extinction.

Schéma de l'habituation (exposition répétée)

Anxiété de 0 à 100 %

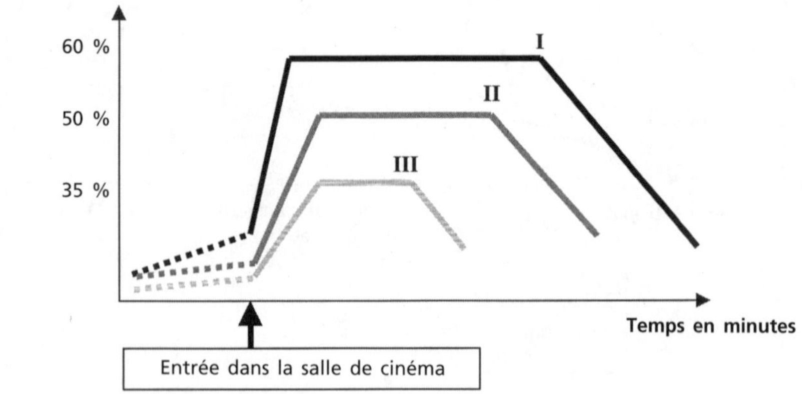

11. Beck A. T., Emery G., Greenberg R., *op. cit.*, p. 34.

Ce constat prouve que l'expérience vécue, si elle est convenablement interprétée et mémorisée, atténue l'anticipation anxieuse.
C'est une évidence, mais elle est d'importance : **la modification de notre comportement permet de modifier nos émotions, et la mémoire de cette modification contribue, à son tour, à changer l'anticipation de la situation : la cible choisie (modification du comportement) ébranle tous les étages du cercle vicieux.**
L'aboutissement du processus est la **désensibilisation** du sujet, qui ne redoute plus et n'évite plus la situation à laquelle il s'est exposé.
Vous comprenez maintenant que la connaissance de **ce phénomène est à l'origine de la technique d'exposition (aux sensations, aux pensées et aux situations redoutées), et pourquoi elle est un point capital du traitement.**
La mise en pratique de ce phénomène nécessite des conditions précises qui sont détaillées dans le texte de ce chapitre.

Plusieurs conditions doivent être réunies pour qu'une exposition soit efficace :

• Une exposition n'est réussie que si elle est **acceptée** par le sujet (une préparation l'aide à penser qu'il peut prendre le risque).

• Elle doit être **progressive**, en commençant par des sensations ou des situations qui déclenchent une anxiété modérée (donc acceptable). Dans le cas contraire, l'exposition aggrave la sensibilisation, en ajoutant une expérience très pénible à la longue liste des souffrances. On augmentera progressivement la difficulté afin d'obtenir la désensibilisation la plus complète possible. En pratique, on augmente la difficulté en s'exposant à des situations plus difficiles ou en supprimant certaines conduites de réassurance (le portable ou le tranquillisant dans la poche, par exemple) au fur et à mesure des progrès accomplis.

Le « stimulus » auquel on s'expose peut être :

• un **mot** (par exemple « palpitations »),

• une **pensée** (il suffit d'anticiper une situation que l'on redoute pour éprouver des manifestations d'anxiété),

• une **sensation** (par exemple une difficulté à respirer),

• une **situation** (par exemple se trouver au milieu d'une foule).

Nous prendrons bien soin de distinguer ces différents types de stimulus dans notre progression pour faire face aux paniques.

Une objection fréquente : « Je pense que l'habituation ne marche pas sur moi. »

« Cela fait pourtant des années que je lutte... ce n'est pas possible. »
Les thérapeutes comportementalistes entendent souvent ce genre de réponse lorsqu'ils commencent à parler d'habituation à leurs patients. Cette croyance est confortée par vos expériences, mais l'analyse fonctionnelle vous montrera que ces efforts ont été ruinés par un cocktail d'évitements, de conduites de réassurance et de passages en force. C'est à cause de ces attitudes que vous n'avez pas pu bénéficier de l'habituation.

Résumé des conditions nécessaires pour obtenir l'habituation

- S'exposer à un **risque acceptable**, c'est-à-dire un risque d'anxiété modérée (en commençant par le plus facile sur une liste hiérarchisée).
- Penser **à ce que l'on fait** réellement : on s'expose à une réaction d'anxiété mais pas à un danger réel – **s'exposer c'est y penser.**
- Commencer par **s'exposer « gratuitement »**. La priorité est d'apprendre à gérer et observer la diminution de l'anxiété. Faire en même temps une activité utile (comme faire les courses lorsqu'on va dans un supermarché) risque de détourner votre attention de l'exercice. Cela constitue une distraction d'attention, donc un évitement.
- Se **retenir de faire les évitements et les comportements de réassurance**, qui empêchent l'habituation et entretiennent le cercle vicieux.
- **Attendre le temps suffisant pour constater que l'angoisse diminue de 50 %.** « *La règle d'or est d'essayer de ne jamais sortir d'une situation avant la diminution de l'angoisse*[12] ».
- **Faire une pause si l'anxiété est trop pénible** (aux alentours de 60 %), pour revenir au calme et reprendre l'exercice là où il a été interrompu. **Vous avez le droit de vous « replier »**, c'est beaucoup plus facile et efficace que de passer en force... passer en force donne envie de fuir pour se rassurer et ne donne pas envie de recommencer à s'exposer !
- Utiliser, **si nécessaire, le contrôle respiratoire pour faciliter** l'habituation.

En conclusion, **le sujet phobique sort de la situation pour se sentir mieux (il évite), tandis que le sujet qui se traite sort de la situation parce qu'il se sent mieux (après l'habituation).**

Récapitulons sur un tableau les critères qui vous aideront à construire vos expositions et à comprendre comment vous vous exposez.

12. Matthews cité par Mac Nally R. J., *op. cit.*, p. 146.

Tableau récapitulant les deux façons de s'exposer et leurs conséquences

Exposition « comportementale »	Exposition « phobique »
Je **choisis de m'exposer** à ce qui m'angoisse.	Je n'ai pas le choix, « il faut que ».
Je **prends le risque d'éprouver de l'anxiété.** C'est une émotion négative, mais elle fait partie de la vie.	Je risque de mourir, de perdre le contrôle, de devenir fou ou folle; je vais être bloqué(e) et l'on ne pourra pas me porter secours...
Je **m'expose à une difficulté modérée et à un stimulus bien défini** (mot, sensation, situation).	Je m'expose sans me préparer et je choisis des moments ou des circonstances rassurants.
Je consacre toute mon attention à l'exercice d'exposition (observation de mon anxiété et de mes comportements).	Je m'expose et en même temps je pense à autre chose... tout en scrutant l'apparition de la menace.
Je m'expose parce que je sais affronter l'anxiété (je recherche l'habituation) et je me retiens d'éviter ce qui m'inquiète.	Je m'expose mais le moins possible. Je m'expose parce que quelque chose ou quelqu'un, un médicament ou de l'alcool me rassure.
Je prends mon temps pour obtenir l'habituation.	Je me dépêche (j'ai un rendez-vous, je dois faire quelque chose, etc.). Le plus vite sera le mieux.
Je sors de la situation parce que l'anxiété a fini par diminuer d'elle-même : **je me suis habitué(e).**	Je sors de la situation pour aller mieux et cela me soulage.
Conséquences	**Conséquences**
Je sors de la situation parce que je me suis habitué(e) à l'angoisse : **j'ai gagné.**	Je sors de la situation pour aller mieux : j'ai perdu.
Je (re)découvre le **pouvoir d'éprouver de l'inquiétude sans paniquer.**	Cette fois-ci je m'en suis sorti(e), mais la prochaine fois...
Je découvre que **j'ai un bon contrôle de moi-même dans cette situation.**	Je ne peux absolument pas faire confiance à mon organisme au cas où il arriverait...
Je redoute de moins en moins...	J'ai de plus en plus peur de la peur...
Mon autonomie augmente.	Ma dépendance s'aggrave.

Recopiez ces critères sur votre cahier ou photocopiez-les afin de pouvoir les utiliser facilement.

Ils vous serviront pour **préparer vos expositions** : utilisez-les comme une check-list qui vous permettra de vous exposer dans les meilleures conditions.

Ils vous permettront aussi **d'interpréter vos succès et vos échecs après les expositions.** Ce qui est perçu comme un échec est souvent lié à l'omission d'une de ces conditions.

Trois négligences sont fréquentes :

• **S'exposer et faire autre chose en même temps.** Le but d'une exposition est d'observer et d'enregistrer quand et comment l'habituation apparaît. Si, par exemple, vous cherchez à faire vos courses en même temps que vous vous exposez dans un supermarché, votre attention sera captée par les achats. C'est une dérivation d'attention et un évitement. Cela rend l'exercice peu efficace pour progresser.

• **Se dépêcher, être pressé(e)** par un rendez-vous ou une autre activité. Se dépêcher est aussi une forme d'évitement (une mini-fuite) qui risque de rendre l'effort de l'exposition inutile même si tout se passe bien, parce que l'on ne saura pas pourquoi cela s'est bien passé. Et cette incertitude fait le lit de la peur !

• **Ne pas évaluer précisément son anxiété et conclure hâtivement,** et « en bloc », que cela s'est bien ou mal passé, sans distinguer ce qui est réellement positif et ce qui reste difficile. Cette façon de penser en tout ou rien maintient les croyances négatives.

Résumé de l'exposition comportementale

• Si nous décidons de nous exposer durablement à une sensation ou une situation qui déclenche une anxiété modérée, celle-ci diminue d'elle-même après quelques dizaines de minutes. C'est un phénomène automatique, sans contrôle respiratoire, sans rationalisation.

• L'habituation augmente en répétant le même exercice, jusqu'à l'extinction de l'anxiété éprouvée pendant l'exposition.

• L'habituation s'accompagne d'une diminution de l'anxiété d'anticipation :

– elle permet de distinguer l'anxiété et les pensées d'alarme du danger réel,

– elle améliore notre confiance pour faire face à nos peurs.

• En combinant l'habituation, le contrôle respiratoire et la relaxation, on sort progressivement du cercle vicieux des paniques et de l'agoraphobie.

Que sais-je de l'habituation ?

Voir les réponses en annexe p. 243

	Oui	Non
L'habituation est un phénomène automatique		
L'habituation est une technique de contrôle		
L'habituation est un phénomène progressif		
L'habituation permet de se désensibiliser (ne plus redouter certaines sensations ni certaines situations)		
L'habituation nécessite une méthode précise pour traiter un trouble anxieux		

Exercices d'exposition

Voici maintenant une série d'exemples destinés à montrer comment l'on peut construire, interpréter et corriger des expositions.

Je n'ai pas cherché à présenter un catalogue d'expositions, mais plutôt des exercices réels qui montrent des résultats positifs et aussi des erreurs caractéristiques, et comment l'application de la méthode d'exposition permet de les surmonter. C'est ainsi que l'on fait face.

Je m'habitue aux mots de la panique

La phobie des mots de la panique

Même les jeunes enfants savent que l'on peut faire bondir, crier et fuir certaines personnes en disant « souris ! ». Ces personnes ont une phobie. La vue d'une vraie souris, mais aussi d'un jouet, d'une photo de souris, et même le simple mot « souris » peuvent provoquer chez eux la même réaction de frayeur.

Le trouble panique donne souvent la même peur des mots « cœur, vertige, oppression, faiblesse, etc. », mots qui rappellent de mauvais souvenirs. Des mots qui se transforment en paniques.

Cette « phobie des mots » vous a peut-être compliqué la lecture de ce livre, qui ne parle que de *ça*. Si c'est le cas, nous sommes confrontés à une des limites de cet ouvrage. Mais si vous avez lu ce manuel jusqu'ici, vous savez que le traitement d'un tel problème devrait commencer par une analyse fonctionnelle de la situation :

> *J'entends ou je pense* « le mot de la panique » : l'angoisse monte… *je me dis que…* (« catastrophe »)… l'angoisse monte… *je cherche à éviter à tout prix… cela me soulage… cela renforce ma croyance…* etc.

Si vos difficultés commencent à ce point-là, c'est avec les mots de la panique qu'il faut commencer les exercices d'exposition à l'anxiété. Abandonnez l'évitement et abandonnez l'autocritique stérile (par exemple : « *Je suis ridicule de réagir comme ça* ») qui vous enfoncent dans le cercle vicieux.

Votre problème réel est d'accepter de faire monter l'anxiété, pour constater qu'elle retombe d'elle-même.

▷ Isabelle ne peut pas penser à son cœur

Isabelle évite des mots et des sensations.

Elle déclenche des paniques lorsqu'elle sent son cœur battre, surtout lorsqu'elle se couche : « *Mon cœur sautait… des* ***battements*** *rapides sans raison, comme si ça cognait.* » Elle se dit : « *Il ne faut pas y penser… de toute façon je ne peux pas l'écouter, mon* ***cœur****, depuis toujours. Même ma fille bébé, j'avais du mal à écouter son cœur. Quand je l'entends, je pense à la* ***mort****.* »

Isabelle choisit trois mots auxquels elle évite de penser à 100 % : « *mort, cœur, battements* ». À cause de l'importance de cet évitement, il est indispensable que dans un premier temps le thérapeute l'aide à se motiver (ce point sera détaillé dans le chapitre suivant). Et pendant l'exposition, son rôle consistera à l'aider à se recentrer sur la technique d'exposition, en cas de nécessité.

Isabelle accepte de s'exposer à l'anxiété parce qu'elle a déjà expérimenté avec succès le contrôle respiratoire.

L'exercice consiste à lui faire répéter lentement ces mots (en prenant le temps de laisser monter l'anxiété) et à observer l'évolution de son émotion.

Exposition

Isabelle répète plusieurs fois les trois mots « *cœur… battements… mort…* ».

Après 45 secondes, elle sent son cœur battre et son anxiété augmente aussitôt.

Elle fait alors une pause pour contrôler sa respiration.

Le calme revient et elle reprend l'exposition. L'anxiété remonte fortement et elle fait une nouvelle pause.

À la troisième reprise, elle arrive à s'exposer sans s'interrompre parce qu'elle estime que son anxiété est supportable.

Au bout de dix minutes, la répétition des mots ne déclenche plus d'anxiété : Isabelle s'est habituée à des mots qu'elle évitait complètement !

Commentaire

Ce succès a été confirmé le soir même : elle s'est exposée volontairement aux mots de la panique au moment du coucher, et elle a pu s'endormir facilement, sans éviter.

Je construis une séance d'exposition aux mots de la panique

C'est un **rendez-vous avec vous-même** :

• vous vous consacrez du temps,
• vous êtes au calme,
• on ne viendra pas vous déranger (débranchez le téléphone ou connectez le répondeur).

Prenez votre cahier et faites la liste des mots qui vous mettent mal à l'aise, puis évaluez le pourcentage d'anxiété qu'ils déclenchent, comme dans l'exemple d'Isabelle.

Reportez-vous au tableau qui résume comment bien s'exposer et appliquez la troisième consigne : *Je m'expose à une difficulté modérée et à une situation bien définie*, afin de faciliter votre première exposition. Isabelle n'a pas eu le choix, car elle redoutait et évitait à 100 % tous les mots de la panique. Elle a pris le risque de s'exposer parce que le thérapeute l'a aidée à le faire méthodiquement. Dès que l'anxiété devenait gênante, elle s'est appliquée à :

– faire une pause dans l'exposition,
– faciliter le retour au calme par le contrôle respiratoire,
– reprendre l'exposition.

Cela a permis à Isabelle de revenir rapidement au calme et de prendre confiance dans sa capacité à s'exposer.

Dessinez une grille pour mesurer l'évolution de l'anxiété pendant l'exposition, en recopiant le modèle suivant; faites-le sur le cahier ou sur un Post it que vous le collerez sur le cahier (tracez si possible des traits longs de 10 cm).

Date :
Heure :
Mot(s) choisi(s) :

Début 0 % ________________________________ 100 %

5 minutes 0 % ________________________________ 100 %

10 minutes 0 % ________________________________ 100 %

15 minutes 0 % ________________________________ 100 %

20 minutes 0 % ________________________________ 100 %

25 minutes 0 % ________________________________ 100 %

30 minutes 0 % ________________________________ 100 %

Derniers conseils

N'en faites pas trop, n'allez pas trop vite ! Faites une pause dès que l'anxiété devient gênante, et contrôlez votre respiration, comme Isabelle, si vous en éprouvez le besoin, pour faciliter la diminution de l'anxiété, avant de reprendre l'exercice.

Les pauses font partie de la stratégie d'exposition comportementale ; ce n'est pas un évitement, ni une fuite, parce que vous savez que vous allez reprendre l'exercice.

Cela a une conséquence très importante : pendant la pause, le temps joue en faveur de l'habituation ! Et ainsi vous l'obtiendrez sans souffrir inutilement.

Écrivez les mots de la panique sur un papier et lisez-les

• Lisez-les lentement, à haute voix, en faisant des pauses entre les mots. Laissez-les résonner en vous avant de les répéter. Et relisez-les, de la même façon.

• Tant que l'anxiété est acceptable, continuez la lecture et tracez une croix sur une ligne pour indiquer votre niveau d'anxiété (faites une évaluation toutes les cinq minutes environ ou à chaque fois qu'il y a un changement notable du niveau d'anxiété).

Exemple : dimanche à 11 heures, « oppression, essoufflement, gorge serrée »

Début 0 % ______x ____________________________100 %

5 minutes 0 % ___________________x _______________100 %

Imaginons qu'à la septième minute votre anxiété soit trop importante : suspendez l'exposition (arrêtez de lire) et contrôlez votre respiration pour accélérer le retour au calme (on recommande une limite de 60 % environ, mais c'est une suggestion; l'important est que vous arriviez à définir votre propre limite, l'anxiété maximum que vous acceptez de supporter lorsque vous vous exposez).

Pause 7 minutes 0 % _________________________x __________100 %

Cochez votre nouveau degré d'anxiété après la pause et recommencez l'exposition.

Reprise 8 minutes 0 % ________________x __________________100 %

L'exposition reprend exactement de la même façon, jusqu'à ce que l'anxiété diminue de 50 % au moins par rapport au maximum atteint (par exemple si l'anxiété maximum a été de 60 %, il faut continuer jusqu'à ce qu'elle retombe à 30 %).

Fin 25 minutes 0 % __________x _________________________100 %

Regardez la courbe que dessinent les « x » au fur et à mesure de l'exposition, cela vous montrera à partir de quel moment l'habituation commence à s'installer (l'anxiété diminue sans qu'il soit nécessaire de contrôler sa respiration).

Point important

• Une expérience comme **cette exposition est extrêmement importante parce qu'elle vous prouve que vous pouvez décider de provoquer la montée de l'anxiété sans déclencher de panique et revenir au calme avec l'habituation** (facilitée par les pauses et le contrôle respiratoire si nécessaire). L'exposition d'Isabelle à « mort, cœur, battements » a eu un impact tellement fort, qu'elle a pu décider de s'exposer elle-même le soir à ce qui l'angoissait depuis plusieurs années.
• Plus votre anxiété diminuera au cours d'une exposition, plus il vous sera facile de la recommencer. « Vous retrouverez les choses là où vous les avez laissées. »
• Ne vous découragez pas si, au cours des premières expositions, l'anxiété ne diminue qu'après un moment qui vous semble « bien long ». **L'habituation provient plus de la répétition d'un exercice simple que d'une expérience spectaculaire mais unique.** Rappelez-vous que la lenteur d'habituation est l'une des caractéristiques de votre trouble anxieux[13].

Reprogrammez cet exercice régulièrement

Il faut toujours répéter les exercices pour modifier un conditionnement aversif. L'idéal est de pouvoir le faire quotidiennement.

Répéter l'exposition permet d'éprouver une anxiété plus faible, d'accélérer l'habituation et de diminuer l'appréhension avant l'exercice[14].

L'objectif sera atteint lorsque vous ne redouterez plus l'exercice et lorsqu'il ne déclenchera plus d'anxiété : vous serez alors désensibilisé(e).

Résumé des points forts de l'exposition comportementale

• L'exposition prolongée avec une bonne méthode vous permet de **découvrir sur vous-même le phénomène d'habituation** (lorsque vous prolongez l'exposition, l'anxiété descend et ne remonte plus).
• Les pauses et le contrôle respiratoire limitent le degré de l'anxiété éprouvée et vous permettent de ne pas passer en force.
• L'habituation vous permet de retrouver votre calme en restant dans la « situation » redoutée, alors que vos pensées automatiques vous ordonnaient de fuir pour vous soulager et retrouver « la sécurité ».
• Elle vous permet aussi d'**être calme sans croire qu'il faut toujours « contrôler »** pour vous sentir bien.
• **Avec de l'entraînement, l'habituation vous permettra de vous exposer à une grande variété de situations.**

13. Beck A. T., Emery G., Greenberg R., *op. cit.*, p. 34.
14. Barlow D. H., *op. cit.*, p. 410.

Je m'habitue aux sensations de la panique[15]

Un point mérite d'être précisé : s'habituer aux sensations de la panique consiste à s'habituer aux « petites » sensations de panique, ou aux sensations qui précèdent de peu les attaques de panique. Les paniques sont objectivement très désagréables. Il est normal d'éprouver de l'aversion pour elles, et il n'est pas question de prétendre s'y habituer, mais plutôt de les dédramatiser.

Le seul traitement comportemental de la panique consiste à l'éteindre le plus rapidement possible, à l'aide du contrôle respiratoire. **Mais s'habituer à ces sensations de la panique permet de ne plus redouter la panique, ni les peurs qui lui sont liées.**

Les expériences suivantes ont consisté à faire monter l'anxiété sans atteindre la panique.

« *Mais Docteur, si une panique se déclenche* ? » Si une panique se déclenche, vous savez maintenant qu'une pause et le contrôle respiratoire la feront céder rapidement, et en définitive ce sera une expérience très constructive. Ce sera possible parce que vous aurez préparé votre exposition en choisissant le lieu, le jour et l'heure, et parce que vous aurez appris à gérer votre anxiété. Voyons cela !

▷ Jacqueline pense que son essoufflement est bien inquiétant

Sensation évitée

L'essoufflement est le premier symptôme des paniques de Jacqueline ; il correspond à une anxiété de 40 %. Un simple effort suffit à déclencher la sensation et la réaction d'alarme.

Principe de l'exposition

L'analyse fonctionnelle (voir « Comment Jacqueline imagine faire ses courses », page 79) a montré que les crises de Jacqueline se déclenchent instantanément après l'apparition de l'essoufflement. Nous allons essayer de dénouer le lien sensation-interprétation catastrophique en développant l'habituation à la sensation d'essoufflement.

L'objectif est de s'exposer à l'anxiété sans déclencher de panique

• Il consiste donc à produire un effort faible et très progressif (descendre puis monter lentement dix marches).

15. Mac Nally R. J., *op. cit.* L'auteur cite p. 158 Barlow, qui a introduit et montré l'efficacité de cette technique.

• Jacqueline fera des pauses, pour évaluer son degré d'anxiété après chaque descente et chaque montée, même si tout va bien. Si le niveau atteint 40 % Jacqueline fera une pause jusqu'au retour au calme, en contrôlant sa respiration si elle le juge nécessaire.

• Les pauses seront d'autant plus nécessaires que Jacqueline contrôle difficilement sa respiration (c'est une éventualité assez rare ; vous allez voir qu'elle n'empêche pas de s'exposer, à condition d'être très méthodique).

Déroulement de l'exposition

Les 40 % sont atteints après trois descentes et remontées.

0 % ____________x_____________________100 %

Pendant que Jacqueline va s'asseoir son anxiété augmente à 45 %, avec quelques sensations de tremblements.

0 %______________x ___________________100 %

Elle contrôle sa respiration en alternant les blocages et la ventilation lente. L'anxiété redescend à 30 % au bout de dix minutes.

0 % __________x_______________________100 %

Jacqueline, qui se sent plus en confiance, décide alors de reprendre l'exercice en montant et descendant plus rapidement (malgré la consigne d'exposition très progressive). Elle descend et remonte deux fois sans s'interrompre et l'anxiété remonte à 45 %.

0 %______________x ___________________100 %

Puis à 50 % : « *Brûlures dans les bras, tête dans un étau léger* », alors qu'elle s'est assise et qu'elle pense à contrôler sa respiration. Elle se sent incapable de le faire et se sent surprise comme dans une file d'attente, lorsque quelqu'un vient attendre derrière elle.

0 %_________________x ________________100 %

Le thérapeute lui propose alors de marcher lentement sans chercher à se concentrer sur sa respiration (ne pas lutter avec un moyen peu efficace pour elle). En huit minutes, l'anxiété retombe entre 35 et 40 %, et en douze minutes au total elle retombe à 30 %.

Jacqueline considère que c'est un bon résultat : elle se sent assez calme et pense que l'exposition est démonstrative.

0 %__________x_________________________100 %

Commentaire

Nous sommes au cœur du problème d'un trouble panique difficile : Jacqueline vient de s'exposer à une sensation modérée, extrêmement banale, mais qu'elle affronte très difficilement.

Ses symptômes sont peu ou pas sensibles au contrôle respiratoire, bien qu'il s'agisse de signes cardio-respiratoires. Cela impose de faire des expositions à un faible niveau d'anxiété pour développer de façon très claire l'habituation.

Celle-ci s'est produite deux fois, en une dizaine de minutes environ. C'est un bon résultat pour un début, mais c'est encore beaucoup trop lent pour affronter les attentes chez les commerçants : l'exercice devra être répété très régulièrement pour améliorer l'habituation et le sentiment de sécurité de Jacqueline.

Le déroulement de cette exposition montre un phénomène fréquent : Jacqueline en fait trop ! Après un début d'habituation, elle enchaîne descentes et montées rapidement, sans prendre le temps d'observer son niveau d'anxiété. Et comme dans les magasins, elle se sent subitement dépassée par l'angoisse. C'est la pause qui lui permet d'obtenir l'habituation en limitant la montée de l'anxiété à un niveau acceptable. Cette première expérience permettra à Jacqueline de s'exposer seule chez elle.

Le principe de l'exercice « à la maison » est tout à fait comparable

Quel qu'il soit, l'exercice consiste à faire apparaître progressivement la sensation redoutée. Cela vous laisse le temps de dire « stop », et de faire une pause pour attendre le calme (avec ou sans l'aide du contrôle respiratoire), puis de reprendre l'exposition, jusqu'à ce que l'anxiété chute de moitié par rapport au maximum atteint.

Jacqueline doit se tenir debout devant une table, faire quatre flexions (en tenant la table avec les mains pour conserver son équilibre), évaluer son anxiété et faire une pause si l'anxiété atteint 40 %... ou refaire quatre flexions, etc.

Elle notera son anxiété sur une échelle préparée à l'avance, pour bien prendre conscience du temps qu'il lui faut pour obtenir l'habituation, c'est-à-dire une diminution de l'anxiété de moitié par rapport au maximum atteint.

Cet exercice devra être répété au moins une fois par jour, afin d'accélérer et de renforcer l'habituation, sans laquelle elle ne pourra jamais s'exposer efficacement dans les situations de la vie quotidienne.

Il existe d'autres façons de s'exposer à l'essoufflement ou au « manque d'air » :
- courir sur place,
- respirer à travers une paille pendant une ou deux minutes.

▷ Christine : Faiblesse et peur de m'évanouir lorsque je me détends

Sensation évitée

Christine est « *toujours tendue* ». Lorsqu'elle se détend, elle se sent « *trop molle, épuisée* ». Cette sensation pénible constitue une alarme qui déclenche rapidement la panique : elle craint de perdre connaissance. Par conséquent, elle s'interdit de se relâcher, mais cette tension musculaire permanente favorise les paniques...

Exposition improvisée

Cette sensation a été déclenchée involontairement par une séance de relaxation : Christine est assise et elle respire doucement, en se relâchant bien à chaque fois qu'elle expire.

Au bout de quelques minutes, elle se sent détendue... et le malaise apparaît aussitôt : elle se sent « *très fatiguée* » puis « *oppressée* » (sa respiration devient plus forte), et « *incapable de reprendre le volant* » pour rentrer chez elle.

Elle cesse aussitôt d'appliquer les consignes de relaxation, et je lui propose de contrôler sa respiration pour réduire l'anxiété.

Elle se détend et reprend la relaxation. Lorsqu'elle se détend de nouveau, les sensations désagréables et l'anxiété réapparaissent.

Nous allons manquer de temps pendant la consultation, mais il est impératif de terminer convenablement l'exercice pour ne pas rester sur un sentiment de détresse et d'impuissance, ce qui serait contraire au sens de l'exercice.

Je propose alors à Christine de s'asseoir dans le jardin, et de continuer de s'exposer toute seule à cette sensation, avec la même méthode. Je reviendrai la voir de temps en temps pour voir comment cela évolue. Elle accepte.

Après un quart d'heure, elle se sent « *abrutie, pas en forme* » et elle a « *peur de conduire* ».

Au bout d'une demi-heure, elle se sent mieux, les impressions de fatigue et d'oppression ont diminué. Christine déclare alors : « *Pour la première fois je ne me suis pas laissée aller... Je suis contente parce que c'est passé en douceur, il faut une demi-heure.* »

Elle a pu reprendre la route pour rentrer chez elle. Le voyage s'est bien passé.

Commentaire

Le problème de Christine est assez rare, mais caractéristique de certains troubles paniques : la relaxation déclenche une panique au lieu de décontracter[16]. Mais comme vous le constatez, cette situation n'est pas désespérée !

Le traitement ne consiste pas à éviter la relaxation, mais à l'utiliser pour s'exposer à la sensation désagréable, suffisamment progressivement et lentement pour obtenir l'habituation. C'est ce que Christine a fait courageusement. Elle a obtenu en près d'une heure (au total) une habituation indiscutable et claire, qui lui a permis de reprendre le volant sans difficulté. Cette expérience a eu une grande importance dans son évolution.

▷ Les « vertiges » troublants de Gilles

Sensation évitée

Gilles redoute les sensations « vertigineuses » qu'il ressent fréquemment : « *Chaleur dans la tête, sensation de flottement et d'instabilité.* » Elles sont souvent déclenchées par une forte lumière. Elles sont bien sûr associées à des pensées automatiques inquiétantes : « *Si ça dure trop longtemps, est-ce que je ne vais pas me casser la figure ? Je vais m'étaler...* »

Tout le problème de Gilles réside dans la « conséquence catastrophique » de la sensation.

Quelques informations sur l'équilibre

La sensation d'équilibre dépend du cerveau, qui interprète les informations provenant de l'œil, de l'oreille interne et de l'état de tension de nos tendons et de nos muscles (que l'on appelle « proprioception »).

La vision n'est pas nécessaire pour percevoir son équilibre (les aveugles se déplacent tout à fait normalement). Le vrai vertige donne une sensation de tournis et de déséquilibre, toujours dans le même sens. Ce n'est pas une sensation de faiblesse, de flottement ou d'instabilité. Il provient d'un mauvais fonctionnement de l'oreille interne ou de certaines zones du cerveau. Les sensations vertigineuses des paniques sont liées à des sensations anormales aggravées par l'hyperventilation[17].

16. Mac Nally R. J., *op. cit.*, p. 24. Cottraux J., *op. cit.*, p. 121.

17. Mac Nally R. J., *op. cit.*, p. 76 : Certains chercheurs ont observé des petites modifications du fonctionnement de l'oreille interne chez certains paniqueurs souffrant de vertiges.

Principe de l'exercice

Il s'agit de faire apparaître progressivement la sensation d'instabilité, en évaluant régulièrement l'anxiété, jusqu'à ce qu'elle diminue par habituation (au lieu de l'éviter par peur de la chute), pour prendre confiance dans son équilibre naturel.

Exposition

Gilles se tient debout dans l'angle d'une pièce, les pieds légèrement écartés. Il tourne le dos à l'angle (en cas de déséquilibre, il est suffisamment près des murs pour être retenu, sur le côté et en arrière). Je me tiens devant lui, et je le retiendrais s'il basculait vers l'avant.

Je lui propose de faire tout doucement de légers mouvements de rotation sur place, en se penchant un peu vers l'avant, puis vers la droite, puis en arrière, puis à gauche, etc., tout en gardant ses jambes bien tendues.

Lorsqu'il est familiarisé avec l'exercice, je propose à Gilles de fermer les yeux et de recommencer lentement.

Je lui demande de percevoir que son poids se déplace vers la plante des pieds lorsqu'il se penche en avant, sur le pied droit et la jambe droite lorsqu'il se penche à droite, vers les talons lorsqu'il se penche en arrière, sur le pied gauche et la jambe gauche lorsqu'il se penche à gauche, et ainsi de suite à chaque changement d'appui.

L'exercice déclenche la sensation de déséquilibre et l'anxiété (35 %), et Gilles cesse la rotation. Il revient en équilibre sur ses deux pieds et cherche alors à bien répartir son poids entre la jambe droite et la gauche, et entre la plante des pieds et les talons. Il attend sans bouger, en respirant lentement, et il se détend en deux minutes (15 %).

Il reprend l'exercice, jusqu'à ce qu'il ne ressente plus le déséquilibre comme une gêne inquiétante. Il lui faudra douze à treize minutes pour obtenir ce résultat.

Commentaire

En s'exposant à des sensations de déséquilibre, Gilles a pris le risque de tomber (conséquence redoutée).

Ce sont les conditions rassurantes de l'exercice qui lui ont permis de le faire et d'atteindre deux objectifs :

- observer l'habituation (le phénomène s'atténue et disparaît en une dizaine de minutes lorsqu'il affronte la sensation),
- prendre conscience que l'équilibre ne provient pas seulement de la vision, mais aussi de sensations souvent inconscientes, fournies par nos muscles et nos articulations.

Une autre façon de s'exposer aux sensations vertigineuses consiste à tourner sur un siège pivotant.

• Asseyez-vous sur un siège pivotant. Faites-le tourner doucement, jusqu'à ce que vous éprouviez une sensation vertigineuse (rotation). Cela va faire monter votre anxiété. Lorsqu'elle atteindra une niveau désagréable, laissez le siège s'arrêter de lui-même (si vous le bloquez, cela augmentera vos sensations désagréables). Notez, ou comme Gilles faites noter par quelqu'un, votre niveau d'anxiété. Attendez le retour au calme, notez votre nouveau degré d'anxiété et recommencez à tourner.

• Vous arriverez progressivement à augmenter le nombre de rotations avant d'induire la sensation vertigineuse. Mais surtout, vous constaterez que celle-ci déclenchera de moins en moins d'anxiété. Cessez l'exercice lorsque votre niveau d'anxiété aura diminué de moitié par rapport au maximum. Reprogrammez souvent l'exercice jusqu'à une habituation complète : à ce moment-là, la sensation de tournis (qui est dans la vie habituelle une sensation anormale et une gêne objective) ne déclenchera plus du tout d'anxiété.

Autres expositions

On peut en principe s'exposer à toutes les sensations qui déclenchent la panique en appliquant la même méthode. Vous avez vu que Jacqueline s'est exposée à la sensation d'essoufflement, Christine à la sensation de faiblesse et au risque de perdre connaissance, et Gilles à la sensation de déséquilibre. Vous avez vu aussi qu'Isabelle s'est exposée à ses palpitations en pensant à son cœur. Vous pouvez vous exposer de la même façon à d'autres sensations de panique.

D'autres problèmes peuvent se poser au cours d'une attaque de panique, comme la peur de perdre le contrôle de soi. Un exemple de ce type sera abordé page 201 avec « Hélène craint “de faire n'importe quoi”, à la caisse du supermarché ».

Les expositions sont-elles des preuves ?

« Mais docteur, cela ne me prouve pas que je ne risque pas de mourir (ou de perdre la raison) à cause d'une attaque de panique, parce qu'à ce moment-là mes sensations sont beaucoup plus fortes et mon organisme doit souffrir vraiment. Est-ce que vous pouvez m'assurer que je ne risque vraiment rien ? »

Cette question nous place au cœur du problème. Mais pour y répondre, c'est moi qui vais vous poser des questions.
D'après ce que vous savez maintenant :
Le trouble panique est-il une maladie cardiaque, neurologique ou un trouble psychologique ?
A-t-on montré, depuis que l'on a décrit ces fortes crises d'angoisse (fin du XIXe siècle), des morts ou des séquelles par attaques de panique ? Les réponses sont dans le deuxième chapitre de ce livre.
• D'après ces connaissances et votre expérience, si vous ressentez les sensations de panique à un moment donné, vaut-il mieux vous dire que :
– Vous allez en mourir, perdre la raison ou le contrôle de vous-même ?
– Vous allez essayer d'apprivoiser la sensation pour essayer d'éviter la panique ?
La réponse est dans le chapitre de l'analyse fonctionnelle.
• D'après ce que vous savez de la technique d'exposition :
– Pensez-vous que cela consiste à vous faire faire quelque chose de dangereux ?
– Pensez-vous qu'il s'agisse de vous faire prendre des risques inutilement ?
La réponse est plus haut dans ce chapitre.
Comme vous le verrez plus en détail dans le chapitre suivant, le travail cognitif consiste à vous aider à poser les questions qui vous aideront à trouver des réponses suffisamment rassurantes pour progresser ! Ce sont vos réponses qui importent, et non celles que peut vous donner un thérapeute, qui par ailleurs ne pourra jamais prédire la date ni les circonstances de votre mort, qui restent des questions sans réponse.

« *J'ai bien essayé, mais cela ne marche pas chez moi...* » Cherchez dans ce cas les évitements subtils[18], c'est-à-dire des comportements qui vous ont empêché(e) de tester votre croyance anxieuse (par exemple, vous asseoir dès que vous vous sentez faible vous empêche de constater que la sensation de faiblesse ne signifie pas que vous allez perdre connaissance). Pour la même raison, éviter de penser à votre exposition pendant que vous la faites vous empêche de prendre confiance dans votre capacité à faire face.

18. Mac Nally R. J., *op. cit.* cite Salkovskis p. 112.

Construisez des séances d'exposition

Dessinez une grille pour mesurer l'évolution de votre anxiété
Reportez-vous au modèle présenté page 126.

Sélectionnez sur votre cahier les sensations que vous redoutez
Ce sont les sensations qui précèdent de peu ou qui accompagnent la panique (voir « Faites vous-même le diagnostic des crises de panique », page 32), comme l'essoufflement de Jacqueline ou les vertiges de Gilles. Commencez par vous exposer à une sensation associée à une anxiété faible ou modérée.

Exposez-vous méthodiquement
• Prenez votre temps.
• Facilitez l'exercice en le faisant en présence d'un proche à qui vous aurez expliqué la méthode.
• Faites monter l'anxiété lentement, parce que l'objectif est de vous prouver que vous pouvez affronter et surmonter l'anxiété à l'aide de l'habituation.
• Mesurez et notez régulièrement le niveau de votre anxiété ; faites une pause si elle est trop forte, contrôlez votre respiration si vous en éprouvez le besoin, et attendez le retour au calme.
• Reprenez l'exposition jusqu'à une habituation suffisante (l'anxiété chute de 50 % au moins par rapport au maximum atteint).
• Répétez les exercices jusqu'à ce qu'ils ne déclenchent plus d'anxiété (rappelez-vous que l'habituation est plus lente chez les sujets qui sont atteints de trouble panique que dans le reste de la population). Pensez pour cela à les programmer. Mille bonnes raisons peuvent vous en « empêcher » ! Mais alors vous ne progresserez pas de façon consistante. Une thérapie prend du temps, alors **prenez des rendez-vous avec vous, comme on prend rendez-vous avec un thérapeute**.

Réévaluez vos pensées catastrophiques après les expositions
• Ai-je pu m'exposer à cette sensation de panique ?
• Cette sensation me semble-t-elle toujours aussi dangereuse et menaçante ?
• Puis-je l'affronter encore, même si elle me surprend ?
• Que ferai-je pour l'affronter ?

Cette étape est fondamentale pour conclure une exposition. C'est elle qui vous permettra de modifier réellement vos croyances et vos anticipations (c'est un travail cognitif).

Récapitulation de l'exposition aux sensations

L'exposition aux sensations de la panique permet de s'exposer à l'anxiété, mais elle n'expose pas à un danger réel.

Une exposition est efficace si :

- l'apparition de la sensation fait monter l'anxiété assez lentement pour faire une pause avant la panique,
- vous êtes prêt(e) à contrôler votre respiration quand l'anxiété est trop élevée,
- l'exposition dure jusqu'à ce que l'anxiété diminue de 50 % au minimum,
- l'exercice est répété jusqu'à habituation complète : l'anxiété retombe alors au minimum et l'on ne redoute plus de subir la sensation.

Au point où nous en sommes, vous devriez savoir convenablement contrôler votre respiration, savoir vous relaxer si nécessaire, et vous être exposé(e) aux sensations – et peut-être aux mots – de la panique. Vous allez maintenant pouvoir aborder les situations que vous redoutez.

Faire face à l'agoraphobie : je m'habitue dans les situations que je redoute[19]

Il s'agit maintenant de faire ce qui vous semble peut-être encore impossible, à cause de vos peurs et du souvenir de vos expériences de paniques.

Ces exercices sont les plus compliqués à gérer, puisqu'ils consistent à s'éloigner des circonstances rassurantes. Il est donc **nécessaire d'avoir acquis auparavant un bon contrôle respiratoire et une bonne habituation aux sensations de la panique**. Si vous ignorez cette précaution, l'habituation risque de ne pas apparaître clairement.

Ces exercices consistent à s'exposer volontairement aux situations qui déclenchent l'alarme et l'anxiété. Ils doivent vous permettre de constater *en situation* trois points essentiels :

- Le contrôle respiratoire prévient ou traite rapidement une panique débutante, même dans une situation nouvelle ou redoutée.
- L'habituation permet le retour au calme et à des pensées positives, sans effort de contrôle des émotions ni des pensées, et même dans une situation nouvelle ou redoutée.
- La répétition des exercices permet d'avoir une anticipation plus calme et plus réaliste du danger.

19. Mac Nally R. J., *op. cit.* L'auteur résume un grand nombre d'études qui ont montré, à la suite de Barlow, que les psychothérapies qui n'incluent pas l'exposition aux situations redoutées ne sont pas efficaces contre l'agoraphobie.

Ces trois points permettent de **prendre progressivement confiance en soi vis-à-vis des paniques et de l'agoraphobie.**

L'exposition aux situations est la plus complète, parce qu'elle met en jeu plusieurs mécanismes en même temps :
- l'imagination (des scénarios catastrophiques élaborés),
- la réaction aux sensations redoutées,
- les circonstances les plus redoutées (isolement, etc.).

Elle doit être soigneusement préparée, pour vous permettre de regagner la confiance et l'autonomie perdues. Chaque exposition correspond à un type schématique qui active des anticipations plus ou moins menaçantes, et qui pose des problèmes différents pour obtenir l'habituation.

Le tableau ci-dessous en résume les caractéristiques principales.

Types d'exposition, exemples et caractéristiques

Type d'exposition	Exemples	Caractéristiques	Conséquences
En tout ou rien[20], brève	Bus, métro, ascenseur. Conduite sur pont, rocade, tunnel. Traverser une rue. Faire la queue chez un petit commerçant.	J'entre et je sors brutalement de la situation. Je ne décide pas du tout ou pas complètement du moment où je pourrai en sortir. Cela dure peu de temps.	J'ai le sentiment d'être coincé(e). Je dramatise les conséquences possibles d'une crise. Je suis soulagé(e) parce que j'en sors rapidement. L'habituation ne peut se produire en une seule exposition ou un seul passage.
En tout ou rien, longue	Train, avion. Prendre un repas dans un restaurant. Séance de théâtre ou de cinéma.	J'entre et je sors brutalement de la situation. Je ne décide pas du tout ou pas complètement du moment où je pourrai en sortir. Cela dure longtemps.	Sentiment d'être coincé(e). Dramatisation des conséquences possibles d'une crise. L'habituation peut être perçue dès la première exposition.
Progressive	Marcher dans la rue ou dans une galerie marchande. Conduire en dehors de voies canalisées.	J'entre et je sors progressivement et selon mon gré.	Je pense plus facilement que je pourrai contrôler. Je risque d'éviter plus facilement. Je peux m'exposer progressivement et faire une pause, si l'anxiété est trop importante.

20. Le tout ou rien représente dans ce cas une situation dont on ne peut décider de sortir instantanément.

Enfin, chaque exposition doit être conclue par une analyse précise :

Questions que je dois me poser après une exposition	Oui / Non
L'exposition a-t-elle fait monter mon anxiété nettement, mais sans excès ?	
Me suis-je préparé(e) avec la relaxation ?	
Ai-je utilisé le contrôle respiratoire (en cas d'anxiété trop forte) ?	
Ai-je fait des pauses (en cas d'anxiété trop forte) ?	
Ai-je obtenu l'habituation ?	
Pour conclure : est-ce que je redoute toujours autant la situation à laquelle je me suis exposé(e) ?	

▷ Sophie va marcher seule dans la rue, ou comment décomposer la difficulté

C'est une exposition progressive et prolongée.

Objectif

Sophie choisit de « *marcher seule dans une rue qui part de ma résidence* », sans autre but que de faire l'exercice (rappel : évitement de 90 %, ce qui est extrêmement important).

La méthode d'exposition est bien précisée

Préparation

Sophie a appris à contrôler efficacement sa respiration, c'est clair dans son esprit. Elle se sent prête à faire son premier exercice d'exposition.

Le but de l'exercice est de chercher l'habituation par un temps d'exposition assez long (une demi-heure si possible).

En cas de difficulté trop importante, elle peut décider de faire demi-tour pour reprendre son calme, avant de s'éloigner de nouveau de chez elle.

Déroulement de l'exposition

L'expérience a montré que nous avions surestimé les capacités de Sophie : en l'absence de nécessité pour la vie quotidienne, elle s'est sentie incapable de sortir du jardin de sa résidence. Cela n'est pas étonnant, parce qu'elle décrivait un évitement très fort pour cette situation (90 %).

Nous avons alors redéfini un exercice possible à réaliser quotidiennement : Sophie sortira de son immeuble, marchera seule dans le jardin de sa résidence en observant l'évolution de son anxiété. « *Donc j'ai bien compris, ne pas passer en force.* »

Une semaine plus tard, elle a pu s'exposer six fois, et elle constate que son anxiété avant l'exercice a déjà diminué de 70 à 40 % : « *Je suis moins pressée de rentrer, je vais moins vite.* »

Mais elle n'a pas pu s'exposer plus de dix minutes, et elle a encore beaucoup de mal à évaluer son anxiété pendant l'exposition : l'idée même de penser qu'elle fait un exercice la contracte et l'angoisse !

Dix jours plus tard, en répétant les exercices quotidiennement, Sophie a réussi à rester vingt minutes, malgré des « *sensations vertigineuses importantes* », qu'elle a gérées en contrôlant sa respiration et en s'asseyant « *parce que c'est l'angoisse qui crée tout ça* ».

Une semaine plus tard, après avoir répété l'exposition quotidiennement, elle a obtenu une bonne habituation : « *Les dernières fois, ça s'est passé normalement, j'ai pu aller au-delà de la résidence* [dans la rue tellement redoutée auparavant]. »

Après la série d'expositions, Sophie évalue la méthode et les résultats obtenus, afin de prendre conscience de ses progrès et d'améliorer les points faibles (s'il y en a).

Sophie évalue son exposition	**Oui / Non**
Ai-je fait une exposition « pure » (et non une exposition pour faire quelque chose) ?	Oui
L'exposition a-t-elle fait monter mon anxiété nettement, mais sans excès ?	Oui 70 % (fort)
Me suis-je préparée avec la relaxation ?	Non
Ai-je utilisé le contrôle respiratoire (en cas d'anxiété trop forte) ?	Oui
Ai-je fait des pauses (en cas d'anxiété trop forte) ?	Non
Ai-je obtenu l'habituation ?	Oui en répétant le même exercice
Pour conclure : est-ce que je redoute toujours autant la situation à laquelle je me suis exposée ?	Non

Commentaire

La bonne volonté fait souvent surestimer ses capacités. Nous aurions dû faire plus attention au degré d'évitement de la rue : 90 %, c'est considérable ! La solution a consisté à **décomposer la difficulté en effectuant un exercice très simple** (mais encore très difficile), qui a permis à Sophie d'évaluer les trois points clefs pour faire face aux paniques :
– sa capacité à affronter l'anxiété (sortir, rester dehors, y penser),
– l'efficacité de son contrôle respiratoire en cas de nécessité,
– la découverte de l'habituation (obtenue par la répétition fréquente d'exercices, brefs parce que trop épuisants au début).

Malgré ces précautions, Sophie a dû s'exposer vingt fois au total pour obtenir ce résultat. Il s'agissait d'un exercice réellement difficile, et elle a dû son succès à sa ténacité et à l'application progressive de la méthode d'exposition.

Conseils

- **Une exposition trop difficile est une mauvaise exposition. Tout le problème est de s'engager clairement dans une situation qui peut déclencher l'anxiété, et d'y penser**. C'est pour cette raison que les premières expositions de Sophie étaient brèves, et qu'elle n'osait pas évaluer son anxiété. Ce type d'évitement est acceptable au début, mais il représente **l'une des difficultés que l'on doit combattre du début à la fin du traitement**.
- Un exercice simple et bien compris permet souvent d'enchaîner une exposition plus difficile, et c'est ce qui s'est produit : Sophie a décidé de s'engager dans la rue après avoir obtenu une bonne habituation dans le parc, et elle a bénéficié de cette habituation pour le faire sans difficulté.

▷ Hélène va passer un moment dans l'hypermarché

C'est une exposition progressive et prolongée.

Hélène sait bien calmer ses paniques en contrôlant sa respiration. Elle se sent prête à faire sa première exposition difficile.

Objectif

L'exercice consiste à s'exposer à la peur de s'évanouir en s'éloignant d'une amie, dans un hypermarché (situé dans une galerie marchande qu'elle connaît bien).

Méthode

Analyse fonctionnelle

Hélène a déjà éprouvé l'efficacité du contrôle respiratoire en cas de malaise, mais elle pense qu'elle risque d'« *être mal au point de [s]'asseoir* ». Pouvoir s'asseoir en cas de difficulté l'aiderait à rester sur place, pour contrôler sa respiration et reprendre son calme, avant de recommencer à marcher tranquillement.

Préparation de l'exposition

Hélène a commencé par **repérer les lieux,** accompagnée d'une amie rassurante pour chercher un endroit où elle pourrait s'asseoir. Le café de la galerie lui semble trop éloigné de l'hypermarché, mais elle repère un banc près d'un pilier au milieu du magasin.

Elle a ensuite **défini des zones en fonction du degré de menace perçue**.

Ce repérage a permis à Hélène de **prévoir l'attitude à adopter en fonction de la zone** :

• En zone gris clair, elle pense qu'elle ne sera pas très anxieuse ; en cas de difficulté elle pourra y revenir pour reprendre son calme, avant de recommencer l'exposition dans de bonnes conditions et obtenir l'habituation.

• En zone gris moyen (rayons), elle pense qu'il lui sera très difficile de contrôler son anxiété.

• En zone gris foncé (attente aux caisses), le contrôle de l'anxiété lui semble impossible : ce n'est donc pas l'objectif de l'exercice.

• Le siège au pied du pilier représente une zone de sécurité au milieu du magasin (possibilité de s'asseoir), et permettra d'éviter un repli vers la sortie en cas de « *vertiges* » importants.

Plan schématique de l'hypermarché

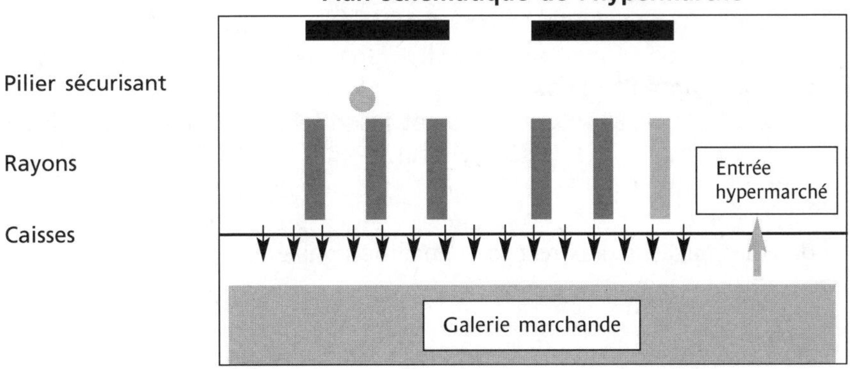

• Son amie l'attendra dans la galerie, près de l'entrée. Sa présence rassurante facilitera l'idée de pouvoir revenir au calme à cet endroit, si un repli important s'avère inévitable. Mais son rôle est passif. Elle n'interviendra en aucun cas dans l'exposition elle-même.

Conseil

Comment faire pour qu'une personne « rassurante » devienne acteur de la thérapie[21] ?

Le premier temps consiste à préciser pourquoi cette personne vous rassure (voir « Analyse fonctionnelle », page 78).

Le second temps consiste à redéfinir le rôle de cette personne, et à le lui expliquer. Le rôle ne sera plus celui d'une « béquille », mais celui d'un acteur qui facilite l'exposition, en refusant d'adopter les comportements qui vous ont permis jusqu'à présent d'éviter le « danger ». Auparavant, vous étiez deux pour limiter le risque, maintenant vous allez prendre le risque à deux, comme Hélène et son amie.

La consigne générale de l'exercice est : **insister sans passer en force, mais insister suffisamment longtemps** (une demi-heure environ) pour obtenir une diminution importante de l'anxiété (50 % environ).

Le passage d'une zone à une autre doit se faire après une pause, pour vérifier que l'anxiété est supportable et stable (ou mieux, diminue). Ne pas changer de zone en cas d'anxiété importante, mais marcher lentement en contrôlant sa respiration, en revenant vers une zone plus claire si nécessaire.

Lorsque l'anxiété a diminué, reprendre l'exposition à une situation plus difficile.

Déroulement de l'exposition

Hélène s'engage après s'être répété les consignes de l'exercice.

Anxiété 40 % en entrant. Marche tranquillement dans la première zone et repère un autre banc.

Puis l'anxiété monte rapidement jusqu'à 80 % : « *Je vais tomber, plus de repère, plus rien.* » Hélène choisit le repli en contrôlant sa respiration, tout en pensant : « *Je ne vais jamais tenir cinq minutes.* »

L'anxiété retombe à 40 %. Hélène fait ensuite plusieurs allers et retours dans le magasin sans recrudescence de l'anxiété.

21. La participation de l'entourage « rassurant » aux expositions est un facteur important pour lutter contre l'agoraphobie. Dans le cas contraire, c'est un facteur de résistance à la thérapie.

Elle rejoint ensuite l'amie qui l'attendait dans la galerie. Elle se sent très fatiguée mais calme.

Au total, l'exposition dans le supermarché a duré 15 minutes.

Entraînez-vous maintenant à observer la méthode d'une exposition et ses résultats. Cela vous aidera beaucoup pour développer votre capacité à faire face.

Répondez aux questions sur l'exposition d'Hélène	Oui / Non
A-t-elle fait une exposition « pure » (et non une exposition pour faire quelque chose) ?	
L'exposition a-t-elle fait monter son anxiété nettement mais sans excès ?	
S'est-elle préparée avec la relaxation ?	
A-t-elle utilisé le contrôle respiratoire (en cas d'anxiété trop forte) ?	
A-t-elle fait une pause ou un repli (en cas d'anxiété trop forte) ?	
A-t-elle obtenu l'habituation ?	
Pour conclure : pensez-vous qu'elle redoute toujours autant la situation à laquelle elle s'est exposée ?	

Voir réponses en annexe p. 244.

Commentaire

Un objectif bien défini, un bon repérage des lieux, une méthode bien appliquée, tout cela a permis à Hélène d'affronter pour la première fois une situation très difficile, et de vérifier qu'elle pouvait contrôler son anxiété, même lorsqu'elle est très forte, sans fuir la situation, ni se faire « *protéger* » par un proche. Elle a même choisi de persister malgré une anxiété très forte (80 %). Sa méthode lui a permis d'obtenir une bonne habituation malgré la fatigue : l'exposition est parfaitement réussie.

Hélène a répété l'exercice en restant vingt-cinq minutes. Cela s'est bien passé.

Pendant les vacances qui ont suivi, elle a pu improviser une exposition au milieu d'une foule, en se mettant à l'écart pour reprendre son calme, et après cela elle a pu passer un bon moment dans une foire, sans se préoccuper du monde qui se bousculait. Elle était très fière et très contente.

▷ Hélène va déjeuner à la cafétéria

C'est une exposition progressive (il n'y a pas d'obligation à rester assis à sa place) et prolongée.

Objectif

Faire la queue seule au snack, puis traverser la salle avec son plateau et trouver une place assise.

Méthode

L'analyse fonctionnelle précise les peurs d'Hélène : « *La grande peur que j'ai, c'est d'avoir de nouveau des malaises en mangeant.* »

Les facteurs qui compliquent l'exposition sont le bruit, et le regard des autres en cas de difficulté : « *Qu'est-ce que les gens vont penser s'il m'arrive quelque chose ? Je ne peux pas imaginer qu'ils se disent : "Elle a un malaise et c'est tout", ce serait plutôt : "Voilà quelqu'un qui ne sait pas se tenir"... le pire que j'ai imaginé, ce serait de commettre un geste incontrôlable, balancer quelque chose, jeter le plateau par terre, hurler, monter sur une table, être folle... souvent j'ai envie de hurler, il me semble que ça me soulagerait.* »

De telles pensées peuvent annihiler tous les efforts déployés au cours d'un exercice : ou l'on y cède en évitant la situation, ou l'on s'expose mais en passant en force ! Et dans les deux cas on entretient le cercle vicieux.

Faire face à la peur de s'exposer

Les croyances qui empêchent de s'exposer convenablement sont fréquentes. Si cela vous arrive, il est nécessaire de préparer l'exercice en réévaluant les pensées négatives (vous verrez ce travail dans le chapitre suivant, « Hélène craint de faire n'importe quoi à la caisse du supermarché », page 201).

Hélène s'est déjà exposée à de nombreuses situations plus simples pour elle (hypermarché, attente aux caisses, attente du bus) et elle a vérifié qu'elle contrôlait bien les débuts de panique, et qu'elle pouvait s'habituer. Cela l'a aidée à décider de faire cette exposition difficile.

Préparation du scénario constructif, étape par étape.

Hélène descendra seule au snack, assez tôt pour qu'il n'y ait pas trop de monde. Cela lui permettra de ne pas attendre trop longtemps et de choisir une place près de la sortie (ne pas se sentir trop coincé(e) facilite l'exposition).

Elle utilisera le contrôle respiratoire pendant l'attente. Mais si l'anxiété est trop importante, **elle pourra se replier dans une zone moins menaçante, afin de reprendre son calme. Et si elle se sent débordée, elle a même le droit d'annuler l'exposition**. En effet, le but de cette exposition est d'obtenir l'habituation dans le snack, et pour cela il ne faut pas insister si l'anxiété est trop forte.

Déroulement de l'exposition (résumé)

C'est au cours d'un stage avec des collègues qu'Hélène se décide (pour ne pas rester à l'écart), alors qu'elle ne se sent pas très bien à cause d'une infection respiratoire.

Malgré cela, elle fait la queue sans difficulté; elle choisit ensuite une place qui lui convient bien, et le reste de l'équipe la rejoint comme prévu. Le repas se passe bien. Par la suite, elle se sent fatiguée. Elle a recommencé l'exposition dès le lendemain, et tout s'est très bien passé.

Exercice : entraînez-vous maintenant à observer la méthode d'une exposition et ses résultats. Cela vous aidera beaucoup pour développer votre capacité à faire face.

Répondez aux questions sur l'exposition d'Hélène	Oui / Non
A-t-elle fait une exposition « pure » (et non une exposition pour faire quelque chose) ?	
L'exposition a-t-elle fait monter son anxiété nettement mais sans excès ?	
S'est-elle préparée avec la relaxation ?	
A-t-elle utilisé le contrôle respiratoire (en cas d'anxiété trop forte) ?	
A-t-elle fait une pause ou un repli (en cas d'anxiété trop forte) ?	
A-t-elle obtenu l'habituation ?	
Pour conclure : pensez-vous qu'elle redoute toujours autant la situation à laquelle elle s'est exposée ?	

Commentaire

Cet exercice a permis à Hélène d'augmenter sensiblement son autonomie. Incidemment, elle a entendu des collègues dire qu'ils n'aimaient pas cet endroit. Cela lui a fait beaucoup de bien : elle a réalisé que l'on a le droit de ne pas aimer certaines situations, mais aussi que ne pas aimer n'oblige pas à éviter.

▷ **Bernard va attendre en voiture à un feu rouge**
C'est une exposition brève et en « tout ou rien ».
Bernard a l'impression d'être coincé lorsqu'il est obligé d'attendre à un feu, au volant de sa voiture. Ce sentiment est accentué par le passage, à l'endroit choisi, d'une foule de piétons qui traversent l'avenue en se pressant parfois contre les voitures. Bernard s'imagine enfermé dans sa voiture bousculée par les gens.

Objectif
S'exposer à l'attente (être coincé) et au risque d'être dans sa voiture, gêné et bousculé par la foule.

Méthode
Trois caractéristiques rendent l'exposition difficile :
– Bernard a déjà éprouvé dans cette situation une **anxiété très forte**, proche de la panique.
– La **brièveté** empêche l'habituation de se produire au cours de l'exposition physique.
– D'autre part, cette **situation ne permet pas d'envisager de solution de repli** pour faciliter l'habituation.
Pour affronter cette situation, nous avons utilisé trois moyens :
– Une **exposition en imagination,** pour déclencher l'habituation.
– Suivie aussitôt de l'exposition réelle, facilitée par l'habituation obtenue en imagination.
– Bernard contrôlera sa respiration dès qu'il commencera à conduire (ventilation lente, blocages si nécessaire), pour empêcher tout risque de panique.

Pour faciliter l'exposition réelle, Bernard s'est donc exposé en imagination au scénario réaliste exactement comme si l'exposition était réelle.

Déroulement de l'exposition
• En imagination
Préparation
Toute notre attention a consisté à **élaborer un scénario réaliste positif** : le feu repassera au vert après une minute environ, et si les gens bousculent la voiture, ce sera sans intention agressive.

Déroulement

Bernard est assis et relaxé. Je lis le scénario qu'il a imaginé : il descend tranquillement l'avenue au volant de sa voiture et le feu redouté passe au rouge... Il s'arrête... Il pense à la foule autour de lui : « *Cinquante d'un côté, cinquante de l'autre... Je me trouve en plein milieu... Ils me passent de tous les côtés... Et les autres devant qui avancent pas, c'est bloqué...* »

Le simple fait d'imaginer la scène déclenche de l'anxiété, « *gorge serrée* » et tremblements. Il me demande de faire une pause.

Il contrôle sa respiration jusqu'au retour au calme, puis nous reprenons l'exposition en imagination. Après deux essais, Bernard peut imaginer la scène sans anxiété : il est habitué en imagination. Il peut alors s'exposer dans la réalité.

Dans la réalité

Bernard enchaîne immédiatement l'exposition réelle, pour rentrer chez lui.

Préparation

Il est assis assez droit dans sa voiture. Son siège est assez rapproché du volant, afin que ses bras ne soient pas trop tendus pour tenir le volant.

Déroulement

Bernard respire lentement en descendant l'avenue...

Et le feu passe au rouge ! L'anxiété de Bernard s'élève aussitôt à 60 %.

Il se concentre sur sa respiration, et l'anxiété retombe presque instantanément à 20 %.

Par la suite, il n'éprouve aucune difficulté particulière. Il rentre chez lui tranquillement, sans se sentir de plus en plus pressé d'arriver, contrairement à ce qu'il ressent d'habitude.

Bernard répond après l'exposition	Oui / Non
L'exposition a-t-elle fait monter mon anxiété nettement mais sans excès ?	Oui (60 %)
Me suis-je préparé avec la relaxation ?	Oui
Ai-je utilisé le contrôle respiratoire (en cas d'anxiété trop forte) ?	Oui
Ai-je fait des pauses (en cas d'anxiété trop forte) ?	Oui (pendant la séance en imagination)
Ai-je obtenu l'habituation ?	Oui
Pour conclure : est-ce que je redoute toujours autant la situation à laquelle je me suis exposé ?	Non, je sais maintenant comment affronter cette situation

Conseil

L'exposition en imagination permet de préparer certaines expositions réelles difficiles, notamment lorsqu'elles sont brèves et en « tout ou rien ». Elle reprend le principe de l'exposition aux mots de la panique, en déclenchant l'anxiété par la pensée, pour s'habituer aux sensations d'anxiété.

▷ **Bernard va conduire sur le grand pont suspendu de l'autoroute C'est une exposition brève en « tout ou rien ».**

Objectif

Bernard a bien progressé. Il est maintenant capable de circuler en ville sans difficulté ; il conduit sur autoroute ; il supporte bien les embouteillages (anxiété 20 %) ; il ne descend plus sa vitre en conduisant ; il ne prend plus de Xanax® et n'en porte plus sur lui : « *Au fur et à mesure que je vais prendre de l'assurance, je vais m'en passer.* » Mais il évite encore complètement de prendre le pont d'Aquitaine, pont autoroutier suspendu à une cinquantaine de mètres au-dessus de la Garonne.

Bernard a pris confiance en lui, et l'exposition en imagination n'est plus nécessaire pour le préparer. Ses anciennes craintes (mourir, causer un accident) laissent place à une peur plus vague mais plus réaliste : « *Prendre une tannée* », à cause d'une crise.

Un problème caractéristique de l'exposition sur les ponts (en voiture)

Hormis l'ouvrage qui relie le Danemark au continent, les ponts hauts et imposants sont traversés rapidement en voiture. Par conséquent, l'habituation ne peut se mettre en place en un seul passage et le soulagement provient souvent de la fin de l'exposition (évitement).
Une autre difficulté de cette exposition réside dans le « tout ou rien » : il est bien sûr impossible de s'engager et de faire demi-tour, ou de se garer en cas de difficulté. Par conséquent, on risque de passer en force et de ne pas se désensibiliser, si la méthode que l'on emploie n'est pas rigoureuse (voir page 121, « Tableau récapitulant les deux façons de s'exposer et leurs conséquences »).

Méthode

Bernard se remémore les environs des sorties de chaque côté du pont, afin d'imaginer à l'avance une solution de repli en cas de difficulté.

Il choisira un moment où la circulation est fluide pour faciliter l'exercice.

Il effectuera le premier passage dans le **sens le plus facile** pour lui.

Six consignes sont importantes :

• S'engager sur la rocade qui mène au pont, loin avant celui-ci, pour faciliter l'habituation.

• Évaluer son anxiété, et refuser de s'engager si elle est trop forte aux abords du pont (il existe des sorties proches du pont dans les deux sens).

• Contrôler sa respiration (alternance de blocages inspiratoires et de respiration lente) dès que l'on s'engage sur la rocade.

• Une fois le pont passé, sortir de la rocade et chercher un endroit pour s'arrêter, et évaluer l'anxiété. Revenir au calme si nécessaire, puis répéter l'exposition.

• Faire cinq allers et retours avec exactement la même méthode, afin de prolonger l'exercice assez longtemps pour éprouver l'habituation.

• Rentrer chez soi après avoir obtenu l'habituation.

Déroulement de l'exposition

Cet exemple va vous montrer que c'est la connaissance précise du déroulement de l'exposition qui permet d'interpréter les succès et les échecs.

• Première exposition : apparente réussite mais évitement subtil

Bernard a bien préparé l'exposition. Elle s'est déroulée dans de bonnes conditions et l'anxiété n'a pas dépassé 30 %.

Succès? C'est une enquête précise sur la méthode qui permet de répondre à cette question.

Thérapeute : *Vous êtes-vous arrêté après chaque passage?*
Bernard : *Non.*
Thérapeute : *Vous n'avez pas évalué votre anxiété après chaque passage?*
Bernard : *Non.*
Thérapeute : *Pourquoi?*
Bernard : *Parce que ça allait bien.*
Thérapeute : *Combien d'allers et retours avez-vous fait?*
Bernard : *Trois.*
Thérapeute : *Pourquoi pas cinq, comme prévu?*
Bernard : *Parce que ça allait bien (30 % d'anxiété au maximum).*
Thérapeute : *Et si vous aviez continué?*
Bernard : *On ne sait jamais...*
Thérapeute : *Vous voulez dire que cela aurait pu se dégrader, et que vous*

avez préféré rentrer rapidement avant que cela n'arrive ?
Bernard : *Oui.*
Thérapeute : *Vous redoutiez de ne pas pouvoir faire face ?*
Bernard : *Oui.*

Bernard a pris son courage à deux mains pour s'exposer, mais **sans bien s'en rendre compte il s'est dépêché** :

• Il a évité de faire des pauses.

• Il n'a pas évalué son niveau d'anxiété : il a évité d'y penser.

• Finalement il a interrompu l'exercice comme si la survenue de l'anxiété devait être un problème insurmontable.

Bernard commente la première exposition	Oui / Non
L'exposition a-t-elle fait monter mon anxiété nettement mais sans excès ?	Non (30 %)
Me suis-je préparé avec la relaxation ?	Oui
Ai-je utilisé le contrôle respiratoire ?	Oui
Ai-je fait des pauses comme prévu ?	Non
Ai-je obtenu l'habituation ?	Bernard ne peut répondre à cette question, car son exposition n'a pas fait monter son anxiété.
Pour conclure : est-ce que je redoute toujours autant la sensation à laquelle je me suis exposé ?	Même commentaire

En d'autres termes, **il a pris le risque physiquement, mais mentalement il a encore évité** de penser à ce qui l'inquiète (sa capacité à faire face, au cas où...).

Cette **exposition apparemment réussie ne lui permet pas de remettre en cause ses pensées automatiques**.

Points importants

C'est que l'agoraphobie a la vie dure, et qu'elle emploie des moyens subtils pour maintenir son emprise !

• Apprenez à observer vos attitudes psychologiques, pendant que vous vous exposez.

• Rappelez-vous que l'agoraphobie vous prédit des catastrophes, et qu'elle vous incite à éviter un soi-disant danger.

• Elle cherche à vous faire faire des évitements subtils, même lorsque vous décidez de vous exposer.

• Mais une exposition qui se passe bien, avec de tels évitements, ne pourra pas vous donner confiance (si cela n'est pas clair pour vous, revoyez le chapitre consacré à l'analyse fonctionnelle et le tableau qui compare une exposition comportementale à une exposition phobique).

• **Seconde exposition réussie**

Bernard a bien compris le problème. Il a appliqué la méthode *sans état d'âme*. Avant le quatrième passage, il a constaté que son anxiété augmentait à 40 %. Il a pris le temps de la gérer et il a effectué les deux derniers allers et retours tranquillement : victoire !

Bernard répond après la seconde exposition	Oui / Non
L'exposition a-t-elle fait monter mon anxiété nettement mais sans excès ?	Oui (40 % : du mal à respirer, bras tendus)
Me suis-je préparé avec la relaxation ?	Oui
Ai-je utilisé le contrôle respiratoire ?	Oui
Ai-je fait des pauses comme prévu ?	**Oui**
Ai-je obtenu l'habituation ?	**Oui**
Pour conclure : est-ce que je redoute toujours autant la situation à laquelle je me suis exposé ?	**Non, et je me sens beaucoup plus sûr de moi.**

Commentaire

Bernard est **content, et beaucoup plus sûr de lui qu'après la première exposition, parce qu'il s'est donné les moyens de savoir pourquoi tout allait bien**.

Peu de temps après, pour se préparer à reprendre le travail, il a traversé le pont en conduisant un bus vide, dans le « *mauvais sens* » (très longue montée avant d'atteindre le sommet du pont), pour le rentrer au dépôt.

Conseil

Voici un procédé simple pour déceler les évitements subtils : **demandez-vous si vous avez appliqué la méthode, et si vous ne l'avez pas entièrement appliquée, demandez-vous pourquoi**. À cette question, Bernard nous fait comprendre qu'il ne voulait pas tenter le diable ! C'est-à-dire qu'au fond de lui, il n'avait pas confiance dans sa capacité à faire face à l'anxiété. Par conséquent, il n'a pas testé cette capacité, alors qu'il l'a déjà éprouvée dans de nombreuses situations. Mais lorsqu'il a compris ce processus, il a fait une exposition constructive, comme Sophie et Hélène.

▷ **Djamila conduit sur la route pour s'éloigner de la ville**
C'est une exposition progressive et prolongée.

Djamila contrôle bien ses paniques depuis longtemps. En voiture, elle sait s'arrêter pour respirer dans une poche afin de reprendre son calme. Elle peut circuler sur des trajets urbains, mais elle redoute de s'éloigner de la ville, et plus particulièrement de se rendre chez ses parents qui habitent à une quarantaine de kilomètres du centre, parce que cela lui rappelle une de ses paniques les plus cuisantes.

Objectif

Conduire seule, en partant de chez elle, pour s'exposer au risque de panique. Djamila fera un aller et retour entre chez elle et chez ses parents, avec une pause chez eux (le retour est perçu comme le trajet le plus difficile, parce qu'elle quitte sa famille qui la rassure).

Méthode

Préparation de l'exposition : Djamila se retiendra le plus possible de se dépêcher en cas d'anxiété, afin d'observer l'habituation, qui devrait s'installer en quinze ou vingt minutes.

• Elle roulera tranquillement pour **faire durer l'exposition une demi-heure**.

• Elle **contrôlera sa respiration dès le début** de l'exposition, pour limiter l'anxiété initiale.

• Si le contrôle de l'anxiété est difficile, elle s'arrêtera en chemin pour revenir au calme, avant de reprendre l'exposition pour obtenir l'habituation.

Déroulement de l'exposition

Djamila a pris la route dans son cabriolet, capote fermée. Tendue sans excès, « *serrée* » au début, elle s'est sentie à l'aise au bout de vingt minutes. Elle s'est alors arrêtée pour décapoter, et le trajet s'est terminé dans le calme.

Après une heure chez ses parents, elle a décidé de rentrer pour terminer son exposition. Elle est rentrée parfaitement calme.

Djamila répond après l'exposition	Oui / Non
L'exposition a-t-elle fait monter mon anxiété nettement mais sans excès ?	Oui
Me suis-je préparée avec la relaxation ?	Non
Ai-je utilisé le contrôle respiratoire ?	Oui
Ai-je fait des pauses ?	Non, car l'anxiété n'était pas trop forte.
Ai-je obtenu l'habituation ?	Oui, en 20 minutes.
Pour conclure : est-ce que je redoute toujours autant la situation à laquelle je me suis exposée ?	Non, et j'ai constaté que je ne suis pas toujours obligée de contrôler ma respiration pour me sentir bien.

Commentaire

Djamila est très contente de son exercice : elle a bien appliqué la méthode, et elle estime que cela a donné d'excellents résultats. Elle est maintenant très consciente de la puissance de l'habituation. Elle se rend compte que faire face aux paniques n'est pas plus difficile, lorsqu'on s'éloigne des siens, que dans une autre situation : la technique est toujours la même. **Et, *cerise sur le gâteau*, l'habituation lui a permis de se sentir bien sans être à tout moment obligée de contrôler sa respiration.**

Ce constat ne suffit pas à lui donner des ailes, mais il change complètement sa façon de percevoir la menace ou la sécurité. Il l'aidera à passer d'autres caps importants de son traitement.

Conséquences ultérieures de l'exposition

Djamila est allée passer un week-end chez ses parents. Le voyage aller s'est très bien passé. Bon week-end, mais s'est sentie « *oppressée* » avant de repartir. Djamila a affronté cette anxiété en s'exposant et en contrôlant sa respiration. Elle a roulé lentement « *exprès, pour faire durer* », et le calme est revenu en vingt-cinq minutes, dans la banlieue de sa ville : « *Ça s'est arrêté au centre du faubourg.* »

▷ **Estelle va prendre le bus**

C'est une exposition en « tout ou rien », brève ou prolongée selon le protocole adopté.

On peut en effet choisir de rester longtemps dans le bus, pour obtenir une habituation importante en une seule fois, ou faire plusieurs petits trajets successivement.

Estelle a quarante-six ans. Elle a un trouble panique, et elle a fait il y a quelques mois des attaques de panique dans le bus. Elle a peur que cela recommence, et elle n'ose pas aller s'asseoir lorsqu'elle se sent mal, parce qu'elle redoute le jugement des autres. En cas de panique, elle attend avec impatience l'arrêt suivant et sort le plus vite possible. Elle évite de prendre le bus depuis plusieurs mois.

Objectif

Estelle va s'exposer au risque de panique en cherchant à rester dans le bus le plus longtemps possible. Elle est très motivée, parce qu'elle ne dispose d'aucun autre moyen de transport.

Préparation de l'exposition

Estelle choisira une heure creuse et une ligne sans problème pour faciliter l'exposition.

Elle sait bien contrôler sa respiration. Elle l'utilisera pour favoriser l'habituation. Si elle se sent débordée, elle attendra le prochain arrêt, en contrôlant sa respiration, et elle sortira pour se décontracter plus facilement. Elle remontera dans un bus lorsqu'elle sera revenue au calme, afin de reprendre l'exposition jusqu'à l'habituation.

Déroulement de l'exposition

Estelle attend le bus en contrôlant sa respiration. Elle monte, et va s'asseoir à une place qui lui permettra de sortir sans déranger quelqu'un.

Elle contrôle sa respiration en faisant des blocages inspiratoires tous les quatre ou cinq cycles respiratoires.

Au bout d'une dizaine de minutes, elle se sent plus détendue, et prête à aller jusqu'au bout de la ligne avant de revenir. Elle reste calme pendant tout le retour. Son anxiété ne dépasse pas 20 % lorsqu'elle descend du bus.

Répondez aux questions sur l'exposition d'Estelle	Oui / Non
A-t-elle fait une exposition « pure » (et non une exposition pour faire quelque chose) ?	
L'exposition a-t-elle fait monter son anxiété nettement mais sans excès ?	
S'est-elle préparée avec la relaxation ?	
A-t-elle utilisé le contrôle respiratoire (en cas d'anxiété trop forte) ?	
A-t-elle fait une pause (en cas d'anxiété trop forte) ?	
A-t-elle obtenu l'habituation ?	
Pour conclure : pensez-vous qu'elle redoute toujours autant la situation à laquelle elle s'est exposée ?	

Commentaire

Une bonne méthode d'exposition (contrôle respiratoire efficace, recherche de l'habituation avec possibilité de sortie, en cas d'anxiété trop importante) a permis à Estelle de s'habituer à son anxiété dans le bus en une seule fois. Elle a rapidement confirmé cela en programmant régulièrement des exercices, jusqu'à ce qu'elle puisse le prendre dans la vie quotidienne sans inquiétude particulière.

Autre façon de s'exposer à prendre le bus

Si l'exposition est très difficile, vous pouvez décomposer la difficulté de la façon suivante :

- Déambulez pendant une dizaine de minutes, près de l'arrêt de bus, en pensant à ce que vous allez faire (exposition en imagination à pied d'œuvre) et en contrôlant votre respiration, jusqu'à ce que l'exposition vous semble réalisable avec une confiance suffisante.
- Évaluez votre anxiété au moment de monter dans le bus.
- Commencez par le trajet le plus court possible.
- Faites-le dans le sens qui vous semble le plus facile.
- Évaluez votre anxiété à la sortie du bus.
- Attendez le véhicule suivant et recommencez à vous exposer. La première fois, vous pouvez choisir de revenir au point de départ, si cela vous est moins difficile que de continuer à vous éloigner de chez vous.

▷ **Camille va prendre l'escalator**

C'est une exposition en « tout ou rien », et brève.

Camille a quarante-huit ans. Depuis deux ans, elle est très sensible aux sensations pseudo-vertigineuses. Lorsque « *ça bouge* », elle éprouve une sensation de déséquilibre très angoissante. Elle évite de s'engager sur un escalator : elle craint de poser le pied entre deux marches, de trébucher, de faire une panique et d'attirer le regard de tout le monde...

Elle éprouvait des sensations analogues dans les galeries marchandes, dont le sol est brillant. Elle avait alors une impression de flottement qui déclenchait des paniques. Elle s'y est exposée avec succès, et maintenant elle ne redoute plus ces situations.

Objectif

Camille doit s'exposer à un mouvement réel, qui peut déclencher des sensations de déséquilibre, surtout lorsqu'il commence ou lorsqu'il se termine.

Méthode

Préparation de l'exposition

L'exposition va surtout **rechercher l'habituation par des exercices répétés**. Camille marchera au pied de l'escalator pendant un moment, en regardant bien l'espace dans lequel elle se trouve, en observant l'escalator et les gens qui le prennent. Elle contrôlera sa respiration si l'anxiété augmente trop.

Elle s'engagera sur l'escalator en marchant d'un pas régulier, en attrapant la rampe, sans s'arrêter pour regarder si elle a bien posé le pied : elle prendra le risque d'avoir à ajuster un peu sa position, si elle sent qu'elle est entre deux marches. Elle devra pour cela faire confiance aux sensations que lui transmettent ses pieds (voir pour cela l'exposition aux sensations de vertige de Gilles).

Pendant la montée, elle contrôlera sa respiration.

Au premier étage, elle évaluera son niveau d'anxiété, redescendra à pied et recommencera l'exposition, jusqu'à ce que son anxiété ait diminué de 50 % par rapport au maximum atteint.

Déroulement de l'exposition

Camille a choisi une galerie qui comporte deux étages, avec un seul escalator, pour monter seulement. Monter lui semble plus facile que descendre.

Son anxiété est à 60 % lorsqu'elle regarde l'escalator et pense qu'elle va le prendre. Elle contrôle sa respiration et continue de déambuler autour de l'escalator, en regardant bien comment les gens se comportent pour le prendre, et lorsqu'ils sont dessus (le but est de dédramatiser cette situation).

Après huit minutes d'exposition mentale, son anxiété est retombée à 40 %.

Elle décide alors de s'engager et elle le fait. L'anxiété remonte à 50 %, puis redescend à 40 % lorsqu'elle arrive au premier étage.

Elle prend son temps pour se détendre puis redescend à pied (ce qui ne lui pose pas de problème).

Au troisième essai, Camille se sent en confiance : son anxiété a diminué à 30 % lorsqu'elle s'engage, et à 20 % à l'arrivée. Au quatrième passage, elle ne redoute plus de s'engager : elle a pris ses repères, elle a pris confiance en elle et son anxiété reste à 20 %.

Répondez aux questions sur l'exposition de Camille	Oui / Non
A-t-elle fait une exposition « pure » (et non une exposition pour faire quelque chose) ?	
L'exposition a-t-elle fait monter son anxiété nettement mais sans excès ?	
S'est-elle préparée avec la relaxation ?	
A-t-elle utilisé le contrôle respiratoire (en cas d'anxiété trop forte) ?	
A-t-elle fait une pause (en cas d'anxiété trop forte) ?	
A-t-elle obtenu l'habituation ?	
Pour conclure : pensez-vous qu'elle redoute toujours autant la situation à laquelle elle s'est exposée ?	

Commentaire

Camille s'est habituée en s'exposant sur place, d'abord en pensant de façon constructive à ce qui l'angoissait – en observant les gens, en pensant à la façon dont elle se comportera; ensuite en réalisant l'exposition réelle, avec une bonne méthode.

Elle y est arrivée, cela lui a fait bien plaisir !

▷ **Inga va prendre l'avion pour l'Afrique**

C'est une exposition très prolongée en « tout ou rien ».

Veuillez excuser la longueur de cet exemple. Je présente volontairement plusieurs vols parce que l'on ne se désensibilise pas en une seule fois, surtout si la situation a été associée dans le passé à un très fort sentiment de détresse.

C'est à partir d'une observation minutieuse que nous distinguerons les points positifs et les points négatifs d'une exposition longue et complexe. Et c'est cela qui nous donnera confiance.

Inga n'a plus d'attaques de panique depuis longtemps. Elle les a fait céder avec le contrôle respiratoire, dès le début de son traitement.

Son agoraphobie n'est plus mesurable sur une échelle standard : elle craint et évite encore souvent de dépasser les camions sur les voies rapides, mais en dehors de cela, sa vie est normale, même dans les situations où elle avait vécu ses plus fortes paniques.

Elle évite l'avion depuis un vol très angoissant, six ans auparavant. Son voyage prochain est motivé par une visite chez les grands-parents paternels de son fils. La motivation à s'exposer a été consolidée par un travail cognitif (évaluation réaliste des risques encourus, des avantages et inconvénients, et des moyens pour faire face ; voir pour cela le chapitre suivant).

Objectif
S'exposer à l'anxiété pendant le vol. Quatre vols : France-Hollande et Hollande-Afrique allers et retours.

Méthode
Le voyage en avion est le prototype de l'exposition en « tout ou rien » : une fois que la porte est verrouillée le demi-tour est impossible. L'enfermement renforce les pensées catastrophiques.

L'analyse fonctionnelle a identifié deux catastrophes, dont les conséquences sont aggravées par le sentiment de n'avoir aucune maîtrise en cas de problème (situation passive en tant que passager) :

• Il y aura un problème catastrophique et ce sera au décollage (phobie de l'avion).

• S'il y a un problème, l'angoisse sera tellement forte qu'elle sera ingérable, comme au cours du dernier vol (panique-agoraphobie).

Le scénario catastrophe commence par : « *Je m'engage dans le couloir de la mort.* » Son écriture a permis de déclencher l'habituation sur l'idée même de prendre l'avion (voir « Les mots de la panique », au début de ce chapitre).

Préparation de l'exposition
Inga voyagera avec son fils et Pierre, un ami.

Nous avons bien recentré le scénario réaliste sur la **gestion de l'anxiété** :

• par l'habituation : en pensant résolument au déclencheur de l'anxiété (la catastrophe, qu'elle soit panique ou accident),

• par le contrôle respiratoire, pour faciliter l'habituation, ou pour faire face à des paniques imprévues.

Déroulement de l'exposition

L'exposition a commencé mentalement
Inga doit penser à l'avion dès qu'elle attend au comptoir d'embarquement.

Elle doit surtout y penser encore pendant la demi-heure d'attente dans la salle d'embarquement, en regardant les avions. Le but est de faire monter son anxiété et lui permettre d'y faire face, avec le contrôle respiratoire et l'habituation, avant même de monter dans l'avion (nous utilisons le même procédé que Bernard, avant d'affronter le feu rouge en voiture).

Conseil

L'exposition mentale est très utile dans le cas d'une exposition en « tout ou rien », dans laquelle le sujet se trouve réellement bloqué (enfermé dans un avion, dans un ascenseur, etc.).
L'installation dans l'avion est envisagée minutieusement : Inga a répété mentalement les gestes qu'elle doit faire pour prendre sa place. Les procédures qui précèdent le décollage ont été envisagées en détail, dans le même esprit.

Voyage Paris-Amsterdam

Ce vol a été précédé par un voyage en train qui s'est passé normalement (l'organisation du voyage imposait cet enchaînement).

Inga s'est bien préparée mentalement dans la salle d'embarquement, et elle entre facilement dans l'avion. « *Décollage plutôt dur* », mais elle contrôle sa respiration avant le décollage pour éviter une panique.

Le vol se passe bien, peut-être à cause de pensées automatiques : « *Rassurée parce que la redescente a été rapide.* »

Voyage Amsterdam-Afrique

Plutôt agréablement surprise par le déroulement du premier vol, Inga ne prépare pas cette seconde exposition et... : « *Ça a été terrible... obligée de tenir la main de Pierre, surtout au décollage... après il fallait qu'il me rassure.* »

Inga ne se prépare pas, elle oublie le contrôle respiratoire, elle cherche à se rassurer auprès de son ami, et compte le temps qu'il reste avant l'atterrissage.

Par conséquent, elle ne s'habitue pas bien : « *Je n'ai pas été tranquille [pendant] tout le vol* », et à l'arrivée elle a pensé avec soulagement : « *La moitié de ce qui était à faire est fait.* »

Conséquences des vols pour aller en Afrique

Ce qu'Inga a très bien commencé s'est terminé comme un passage en force.

L'anxiété a été infiniment plus basse que lors du dernier voyage, six ans auparavant, et pourtant cela ne la rassure absolument pas.

Pendant tout le séjour en Afrique Inga a éprouvé « *un besoin d'acheter obsédant, pour éviter de penser à la peur du retour* ». Cet évitement est la conséquence normale d'un passage en force – une exposition sans méthode, et sans évaluation rationnelle après coup. Tout cela estompe les aspects positifs d'une exposition.

Retour Afrique-Amsterdam

Retour de nuit, « *décollage terrible* ». L'hôtesse alertée appelle le chef de cabine qui vient rassurer Inga en lui expliquant comment l'avion fonctionne. En faisant cela, il lui permet de s'exposer mentalement à la réalité de la situation : elle vole, et il n'y a aucune raison particulière de s'inquiéter. Il lui propose ensuite d'aller voir le cockpit et elle accepte, consciente à ce moment-là de reprendre un rôle actif dans l'exposition : « *C'était tout noir, on voyait rien... c'est une surprise même si on le sait.* »

Inga parle ensuite calmement avec le commandant et le copilote, et elle obtient enfin l'habituation : « *En fait, ça m'a apaisée* ». Et, preuve par neuf, elle s'endort paisiblement.

Lorsqu'elle se réveille, elle entend le pilote parler à quelqu'un derrière elle, et voit le copilote lire un journal. Alarme ! Personne n'est aux commandes ! Inga résiste à l'envie de demander à Pierre de la rassurer. Et elle s'habitue de nouveau.

Un peu plus tard, elle décide de regarder par le hublot, au-dessus d'Alger, « *fascinée de pouvoir regarder et d'éprouver du plaisir* ». Mais alors, l'avion bascule pour changer de route et elle ne voit plus que les étoiles : nouvelle montée d'anxiété... et nouvelle habituation, malgré des turbulences jusqu'à Amsterdam.

Retour Amsterdam-Paris

Non préparé, non géré, « *le dernier décollage a été le plus dur* »... La fatigue engendrée par le voyage et les émotions ont probablement contribué, avec le manque de confiance en soi, à distraire Inga de la méthode d'exposition.

Conséquences des vols pour revenir d'Afrique

Inga est mécontente : elle ne retient que les moments de forte anxiété. Elle est très déçue. Pour elle, c'est un échec et il était prévisible. Elle a toujours aussi peur des décollages : « *La prochaine fois, je prendrai un Lysanxia® !* »

Conseil

Pourquoi pas ? On peut prendre un tranquillisant, s'il aide à s'exposer méthodiquement. Mais s'il est utilisé pour éviter l'anxiété anticipatoire, il ne permet pas de s'exposer utilement.

Analyse des expositions en avion d'Inga

Revenir sur ce point peut vous sembler fastidieux. Comme Inga, vous vous êtes certainement fait une idée (réussite ou échec) sur ses voyages.

Mais j'insiste : une exposition doit être interprétée en fonction d'une méthode. Alors allons-y !

Voyage aller

- **Premier vol**

Préparation : Bonne exposition mentale, et bonne gestion de l'anxiété dans la salle d'embarquement.

Déroulement du vol : Inga est habituée avant même d'entrer dans l'avion : calme lorsqu'elle pénètre dans le couloir d'embarquement (« *le couloir de la mort* » dans son scénario catastrophe).

Bonne gestion de l'anxiété au décollage (moment où s'activent les pensées d'accident). Évitement cognitif par la suite (se rassure à l'idée de descendre).

Évaluation de l'exposition : Absente.

- **Second vol**

Préparation : Absente. Est-ce un relâchement de l'effort après la réussite du premier vol (progrès extraordinaire par rapport au vol catastrophique d'il y a six ans) ou l'expression d'un évitement (éviter d'y penser) ?

Déroulement du vol : Recherche de réassurance auprès de son ami, absence de contrôle respiratoire et d'habituation volontaire : passage en force.

Évaluation de l'exposition : Absente. Envahissement par les pensées automatiques : anticipation pénible du retour, cultivée pendant tout le séjour (éviter d'y penser).

Répondez aux questions concernant les vols aller d'Inga	Oui / Non
A-t-elle fait une exposition « pure » (et non une exposition pour faire quelque chose) ?	
L'exposition a-t-elle fait monter son anxiété nettement mais sans excès ?	
S'est-elle préparée avec la relaxation ?	
A-t-elle utilisé le contrôle respiratoire (en cas d'anxiété trop forte) ?	
A-t-elle fait une pause (en cas d'anxiété trop forte) ?	Sans objet
A-t-elle obtenu l'habituation ?	
Pour conclure : pensez-vous qu'elle redoute toujours autant la situation à laquelle elle s'est exposée ?	

Voyage retour

• Premier vol

Préparation : Absente, laissant libre cours aux pensées catastrophiques.

Déroulement du vol : Décollage très difficile ; panique non gérée (pas de contrôle respiratoire) jusqu'à l'intervention de l'hôtesse, dont l'attitude et les paroles recentrent Inga sur son exposition et la calment de façon rationnelle ; exposition active dans le cockpit induisant une habituation de bonne qualité, qui lui permet d'éprouver un plaisir inattendu en regardant Alger !

Cette habituation a été assez puissante pour atténuer rapidement quelques montées d'anxiété déclenchées par les turbulences qui ont suivi, sans utiliser le contrôle respiratoire (décidément oublié).

Eh oui, Inga a oublié le contrôle respiratoire, qui l'a tellement aidée depuis le début de son traitement !

Évaluation de l'exposition : Absente.

• Second vol

Préparation : Absente.

Déroulement du vol : Passage en force.

Évaluation de l'exposition : Absente. Persistance des pensées automatiques.

Répondez aux questions concernant les vols retour d'Inga	**Oui / Non**
A-t-elle fait une exposition « pure » (et non une exposition pour faire quelque chose) ?	
L'exposition a-t-elle fait monter son anxiété nettement mais sans excès ?	
S'est-elle préparée avec la relaxation ?	
A-t-elle utilisé le contrôle respiratoire (en cas d'anxiété trop forte) ?	
A-t-elle fait une pause (en cas d'anxiété trop forte) ?	Sans objet
A-t-elle obtenu l'habituation ? Pour conclure : pensez-vous qu'elle redoute toujours autant la situation à laquelle elle s'est exposée ?	

En résumé, nous observons :

Des points positifs qui représentent un ancrage, la base de la prochaine exposition. Ce sont :

• une bonne préparation avec un début d'exposition très réussi (habituation),

• le déclenchement de l'habituation à plusieurs reprises, notamment au cours du vol de retour,

• une évolution *malgré tout* positive de ses anticipations, puisqu'elle parle déjà de reprendre l'avion !

Des oublis qui ont eu des conséquences négatives :

• Inga n'a jamais pensé à contrôler sa respiration dans les moments difficiles,

• elle ne pense pas à observer l'habituation lorsqu'elle se produit,

• elle ne fait pas le bilan après chaque exposition.

Pour conclure, nous dirons qu'Inga a fait beaucoup d'efforts mais que sa méthode d'exposition ne lui permet pas de prendre confiance. Ce sont ses pensées automatiques d'impuissance qui l'ont incitée à éviter de penser de façon constructive au vol du retour.

Elles lui ont aussi fait sélectionner et mémoriser automatiquement tous les éléments négatifs des vols. Cela explique pourquoi elle anticipe le prochain vol avec l'aide d'un tranquillisant.

La reconstitution en détail de ces vols a aidé Inga à réévaluer les résultats de façon plus réaliste, en fonction de la méthode employée. Cela lui a permis de voir les choses de façon plus positive. Cela a facilité le nouveau voyage qu'elle a fait quatre mois plus tard.

Point important

La persistance des pensées automatiques, malgré une exposition volontaire, est un problème très fréquent, parce que la logique anxieuse agit comme un filtre qui retient les informations négatives (qu'elle prédit). Si je me dis : « Cela va mal se passer », je retiens surtout les événements qui confirment cette interprétation. C'est exactement ce qui s'est produit dans le cas d'Inga. Or, le but d'une exposition est de tester une hypothèse. Une conclusion réaliste est fondée sur des faits, et non sur des impressions. **Une exposition se termine donc toujours par une réévaluation précise des événements**, même si cela semble fastidieux !

▷ Martine va passer une nuit seule avec ses enfants

C'est une exposition prolongée en « tout ou rien ».

Martine a déjà bien dédramatisé les conséquences de ses crises de panique. Elle sait bien que c'est de l'anxiété, et elle a fait beaucoup de progrès contre l'agoraphobie.

Mais il est une situation qu'elle redoute encore par-dessus tout : paniquer pendant la nuit si elle est seule avec ses enfants, parce que dans ce cas, « *s'il leur arrivait quelque chose* », elle ne pourrait leur porter secours à cause d'une perte de connaissance. Elle l'évite systématiquement, en invitant des proches lorsque son mari doit s'absenter. Et si par hasard elle doit rester seule, c'est au prix d'un passage en force épuisant : « *Ça commence à partir de l'heure où je pense que les gens dorment... je m'active pour ne pas y penser, je mets le numéro des voisins près du téléphone, ou au mieux je sonne chez eux... je dors dans le salon, je ne me douche pas, je reste en T-shirt... je cherche toujours la crise de panique, je ne comprends pas qu'elle n'arrive pas... quand j'ai une angoisse, je sors sur le palier et si je ne vois pas de voiture ça peut monter... quand je me couche j'ai des palpitations et des vertiges... je ne suis rassurée que quand j'entends les premiers bruits de ville [bus, éboueurs, etc.].* »

Objectif

Martine va s'exposer au risque d'une panique, en choisissant d'y faire face en restant une nuit seule avec ses enfants.

Méthode

L'analyse fonctionnelle précise :

• Les pensées automatiques :
– Peur de perdre connaissance pendant une crise, et de laisser ses enfants sans surveillance.

• Les conduites de réassurance (évitements subtils) :
– Essayer de se rassurer à partir du scénario catastrophe : « *Au pire, tu sonnes chez le voisin, tu appelles le SAMU et ça arrive toujours à te sauver.* »
– Laisser la porte ouverte.
– Ne pas se déshabiller.
– Dormir dans le salon (près de l'entrée de l'appartement).
– Laisser la télévision allumée en permanence (distraction d'attention).

• Les évitements :
– Inviter une personne de son entourage si son mari doit s'absenter une nuit.

Martine se prépare à s'exposer :
• Parce qu'elle pense que le danger réel est l'anxiété qu'elle ressent et qu'elle redoute.
• Pour cela, elle se recentre sur les techniques de gestion de l'anxiété : le contrôle respiratoire et l'habituation, qu'elle applique efficacement dans la plupart des autres situations qu'elle évitait au début de son traitement.

Déroulement de l'exposition

Martine s'expose pendant les deux nuits d'un week-end. Voici ce qu'elle en dit : « *À chaque fois que c'est monté, j'ai géré ça « nickel »... je n'ai pas ouvert mon agenda, je ne suis pas allée vers la porte... une ou deux montées d'angoisse maîtrisées très rapidement. Mais à chaque fois que je m'endormais, j'avais l'impression de tomber et mon cœur battait très fort* [elle a fini par s'endormir convenablement, en refusant d'éviter cette sensation]... *je commence à me normaliser.* »

Répondez aux questions sur la nuit de Martine	Oui / Non
A-t-elle fait une exposition « pure » (et non une exposition pour faire quelque chose) ?	
L'exposition a-t-elle fait monter son anxiété nettement mais sans excès ?	
S'est-elle préparée avec la relaxation ?	
A-t-elle utilisé le contrôle respiratoire (en cas d'anxiété trop forte) ?	
A-t-elle obtenu l'habituation ?	
Pour conclure : pensez-vous qu'elle redoute toujours autant la situation à laquelle elle s'est exposée ?	

Réponses p. 245

Commentaire

Avant cette exposition, Martine avait déjà fait des progrès très consistants, mais elle conservait une psychologie de panique-agoraphobie intacte dans cette situation d'isolement, la nuit, avec ses enfants.

Elle n'avait même pas pensé à la citer dans la liste des situations évitées, au début de nos entretiens. Mais les progrès réalisés dans les autres situations d'agoraphobie, une bonne préparation et une très bonne technique d'exposition lui ont permis de faire face dès la première nuit avec une très bonne efficacité.

Martine en a conscience, cela lui fait plaisir et **son sentiment de pouvoir faire face s'améliore considérablement.**

▷ Jacqueline risque de faire la queue dans un magasin

C'est une exposition en « tout ou rien », relativement brève et répétée.

Objectif

Jacqueline doit prendre le risque de manquer d'air en faisant la queue chez un commerçant.

Méthode

Analyse fonctionnelle : L'exposition est en « tout ou rien » parce que Jacqueline peut se sentir bien, et brusquement éprouver l'envie de fuir si quelqu'un vient attendre derrière elle chez un commerçant, comme si cela la coinçait irrémédiablement. Alors elle se sent essoufflée et craint de manquer d'air. Elle sait que cette pensée est irréaliste, mais cela ne l'aide pas à progresser.

Elle sait maintenant **évaluer son anxiété** et pense être capable d'affronter une exposition, malgré de grandes difficultés pour contrôler sa respiration.

Préparation : Jacqueline pourrait théoriquement sortir et reprendre la file, mais elle aurait honte de le faire. Elle choisit donc de faire une série d'expositions pour obtenir l'habituation. La recherche de l'habituation est d'autant plus importante que Jacqueline réagit mal au contrôle respiratoire.

Vous allez constater que Jacqueline s'expose délibérément au risque d'anxiété, mais elle le fait en improvisant, à l'occasion de courses qu'elle doit faire.

Déroulement de l'exposition

• Première attente dans une pharmacie : « *Très bien passé, je n'ai même pas eu le réflexe de regarder si quelqu'un rentrait.* » C'est-à-dire que Jacqueline ne s'expose pas aux pensées négatives parce qu'elle se sent bien.

• Deuxième attente pour rapporter un ordinateur en panne : « *Cinq à six personnes attendaient, je ne me suis pas posé la question, j'ai attendu. Des gens sont arrivés derrière... J'ai attendu, ma foi, ça s'est bien passé.* » Dans ce cas, l'arrivée de nouveaux clients ne déclenche pas de pensées automatiques ni d'anxiété.

• Troisième attente à la poste, à la demande de sa mère : « *Quatre à cinq personnes remplissaient l'annexe. Eh bien, j'ai attendu... Ça s'est bien passé... Je me suis dit "je vais aller à l'autre poste pour ma collection de timbres". Là, quinze personnes attendaient... Je n'ai pas insisté...* » L'attente semble trop longue et difficile...

• Quatrième attente dans le magasin de vidéos : « *Il y avait la queue... J'ai fait la queue, puis j'ai demandé à récupérer mon ordinateur, pour ne pas attendre trop longtemps.* » Jacqueline finit par écourter l'attente. Pour quelle raison ?

Réponses aux questions sur l'exposition de Jacqueline	Oui / Non
A-t-elle fait une exposition « pure » (et non une exposition pour faire quelque chose) ?	**Non**
L'exposition a-t-elle fait monter son anxiété nettement mais sans excès ?	**Non**
S'est-elle préparée avec la relaxation ?	Non
A-t-elle utilisé le contrôle respiratoire ?	Oui, en prévention
A-t-elle fait un repli (en cas d'anxiété trop forte) ?	Oui
A-t-elle obtenu l'habituation ?	Non, parce qu'elle arrête l'exposition lorsque l'anxiété monte
Pour conclure : redoute-t-elle toujours autant la situation à laquelle elle s'est exposée ?	Oui, probablement

Jacqueline a le sentiment d'avoir fait un grand pas, parce qu'elle a réussi à faire une exposition qui lui avait semblé impossible pendant de nombreuses semaines, mais…

Évaluons la méthode et les résultats :

Thérapeute : *Comment expliquez-vous que vous ayez trouvé la force de vous engager ?*
Jacqueline : *Je ne sais pas, peut-être par mon intérêt, ça me concerne moi. Peut-être que je l'ai fait plus facilement qu'un ordre ou une obligation.*
Thérapeute : *En d'autres termes, vous voulez dire « le sentiment d'être libre » ?*
Jacqueline : *Oui, oui.*

• **Points positifs** :

Jacqueline affronte délibérément plusieurs situations redoutées.
Le simple fait de s'engager volontairement inactive ses pensées automatiques au début de l'exposition.

Jacqueline trouve que l'une des attentes est trop difficile : elle s'esquive, mais elle reprend l'exercice un peu plus tard. Cela peut être considéré comme une pause (repli) et non un évitement.

• **Points douteux :**

L'objectif de Jacqueline est autant de faire des courses que de s'exposer. Par conséquent, son attention est partiellement distraite de l'observation et de la gestion de son anxiété.

Son anxiété ne monte jamais au cours de cette exposition.

Elle est calme au cours de la dernière attente, mais... elle fait en sorte de « *ne pas attendre trop longtemps* ». Est-elle pressée ? Évite-t-elle finalement le risque de se sentir mal, comme Bernard la première fois qu'il a passé le pont autoroutier ?

Commentaire

Finalement, **la méthode de Jacqueline ne lui permet pas de conclure pourquoi l'exposition s'est bien passée**. Elle connaît pourtant très bien cette méthode. Alors pourquoi ne l'a-t-elle pas appliquée jusqu'au bout, pourquoi n'a-t-elle pas osé :

– Faire la queue sans chercher à faire des courses en même temps ?

– S'exposer aux pensées qu'elle redoute pendant l'exposition physique (penser « *quelqu'un attend derrière moi* »), et traiter l'anxiété si elle monte ?

Elle n'a pas osé car cela lui est encore trop difficile. Pour deux raisons :

– Le contrôle respiratoire la soulage mal.

– Elle n'est pas encore habituée aux sensations qu'elle éprouve dans une file d'attente.

Point important

L'exemple de Jacqueline nous montre que lorsque les expositions aux situations d'agoraphobie sont prématurées, elles ne rassurent pas. *Mettez les chances de votre côté* : désensibilisez-vous aux sensations de la panique avant de vous exposer aux situations d'agoraphobie.

Nous venons d'étudier plusieurs types d'exposition. Vous constatez que les situations sont très différentes, mais que la méthode d'exposition et d'analyse des résultats est toujours la même. Et maintenant, à vous !

Je construis des expositions aux situations que je redoute

La méthode d'exposition est toujours la même :

– Préparation de l'exercice.

– Exposition proprement dite.

– Évaluation de la méthode et des résultats.

Préparation

Prenez le cahier, consultez votre liste graduée de situations, et choisissez une situation modérément gênante (60 % maximum selon vos estimations – voir « Apprenez à mesurer votre anxiété », p. 91).

Faites l'analyse fonctionnelle pour préciser vos peurs, vos comportements problèmes et leurs conséquences.

Tout le travail de préparation consiste à passer d'un scénario catastrophe à un scénario constructif réaliste pour faire face. **Prenez bien le soin de vérifier que vous arrivez à imaginer comment vous allez vous comporter pour faire face aux paniques, avant de vous exposer**. Vous avez deux armes principales pour cela, le contrôle respiratoire et l'habituation.

Réalisation

Les différents exemples vous ont montré comment vous pouvez vous exposer à différentes situations en combinant relaxation, contrôle respiratoire et habituation. Le tableau ci-dessous en récapitule les principes généraux.

Types de situations affrontées et suggestions de techniques d'exposition

Type de situation	Exemples	Techniques d'exposition
« Tout ou rien » bref (la durée de l'exposition n'est pas totalement contrôlable)	Ascenseur, conduite sur pont, trajet en bus	*Préparation* • Relaxation progressive • Imagination chez soi et à pied d'œuvre pour faciliter l'habituation *Réalisation* • Contrôle respiratoire • Exposition avec relaxation isométrique • Expositions répétées de façon rapprochée pour développer l'habituation
« Tout ou rien » prolongé (la durée de l'exposition n'est pas contrôlable)	Train, avion	*Préparation* • Relaxation progressive • Imagination à pied d'œuvre pour faciliter l'habituation *Réalisation* • Contrôle respiratoire • Durée pour développer l'habituation • Relaxation isométrique si nécessaire

Type de situation	Exemples	Techniques d'exposition
Progressif bref (la durée de l'exposition est totalement contrôlable)	Marcher sur un pont	*Préparation* • Relaxation progressive • Stratégie de pauses pour faciliter l'habituation (et remplacer le passage en force et la fuite) *Réalisation* • Contrôle respiratoire • Pauses pour retour au calme si nécessaire • Répétition de l'exposition pour habituation • Relaxation isométrique si nécessaire
Progressif prolongé (la durée de l'exposition est totalement contrôlable)	Supermarché S'éloigner d'un lieu de sécurité en marchant ou en conduisant	*Préparation* • Relaxation progressive • Stratégie de pause pour faciliter l'habituation (et remplacer le passage en force et la fuite) *Réalisation* • Contrôle respiratoire • Pauses pour retour au calme si nécessaire • Reprise de l'exposition pour habituation

Évaluez votre exposition

Utilisez toujours la grille d'analyse pour interpréter votre exposition. C'est un instrument simple qui vous permettra de vous imprégner facilement de la méthode.

Nos exemples montrent que cette étape fondamentale est souvent négligée. Le but d'une exposition n'est pas seulement de dire « cela s'est bien passé » ou « cela s'est mal passé », mais de comprendre pourquoi une exposition est constructive ou pourquoi elle a été difficile.

C'est cette connaissance réaliste qui :

– remettra en cause les pensées automatiques qui sont ancrées dans votre mémoire,

– vous permettra de savoir que vous pouvez faire face efficacement,

– vous permettra de généraliser vos progrès.

Reprenez au besoin les exemples de Bernard, Inga et Jacqueline pour bien comprendre l'importance de ce travail.

Récapitulation des techniques comportementales pour faire face

Les exercices présentés vous ont-ils permis de croire que vous pouvez faire face en contrôlant votre respiration et en développant l'habituation ? J'espère que oui. Mais vous ne le saurez qu'en essayant !

Vérifiez avant cela que chaque point de la méthode est clair pour vous.

Utilisez le tableau de la page 172, relisez les *points importants* qui concluent les exemples présentés et réfléchissez bien à ce que je vais récapituler maintenant.

Le but d'une exposition comportementale est de déclencher l'anxiété, mais à un niveau acceptable pour oser attendre l'habituation. Trois moyens permettent de limiter la montée de l'anxiété : la relaxation (progressive avant l'exposition, isométrique pendant l'exposition), le contrôle respiratoire (qui prévient et traite les paniques) et, en cas de nécessité, les pauses ou replis temporaires.

Vous construirez de bonnes expositions si vous avez une vue d'ensemble sur les techniques comportementales pour faire face. Voici un schéma qui tente de les résumer :

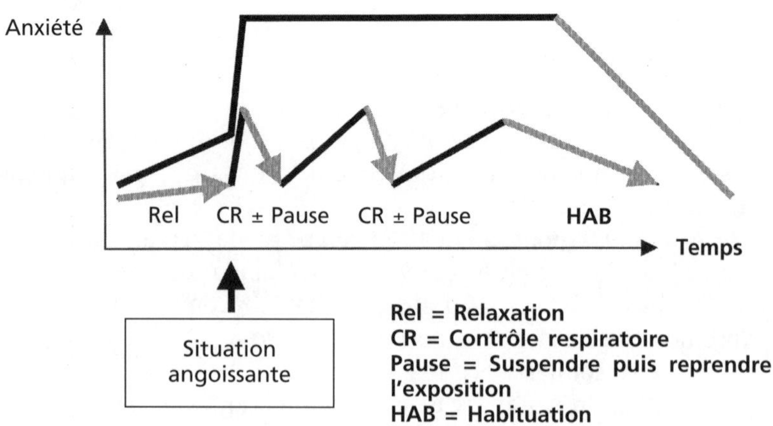

La partie supérieure du schéma montre le phénomène d'habituation tel que vous le connaissez. Mais un obstacle peut rendre la pratique de l'exercice difficile.

C'est l'intensité de l'anxiété éprouvée. En effet, si celle-ci est trop forte, le sujet ne supportera pas d'attendre, et il s'enfuira. Dans ce cas, l'exposition est aversive au lieu de favoriser la désensibilisation. C'est la raison pour laquelle il est très important de commencer par s'exposer à des sensations ou des situations qui déclenchent une anxiété modérée.

La courbe en zig-zag montre l'évolution de l'anxiété au cours d'une exposition combinée aux techniques de relaxation, de contrôle respiratoire et de pauses. Cette combinaison doit être utilisée à chaque fois que l'on s'expose à une anxiété importante, comme celles de Bernard et de Sophie, ou à une situation difficile, complexe et très longue, comme celle d'Inga.

- La **relaxation** permet de se préparer et d'affronter la situation avec un calme qui retarde le déclenchement d'une panique éventuelle, et cela laisse plus de temps pour contrôler sa respiration si l'anxiété doit monter fortement.
- Le **contrôle respiratoire** permet de limiter l'anxiété à un niveau acceptable, et l'on peut l'utiliser autant de fois que nécessaire pour atteindre le moment de l'habituation, qui se caractérise par une chute automatique de l'anxiété (non due au contrôle respiratoire, ni à un effort de rationalisation du danger).
- Les **pauses**, lorsqu'elles sont possibles (cas d'une exposition progressive), permettent de revenir à un niveau d'anxiété acceptable et de reprendre l'exposition dans de bonnes conditions. Les pauses se différencient des évitements parce que l'on sait que l'on va reprendre l'exposition pour obtenir l'habituation, au lieu de fuir pour être soulagé.

Ces trois techniques facilitent l'apparition de l'objectif principal d'une exposition, qui est l'habituation.

Pour faire face aux paniques,
je mesure et je gère mon anxiété,
je refuse d'éviter et je refuse de passer en force.

La relaxation m'aide à me préparer, le contrôle respiratoire limite l'anxiété que j'éprouve pendant l'exposition, la pause m'aide aussi (si je reste en difficulté malgré le contrôle respiratoire). Tout cela facilite l'apparition de l'habituation, qui est le véritable objectif d'une exposition et le traitement de la phobie.

J'ai ainsi toute une gamme de réponses à appliquer, et je monte ou je descends la gamme en fonction de la difficulté que je rencontre.
Lorsque je fais face, je ne quitte pas une situation pour aller mieux, j'en sors parce que je me sens mieux, grâce à l'habituation.

**Pour devenir plus sûr(e) de moi,
je vérifie toujours que mes progrès sont dus au contrôle respiratoire et à l'habituation et non au hasard,
et j'enregistre les résultats de mon travail sur le carnet de bord.**

Vous avez remarqué que le scénario d'une exposition est toujours le même.

Une bonne habituation aboutit à une disparition progressive de l'anxiété, pendant les expositions et lorsqu'on les anticipe. Tant que ce n'est pas le cas, répétez l'exercice suffisamment longtemps et assez souvent pour obtenir cet effet bénéfique.

Une progression lente ne signifie pas résistance (relisez l'exemple de Sophie). Si vous avez l'impression de ne pas y arriver, commencez par vérifier que vous appliquez bien toutes les recommandations pour vous exposer efficacement.

Point important

Beaucoup de résistances à la thérapie comportementale sont dues à :
- une analyse insuffisante des difficultés que l'on doit affronter,
- une tendance à brûler les étapes après quelques réussites au début du traitement,
- des « compromis » pour gérer l'anxiété (c'est-à-dire la persistance d'évitements),
- une évaluation confuse des résultats obtenus.

D'autres résistances sont dues à la peur de s'exposer, qui est au cœur des paniques et de l'agoraphobie. Si c'est votre cas, le chapitre suivant devrait vous aider à vous préparer.

CHAPITRE 9

Les méthodes cognitives pour faire face

« *Le rôle de la thérapie cognitive est de tester si une situation particulière caractérisée comme dangereuse est vraiment dangereuse.*[1] »

Place des techniques cognitives pour faire face

Pensez au fumeur qui envisage d'arrêter, mais qui n'arrive pas à se décider. Il se dit que c'est plus fort que lui, ou que ce n'est pas si grave que cela s'il fume « cette fois ». Et puis, un jour, il se décide : il s'est produit une réflexion qui lui a permis d'envisager et de faire ce qu'il croyait encore impossible quelques heures plus tôt. Cette motivation est le fruit d'une réflexion plus ou moins consciente qui est un travail cognitif.

Notre objectif est de rendre ce travail conscient en appliquant des méthodes précises.

En réalité, votre *travail cognitif* a commencé bien avant l'achat de ce livre, lorsque vous avez décidé de rechercher des informations pour faire face.

Au point où nous en sommes, nous avons déjà utilisé les *techniques cognitives* pour :

• vous informer de façon réaliste sur les problèmes qui vous dépassent (première partie),

1. Beck A. T., Emery G., Greenberg R., *op. cit.*, p 98.

• vous aider à prendre conscience des mécanismes qui entretiennent le cercle vicieux des paniques et de l'agoraphobie (analyse fonctionnelle),

• vous aider à mémoriser vos succès pour faire face aux paniques (avec le contrôle respiratoire et les expositions).

Mais il se peut que vous éprouviez des difficultés importantes pour vous exposer, ou que vos succès vous rassurent peu ou pas. Dans ce cas, la lecture de ce chapitre devrait vous aider à surmonter ces difficultés.

La thérapie cognitive agit sur deux grandes cibles : les pensées de danger et de menace, et le sentiment de ne pas pouvoir faire face par soi-même.

Les pensées des paniques et de l'agoraphobie

Les histoires personnelles des patients qui souffrent de trouble panique et d'agoraphobie sont très différentes. Et pourtant, leur pensée exprime toujours les mêmes prédictions et les mêmes conclusions, quelles que soient les circonstances. C'est parce qu'elle obéit à des règles rigides, à un **mécanisme de raisonnement particulier**.

Pour illustrer ce mécanisme, on peut prendre l'image d'un **filtre** (si je regarde le monde avec des lunettes grises, tout est gris ou noir; il n'y a pas de blanc) ou d'une **glace déformante** (qui me renvoie une image déformée, allongée ou élargie, quelles que soient ma stature et ma corpulence).

Le mécanisme de raisonnement des paniques et de l'agoraphobie filtre et déforme, en vous laissant voir ce qu'il programme dans votre logique : le pire.

Les mécanismes de raisonnement caractéristiques du trouble panique-agoraphobie sont comparables à ce filtre ou cette glace déformante. On les appelle « **distorsions cognitives** ». Nous reviendrons sur ce point un peu plus tard, à propos d'un exemple.

Trois techniques cognitives pour me préparer à m'exposer

Nous allons focaliser nos efforts sur deux cibles : « décatastropher » et augmenter la confiance en soi pour faire face.

Je commence par préciser le scénario catastrophe

Dans la logique des paniques et de l'agoraphobie, la crainte de la catastrophe (mourir, perdre le contrôle de soi, devenir fou) est intimement liée à la conviction de ne pouvoir faire face par soi-même ou/et à la honte que l'on éprouverait devant les autres.

Beaucoup de patients considèrent eux-mêmes que ces pensées sont excessives, et voudraient pouvoir les chasser, ou ne pas en tenir compte. Mais rien n'y fait et lorsqu'elles s'activent, ce sont elles qui chassent les pensées « raisonnables ».

Ainsi les pensées des patients souffrant de trouble panique-agoraphobie basculent entre deux extrêmes :

• Soit ils pensent « catastrophe ». C'est une pensée qui s'active dans certaines circonstances, une pensée assez générale, très catégorique, à l'opposé d'un raisonnement sur un risque réaliste ou sur les moyens de faire face.

• Soit ils pensent raisonnablement. Mais ces pensées, dites raisonnables, sont des généralités qui ne répondent pas à leur problème. Par exemple, se dire qu'il y a assez d'air dans un ascenseur ou un bus ne répond pas au problème posé à ce moment précis, et qui est : comment faire face à l'anxiété créée par le sentiment de manquer d'air ?

En résumé, les anxieux essaient de lutter contre leurs pensées générales avec d'autres pensées générales, qui ne répondent pas à leur problème. C'est la raison pour laquelle les « il faudrait » ou la méthode Coué sont inefficaces pour traiter les paniques et l'agoraphobie.

En précisant les scénarios catastrophes, nous comprendrons à quels problèmes réels vous êtes confronté(e). L'expression consacrée pour désigner **ce que l'on recherche est « le pire du pire »** qui pourrait advenir dans les circonstances redoutées. On y parvient avec la technique de « la flèche descendante[2] ». En voici un exemple, que nous reprendrons plus en détail un peu plus loin.

2. Cottraux J., *Les Thérapies comportementales et cognitives*, 2e édition. Masson, 1995, p. 100.

Exemple de flèche descendante

Questions	Réponses
Vous attendez pour traverser. Que redoutez-vous ?	*Être coincée au feu*
Vous êtes coincé(e), que redoutez-vous ?	*Une crise de panique*
...une crise de panique, que redoutez-vous ?	*Je ferai n'importe quoi*
Et ensuite ?	*J'aurai un accident*
Quelles seraient les conséquences de cet accident ?	*Ce serait que le SAMU vienne me chercher*
Pourquoi est-ce que ce serait aussi grave que le SAMU vienne vous chercher ?	*Monter dans un SAMU c'est la mort*

Qui aurait pu imaginer cette ultime conséquence ? C'est le questionnement, étape par étape, qui a permis de la mettre au jour. Cette recherche complète l'analyse fonctionnelle, en précisant comment la logique des paniques et de l'agoraphobie influence votre pensée. **La compréhension de la logique de votre anxiété est une étape incontournable**, c'est la *première pierre* de la thérapie cognitive. Elle vous permettra, en effet, de raisonner sur des points précis, au lieu d'utiliser des pensées générales inefficaces ou culpabilisantes.

Je réévalue la pensée catastrophique

Le principe de ce travail consiste à mettre en doute la réalité de la pensée anxieuse. Nous disposons pour cela de plusieurs moyens.

• Je recherche des arguments en faveur, et d'autres en défaveur, du scénario catastrophe

Commencez toujours par rechercher les arguments qui « justifient » votre croyance anxieuse. Ne négligez pas cette étape, même si elle vous semble *a priori* absurde. L'exemple de Sophie vous montrera que la pensée anxieuse s'affaiblit souvent lorsqu'on cherche à la préciser.

Vous trouverez ensuite des arguments qui contredisent votre pensée anxieuse. Les informations du premier chapitre et l'analyse fonctionnelle vous y aideront. Vos premières expériences de lutte contre la panique aussi. Ces arguments seront d'autant plus forts qu'ils répondront précisément à ceux de la logique anxieuse.

Exemple : remise en question de la croyance anxieuse « mon cœur va finir par lâcher »

Arguments en faveur de la croyance	**Arguments qui contredisent la croyance Réponses aux arguments en faveur...**
1er temps →	2e temps
	– Le cardiologue me dit que mon cœur est normal.
	– J'ai confiance en lui.
– Je suis au repos, mais mon cœur tape tellement fort qu'il va finir par lâcher.	– Le cœur est fait pour supporter des efforts importants, sinon la vie serait impossible, etc.

Cette technique est utilisée, de façon plus ou moins approfondie, dans tous les exemples présentés.

- **Je cherche d'autres scénarios possibles (la catastrophe est-elle aussi certaine que cela ?)**

Il existe des alternatives au scénario catastrophe. Même avant un traitement, il y a des jours où cela se passe moyennement ou même bien. Pour diminuer l'appréhension avant de vous exposer, vous verrez qu'il est utile d'envisager ces possibilités et d'évaluer leur probabilité de survenue, en la comparant à celle du scénario catastrophe. Vous verrez cela dans la plupart des exemples présentés, comme ceux de Sophie, de Djamila par exemple.

J'imagine concrètement comment faire face

Il vous semble encore impossible d'affronter le risque d'une panique (et de ses conséquences) dans certains contextes ?

Cet aspect du travail cognitif cible l'un des problèmes majeurs des paniques et de l'agoraphobie : être seul(e) pour s'exposer. Mais pour faire face, il faut avoir un plan crédible !

Vous connaissez et vous pratiquez déjà le contrôle respiratoire et des techniques de relaxation, vous savez qu'il faut s'exposer pour obtenir l'habituation.

C'est en évoquant les situations dans leurs détails que vous saurez comment vous exposer efficacement.

Ce travail est fait dans tous les exemples présentés.

La technique de solution de problème m'aide à trouver des solutions dans les cas difficiles

La technique de solution de problème aide à préparer certaines expositions parce qu'elle permet d'envisager le meilleur compromis entre plusieurs possibilités (quitte à choisir pendant l'exposition).

Nous verrons cette technique plus en détail avec l'exemple d'Hélène. En voici le principe.

• Premier temps : j'énumère les solutions possibles pour réagir

Pas de censure : je fais l'inventaire de toutes les solutions possibles sans préjuger de leur caractère utile ou réalisable.

• Second temps : j'évalue les avantages et les inconvénients de chaque solution

Pour chaque solution envisagée, ce travail se fait sur deux colonnes : l'une pour les avantages, l'autre pour les inconvénients. J'évalue ensuite l'importance de chacun de ces points.

Il y a des avantages et des inconvénients matériels, d'autres qui se réfèrent à mon autonomie, d'autres encore à mon sentiment de pouvoir faire face à mon anxiété.

Solution N° 1

Avantages	Inconvénients
–	–
–	–
–	

Comment faire concrètement ?

Faire face aux paniques et à l'agoraphobie vous posera des problèmes différents selon que vous vous trouverez seul(e) ou en présence des autres. Plusieurs exemples de travail cognitif vont vous montrer comment nous avons préparé des expositions, présentées au chapitre précédent.

Faire face seul(e) : oser affronter une situation d'isolement

Nous nous attaquons là à l'une des grandes peurs de l'agoraphobie. Cette croyance s'oppose évidemment aux expositions, en vous faisant croire qu'elles sont insurmontables.

Voyons avec quelques exemples comment le travail cognitif aide à se motiver et à se préparer à faire face.

▷ Hélène se prépare à s'exposer dans l'hypermarché (problème d'agoraphobie et trouble panique)

Posons des questions pour comprendre (observez bien l'attitude du thérapeute, dont les questions aident la patiente à réfléchir à son problème).

Premier temps : recherche de la catastrophe
Cherchons la logique de la pensée anxieuse

Hélène : *J'ai peur de m'évanouir, d'avoir un comportement incohérent.*
Thérapeute : ***Pourquoi** cette crainte ?*
Hélène : *Ça m'est arrivé une fois, il y a longtemps, la nuit, chez mes parents, on attendait ma sœur et mon beau-frère… la nuit, le souvenir des gendarmes annonçant l'accident, ça a déclenché l'angoisse, le trou noir (évanouissement).*

Réévaluons les risques de façon réaliste

Thérapeute : ***Pensez-vous que** vous risquez de vous évanouir pendant une crise de panique ?* [référence aux informations du premier chapitre sur les malaises avec ou sans perte de connaissance]
Hélène : *Peut-être pas de m'évanouir mais d'être mal au point de m'asseoir.*

Commentaire

Le simple fait de recentrer le problème sur le danger réel d'une panique a permis à Hélène de « décatastropher » : elle ne craint plus de s'évanouir, mais de se sentir très faible.

Elle ne laisse plus sa pensée faire l'amalgame entre une situation de stress intense susceptible de déclencher un malaise réel et une crise de panique commune.

Second temps : recherche d'une solution au problème posé

Cela a été détaillé dans « Hélène s'expose dans l'hypermarché ». Hélène est allée reconnaître les lieux avant de s'exposer, et elle a trouvé un banc au milieu du supermarché. Ce banc constituait une zone de repli d'accès facile pour faire une pause et reprendre son calme plus facilement, tout en prolongeant l'exposition pour obtenir l'habituation.

Commentaire

Hélène a facilement imaginé une solution pour faire face, et elle s'est exposée avec succès, comme vous avez pu le voir dans le chapitre précédent.

Un bref travail cognitif lui a permis de dédramatiser le risque et de se préparer à gérer efficacement son anxiété, afin d'éviter une panique et d'obtenir l'habituation.

▷ Djamila va prendre le train (problème d'agoraphobie et trouble panique)

Djamila est déjà capable de s'éloigner loin et longtemps de chez elle ; elle conduit, seule ou accompagnée, mais elle se *sent* encore incapable de prendre le train pour faire deux cents kilomètres (Bordeaux-Toulouse).

Observez l'attitude du thérapeute : il se borne à poser des questions pour comprendre et remettre en cause la logique du problème avec Djamila.

À la fin de cet exemple, nous allons chercher à identifier certaines erreurs de raisonnement caractéristiques des paniques et de l'agoraphobie, les fameuses distorsions cognitives.

Premier temps : recherche de la catastrophe

Djamila : « *Dans le TGV, on est enfermé... si j'ai mal au ventre, je ne pourrai pas aller aux toilettes...* »

Conséquence : « *Si j'ai une crise de panique, je ne pourrai pas la gérer.* »

Conséquence : « ***Il faudra me rapatrier en urgence.*** » (Cela lui est arrivé une fois, à Paris, où on lui a administré des tranquillisants avant de la rapatrier à Bordeaux.)

Comportement : Évite de prendre le train.

Deuxième temps : remise en question des croyances négatives

Il est important de poser les questions même si les réponses sont évidentes, parce que **les questions aident Djamila à réfléchir au problème**

de façon réaliste. Tenter de chasser les pensées automatiques sous prétexte d'évidence produirait l'effet inverse.

Thérapeute : ***Il n'y a pas de toilettes dans un TGV****?*
Djamila : *Si, il y a des toilettes.*
Thérapeute : ***Et vous vous sentez incapable de les trouver****?*
Djamila : *Si, je les trouverais.*
Thérapeute : ***Que redoutez-vous finalement****?*
Djamila : *De faire une crise de panique... et qu'on soit obligé d'appeler les urgences, comme à Paris.*

Trois questions mettent en évidence un scénario catastrophe qui rappelle une expérience vécue (mécanisme d'analogie ou généralisation), ce qui est assez fréquent.

Ce scénario permet aussi de préciser les vraies craintes, au lieu de rester dans un flou angoissant. La première question permet à Djamila de commencer à imaginer la situation de façon plus réaliste.

Troisième temps : envisager une alternative réaliste en se recentrant sur le présent

Thérapeute : *Au moment du voyage à Paris, vous étiez sévèrement déprimée. Vous alliez à un rendez-vous professionnel. Vous avez essayé de contrôler votre respiration. Ça vous a aidée mais vous avez continué à vous déplacer (métro, etc.) et l'habituation ne s'est pas produite, probablement à cause de la dépression.*
Est-ce qu'aujourd'hui *vous êtes dans les mêmes conditions?*
Djamila : *Non.*
Thérapeute : ***Y a-t-il une solution****?*
Djamila (en souriant) : *Que je ventile* [lentement] *ou que je prenne la poche et que j'attende.*
Thérapeute : *Bon, il y a des toilettes dans le TGV et vous sauriez les trouver. Et* ***vous vous sentez capable de contrôler votre respiration dans le TGV****?*
Djamila : *Oui.*
Thérapeute : *Imaginez : vous êtes dans le TGV, vous avez un embarras digestif,* ***est-ce qu'il va forcément dégénérer en panique****?*
Djamila : *Non.*
Thérapeute : ***Bon. Et c'est aussi grave que ça si vous avez un embarras gastrique dans le TGV****?*
Djamila : *Non.*

Des questions centrées sur les capacités d'adaptation de Djamila **dans le contexte** actuel lui permettent de « décatastropher » et de penser qu'elle peut faire face.

Préparation de l'exposition

Thérapeute : ***Si vous prenez le train, est-ce que vous vous sentez capable de faire ce que vous faites bien, depuis longtemps, en voiture****?*

Djamila : *Oui... mais pas pour aller à Paris* [note : 550 kilomètres environ].

Thérapeute : ***D'accord, Paris c'est un très mauvais souvenir, mais vous me parliez de prendre le train pour Toulouse*** [note : 200 kilomètres environ]*?*

Djamila : *Oui, je vais le faire.*

Résumé

Pour aider Djamila à s'exposer, nous avons :

– recherché le scénario catastrophe pour définir « le pire du pire »,

– discuté l'évidence (en cherchant des arguments en faveur et en défaveur de la pensée anxieuse – toilettes dans le TGV, capacité à faire face actuellement),

– envisagé un scénario pour faire face,

– évalué la « faisabilité » du scénario constructif.

En canalisant sa réflexion sur un contexte précis, elle a pu **dédramatiser** le risque de panique et d'incident digestif, **et penser qu'elle pouvait prendre le risque** de s'exposer, en utilisant les techniques comportementales pour faire face.

L'exposition s'est très bien passée. Elle s'est concentrée sur la gestion de son anxiété, et elle s'est rapidement habituée dans le train.

Revenons maintenant sur les mécanismes de raisonnement caractéristiques du trouble panique-agoraphobie. En prenant conscience de cet effet « glace déformante », vous prendrez plus facilement du recul sur votre logique anxieuse.

Voici un tableau qui résume les principales distorsions cognitives que l'on rencontre dans les paniques et l'agoraphobie. Il vous servira à les reconnaître dans les exemples présentés dans ce chapitre.

Tableau des principales distorsions cognitives du trouble panique-agoraphobie d'après Beck, Emery et Greenberg[3].

Ces distorsions cognitives anxieuses font référence à l'évaluation du danger et de la sécurité, et au sentiment de pouvoir (ou non) faire face dans certaines circonstances.

– **Maximalisation** du danger : pas de demi-mesure, c'est le pire qui est certain, la catastrophe.

– **Minimisation** de la sécurité et de la capacité à faire face au danger.

– **Généralisation** de certitudes angoissantes. Pour le trouble panique par exemple, ce sont au début des sensations cardiaques ou respiratoires précises, puis toutes les sensations cardio-respiratoires, et enfin c'est l'idée même du cœur qui déclenche la panique. Pour l'agoraphobie, ce mécanisme concerne l'incapacité à faire face seul(e), qui s'étend progressivement à de nombreuses situations.

– **Abstraction sélective**. Dans une situation donnée, cela consiste à sélectionner seulement les éléments menaçants (ceux qui prédisent la catastrophe) et à ignorer les éléments rassurants. Par ce biais, les pensées automatiques agissent comme des dictons météorologiques : on attend ce qui est prédit, et si la prédiction est vraie, on pense « je le savais bien ». Si au contraire la prédiction est fausse, on tend à l'ignorer. L'abstraction sélective fonctionne comme un filtre qui ne laisserait voir qu'une valeur, le noir.

– **Pensée dichotomique**. En ce qui concerne le danger, les pensées automatiques anxieuses fonctionnent en **tout ou rien** : si une situation n'est pas sûre à 100 %, alors elle est forcément dangereuse. Cela induit une recherche permanente de « preuves » de sécurité (par les conduites de réassurance).

Tout cela aboutit à une pensée stéréotypée et sans nuance. La pensée anxieuse ne fait plus la différence entre sentiment, impression, croyance et conviction. Tout devient conviction et le risque semble inacceptable.

3. Beck A. T., Emery G., Greenberg R., *op. cit.*, p. 34.

Identifions les erreurs de logique (distorsions cognitives) de Djamila

Sa logique active les distorsions cognitives, qui renforcent une pensée anxieuse sans preuve :

• Une exagération du danger (**maximalisation**) : dans le TGV, on est enfermé (donc) il n'y a pas de toilettes (donc) panique... (donc) rapatriement sanitaire.

• Une pensée en **tout ou rien** : si elle éprouve la moindre sensation digestive désagréable, c'est la catastrophe.

• Une **généralisation** : elle pense que ce qu'il lui est arrivé à Paris, lorsqu'elle était déprimée et obligée par son travail, va lui arriver si elle voyage aujourd'hui, alors qu'elle n'est plus déprimée, qu'elle choisit librement de s'exposer et qu'elle s'est bien préparée. De plus, elle pense que si elle a une panique, elle aura forcément une diarrhée subite.

• Une sous-estimation de sa capacité à faire face (**minimisation**) : elle se croit incapable de gérer son anxiété dans le train, alors qu'elle est tout à fait capable de le faire dans de nombreuses situations de la vie quotidienne.

Vous reconnaîtrez probablement très facilement l'effet sur vos pensées automatiques de la maximalisation du danger et de la minimisation de votre capacité à faire face !

▷ **Sophie se prépare à traverser une avenue au passage piétons, devant le feu de circulation (problème d'agoraphobie et trouble panique)**

Sophie a déjà fait des progrès très importants à cause de sa première série d'expositions (voir « Marcher seule dans la rue »). Elle a pu s'exposer, pendant les vacances, à des situations qu'elle évitait complètement et depuis très longtemps, comme emmener seule son neveu à la plage, faire de la bicyclette, faire seule quelques courses, etc.

Et pourtant, elle n'ose toujours pas traverser seule certaines rues ou avenues. Pour lutter contre ce grave handicap, elle me demande de l'aider à y réfléchir.

Tout le travail a été préparé par la technique de la flèche descendante. Cela consiste à rechercher méthodiquement ce que Sophie redoute le plus. Cette fois encore, vous allez constater l'importance du questionnement pour comprendre et remettre en cause la logique des paniques.

Nous précisons la « catastrophe » avec la flèche descendante

Thérapeute : ***Vous attendez au feu du centre ville pour traverser. Que redoutez-vous ?***
Sophie : *C'est l'idée d'être coincée au feu et d'être obligée d'attendre.*
Thérapeute : ***Imaginez : vous attendez et vous vous sentez coincée, que redoutez-vous ?***
Sophie : *Une crise de panique.*
Thérapeute : ***Vous attendez, vous vous sentez coincée, vous faites une crise de panique... qu'est-ce qui se passe à ce moment-là ?***
Sophie : *Je traverserai n'importe comment, je ferai n'importe quoi.*
Thérapeute : ***Et ensuite ?***
Sophie : *J'aurai un accident.*
Thérapeute : ***Quelles seraient les conséquences de cet accident ?***
Sophie : *Le pire du pire ce serait que le SAMU vienne me chercher.*
Thérapeute : ***Pourquoi est-ce que ce serait aussi grave que le SAMU vienne vous chercher ?***
Sophie : *L'impression que le SAMU c'est la mort,* ***monter dans un SAMU c'est la mort.***

Flèche descendante du passage piétons, selon Sophie

Attendre au feu pour traverser = coincée

↓

Crise de panique

↓

Je traverserai n'importe comment, je ferai n'importe quoi

↓

J'aurai un accident

↓

Le pire du pire, ce serait que le SAMU vienne me chercher

↓

Le SAMU c'est la mort

En résumé, traverser l'avenue = faire une panique = mourir

Relisez cet exemple en observant bien le rôle du thérapeute (texte en gras) : à chaque fois, il demande à Sophie quelles conséquences négatives pourrait avoir la pensée qu'elle vient de formuler, et ce jusqu'à la conséquence ultime. À aucun moment, il ne cherche à « la raisonner »!

Sophie est bien centrée sur son problème : elle est certaine que c'est cela qu'elle redoute. **Nous pouvons donc passer à la seconde étape du travail cognitif** : réévaluer les pensées négatives et élaborer un scénario constructif.

Résumé

Pour construire la flèche descendante, on se demande « Que se passerait-il si cela arrivait? » jusqu'à la catastrophe ultime. La flèche descendante explore « le fond » de la pensée anxieuse au lieu de chercher à contrer. C'est un moyen très puissant pour savoir contre quelles pensées l'on devra combattre, et pour prendre du recul sur la pensée anxieuse.

Imaginons un scénario idéal : cherchons une alternative possible à la catastrophe.

Cela va amener Sophie à constater qu'elle peut imaginer un scénario normal, comme tout le monde, même si elle n'y croit pas encore.

La méthode est toujours la même : des questions, encore des questions!

Thérapeute : ***J'attends au feu et?***

Sophie : *Le scénario idéal, c'est de ne pas attendre au feu.*

Thérapeute : *Oui, c'est pour cela qu'on se pose toutes ces questions.* ***Normalement, comment cela se passe?***

Sophie : *J'attends que les voitures s'arrêtent et je passe.*

Thérapeute : *Bien.* ***Est-ce que vous êtes obligée d'attendre longtemps?***

Sophie : *Je ne sais pas... quelques minutes... deux à trois minutes.*

Thérapeute : ***Trois minutes, cela vous semble raisonnable?***

Sophie : *Oui.*

Thérapeute : *Imaginons la situation : Sophie attend trois minutes et le feu passe au rouge; elle traverse, elle atteint le trottoir d'en face et elle continue son chemin.* ***Vous êtes d'accord avec ce scénario idéal?***

Sophie : *Oui.*

Évaluons les probabilités du scénario idéal et de la catastrophe.

Thérapeute : ***Est-ce que ce scénario, vous l'avez déjà vécu?***

Sophie : *Oui.*

Thérapeute : ***Est-ce qu'il vous paraît probable?*** *En pourcentage, vous estimez sa probabilité à combien?*

Sophie : *50 %.*
Thérapeute : ***Cela signifie que le scénario catastrophe n'est pas plus probable que le scénario idéal?***
Sophie : *Oui.*
Thérapeute : ***Oui, mais même 1 % de chances de mourir ou moins, vous ne voulez pas courir le risque, c'est cela?***
Sophie : *Oui.*
Thérapeute : *Vous avez raison. On va y réfléchir d'un peu plus près.*

Commentaire

Sophie réfléchit maintenant depuis plusieurs minutes à une situation de panique. Au début, elle « dansait un peu sur sa chaise ». Maintenant elle est plus détendue, elle arrive à réfléchir au problème que lui pose la traversée d'une rue. **Elle est en train de s'habituer à y penser** et sa pensée va devenir réaliste plus facilement.

Construisons un scénario réaliste pour faire face « au cas où »

Les questions du thérapeute sont toujours en caractères gras, pour souligner la technique employée.

Thérapeute : *Reprenons la flèche descendante au premier étage : une crise de panique se déclenche. Au point où vous en êtes de votre traitement,* ***est-ce que vous pouvez envisager d'autres conséquences que l'appel du SAMU?***
Sophie : *C'est l'idée qu'il faut fuir à tout prix... c'est vrai que pour traverser à cet endroit, il y a deux étapes... quand on se retrouve coincée sur le terre-plein au milieu... ça m'est arrivé plusieurs fois la panique à cet endroit-là, ça c'est le pire, là il n'y a pas d'issue, il n'y a pas la possibilité de revenir en arrière.*
Thérapeute : ***Et dans un scénario positif, qu'est-ce qui se passe?***
Sophie : *Je retrouve mon calme, donc je peux attendre sur ce plot.*
Thérapeute : ***Comment est-ce qu'on retrouve son calme, si on démarre une attaque de panique?***
Sophie : *Par la ventilation* [c'est-à-dire le contrôle de la respiration]... *ça m'aide beaucoup la ventilation.*
Thérapeute : ***Pensez-vous que si vous n'êtes pas très à l'aise avant de traverser, si vous ventilez, vous pourrez neutraliser la crise de panique?***
Sophie : *Oui, je pense.*
Thérapeute : ***Est-ce que vous pensez que si vous traversez après avoir***

pris du temps pour vous habituer à l'idée de le faire, ça vous aiderait encore mieux à contrôler la panique?
Sophie : *Oui, je pense.*

Commentaire
L'idée d'attendre à un feu, et de traverser sans panique catastrophique, est devenue plausible. En imaginant les détails de la situation, Sophie pense que dans l'état actuel des choses, elle peut contrôler son anxiété, comme elle le fait déjà en d'autres circonstances. Mais avant de passer à l'action, nous allons reprendre chaque étage de la flèche descendante.

Évaluons la probabilité d'appel du SAMU ou d'une autre solution
Nous reprenons la flèche descendante, encore plus bas, pour explorer la logique du pire. Nous cherchons pour cela à **imaginer très précisément la scène redoutée**.

Thérapeute : ***Imaginons que vous abordiez un passage clouté avec les précautions suivantes :***
Pas de plot central.
Préparation par habituation, en déambulant tranquillement dans le quartier, tout en pensant à l'exercice, jusqu'au moment où il devient plus facile de l'envisager [Sophie a déjà fait cela lorsqu'elle a réussi à aller marcher dans la rue la première fois : elle s'était d'abord habituée dans le jardin de sa résidence].
Exposition avec contrôle respiratoire si l'anxiété devient menaçante.
Dans ces conditions, vous estimez le risque de panique à quel pourcentage?
Sophie : *25 %. Je sais qu'il est faible, mais enfin quand je vis une panique, il est fort.*
Thérapeute : *Dans ces conditions, vous estimez le risque de SAMU à combien?*
Sophie : *5 % des 25 %.*
Thérapeute : *C'est-à-dire que le risque d'appeler le SAMU, si vous traversez, est à peine plus de 1 %.* ***Bon, mais revenons dans la situation : une attaque de panique modérée, une traversée courte, pas de plot central?***
Sophie : *C'est peu probable, c'est sûr.*
Thérapeute : ***C'est peu probable, mais imaginons que quelqu'un ait appelé le SAMU. Il leur faut combien de temps pour arriver?***
Sophie : *Je ne sais pas... dix minutes.*

Thérapeute : ***Dix minutes. Est-ce que vous seriez encore en attaque de panique?***
Sophie : *J'ai l'impression que ça ira mieux.*
Thérapeute : ***Alors, est-ce que vous vous sentiriez capable de leur dire*** *: « On vous a appelés pour moi, mais j'ai fait une attaque de panique qui est en train de passer? »*
Sophie : *Je peux quand même arriver à le penser.*
Thérapeute : ***Est-ce que vous auriez imaginé pouvoir le penser il y a une heure?***
Sophie : *Non...*

Commentaire

À l'issue de cette réflexion, Sophie pense qu'elle peut prendre le risque d'attendre à un feu, puis de traverser. Elle va pouvoir le programmer.

Nous pouvons maintenant préparer l'exposition

Sophie s'exposera après un bon repérage des rues avoisinantes, afin de pouvoir s'y détendre si nécessaire. Elle traversera l'avenue quatre ou cinq fois, en évaluant le niveau de son anxiété avant et après chaque traversée, afin d'enregistrer l'habituation progressive (anticipation de plus en plus facile). Au total, l'exercice doit durer une demi-heure.

Un dernier point important : Sophie était terrorisée à l'idée de traverser une avenue avec un plot central. Elle commencera par un passage sans terre-plein central. Elle met les chances de son côté en décomposant la difficulté !

Résumé du travail cognitif effectué

Dans un premier temps, la flèche descendante précise ce que Sophie redoute : « *Le SAMU c'est la mort.* » Untel craindrait de se faire écraser et de devenir handicapé, et dépendant des autres jusqu'à la fin de ses jours, un autre encore serait terrorisé à l'idée de causer un accident... Pour traiter vos peurs, il faut commencer par les connaître.

Dans un second temps, nous réfléchissons à la situation de façon réaliste (risques réels, solutions possibles) en reprenant la réflexion à chaque étage de la flèche descendante. Pour cela, nous nous posons des questions concrètes, nous nous astreignons à envisager plusieurs possibilités parce que, **au départ de la réflexion, la pensée anxieuse s'exprime en tout ou rien** : la catastrophe est certaine et totale, et elle ne laisse place à aucune alternative (lorsque je demande à Sophie d'envisager un scénario idéal, elle répond : « *Le scénario idéal, c'est de ne pas attendre au feu* »).

• Ainsi nous avons :
– précisé les pensées catastrophiques,
– ébranlé la logique anxieuse,
– élaboré une conduite réaliste pour faire face.

Notez bien que c'est Sophie qui a fait tout le travail ! C'est elle qui a trouvé les solutions, qui a estimé leur vraisemblance et sa capacité à faire face.

Cherchons les erreurs de raisonnement de Sophie (distorsions cognitives)

– Exagération du danger (maximalisation) : crise de panique = SAMU, SAMU = mort.

– Tout ou rien (pensée dichotomique) : si cela ne se passe pas parfaitement bien, la catastrophe est certaine.

– Sous-estimation de la capacité actuelle à faire face (minimalisation) : faire n'importe quoi, ne pas savoir prévenir la crise ni la gérer, si elle se déclenche.

> **Point important**
>
> Le questionnement du thérapeute a aidé Djamila et Sophie à se concentrer sur leurs peurs dans un contexte précis, et sur la façon dont elles pourraient faire face *aujourd'hui*, avec les méthodes dont elles avaient déjà vérifié l'efficacité. C'est cela qui leur a permis de remettre en cause la logique des distorsions cognitives et de prendre confiance dans leur capacité à s'exposer.

Isabelle : « *La prochaine fois je vais y passer.* » (problème de trouble panique sans agoraphobie)

« *La psychologie du "paniqueur" est un peu le miroir de celle du joueur, qui pense "la prochaine fois, je vais me refaire." Le paniqueur, lui, pense "la prochaine fois, je vais y passer". Le but du travail cognitif est d'ébranler puis de relativiser cette conviction.*[4] »

Isabelle sait déjà contrôler sa respiration efficacement, mais le simple fait d'entendre ou de penser le mot « cœur » déclenche une panique. Tous les soirs, lorsqu'elle se couche, elle « *essaie de ne pas y penser* »

4. Hume *in* Mac Nally R. J., *op. cit.*, page 123.

mais elle sent son cœur battre dans sa poitrine, et tous les soirs elle fait une attaque de panique !

La catastrophe ? Mourir d'un arrêt cardiaque. Nous avons cherché à comprendre, puis à ébranler la logique de cette croyance (chercher des preuves, puis réévaluer le risque de façon réaliste) afin de **préparer Isabelle à tester la croyance réaliste en s'exposant** (voir « Je ne peux pas penser à mon cœur » dans le chapitre précédent).

Isabelle était très motivée pour faire ce travail, parce qu'elle n'en pouvait plus de vivre dans la terreur tous les soirs.

Des questions…

Cherchons la logique de la pensée catastrophique (pourquoi, comment ?)

Thérapeute : *Si je comprends bien, lorsque vous vous couchez le soir, vous craignez de vous endormir parce que votre cœur pourrait s'arrêter pendant votre sommeil ?*

Isabelle : *Oui.*

Thérapeute : *Qu'est-ce qui vous fait penser comme cela ?*

Isabelle : *Lorsque je me couche, je sens mon cœur qui tape très fort… ce n'est pas normal… plusieurs fois, je me suis réveillée brutalement avec le cœur qui battait très fort, et j'avais l'impression qu'il allait exploser.*

Thérapeute : *Nous avons vu qu'il s'agissait de crises de panique, n'est-ce pas ?*

Isabelle : *Oui, j'avais aussi beaucoup de mal à respirer…*

Thérapeute : *Est-ce que ce sont ces sensations qui vous font craindre de mourir ?*

Isabelle : *Oui, oui, ce n'est pas normal d'avoir le cœur qui tape comme ça…*

Nous mettons en évidence une pensée sans preuve

Thérapeute : *Est-ce que vous en avez parlé à votre médecin ?*

Isabelle : *Oui, il m'a dit que c'était de la tétanie…*

Thérapeute : *C'est-à-dire ?*

Isabelle : *Un manque de calcium et de magnésium… il me dit que ce n'est pas grave, mais…*

Thérapeute : *Que pense-t-il de votre cœur ?*

Isabelle : *Rien. Il pense que ça va bien.*

Thérapeute : *Et vous, qu'en pensez-vous aujourd'hui ?*

Isabelle : *Que ce n'est pas normal que mon cœur batte comme ça…*

Thérapeute : ***Mais croyez-vous vraiment que vous pouvez en mourir**?*
Isabelle : *Non, mais... **ça pourrait finir par m'arriver**.*
Thérapeute : *Récapitulons : vous avez parlé de vos sensations extrêmement désagréables et inquiétantes à votre médecin, il vous a examinée, et il vous a dit qu'il ne craignait pas que votre cœur « lâche » au cours d'une de ces crises. Et pourtant, cela ne suffit pas à vous rassurer.*
Isabelle : *Non.*

Travaillons sur le lie : sensation◄►pensée automatique◄►anxiété

Thérapeute : *Je vous observe depuis qu'on parle de tout cela, et vous semblez assez mal à l'aise. Est-ce que vous ressentez des choses désagréables ?*
Isabelle : *Oui, je préfère penser à autre chose. Quand j'en parle, ça me rappelle ces moments...*
Thérapeute : *Vous voulez dire que le simple fait de vous en souvenir déclenche des sensations désagréables ?*
Isabelle : *Oui.*
Thérapeute : *Qu'est-ce que vous ressentez en ce moment ?*
Isabelle (moment d'hésitation, respiration forte) : *Mon cœur...*
Thérapeute : *Votre cœur ?*
Isabelle hésite, respire fortement, se tortille sur sa chaise...
Thérapeute : *Donc le fait de penser à ces moments peut déclencher un malaise ?*
Isabelle (idem) : *Oui.*
Thérapeute : *Est-ce que le simple fait de penser à votre cœur déclenche la même chose ?*
Isabelle : *Oui.*

Réévaluons le risque de façon réaliste (c'est une crise de panique, et non une crise cardiaque)

Thérapeute : *Est-ce que vous croyez vraiment qu'on peut déclencher une crise cardiaque, et en mourir, seulement parce qu'on y pense ?*
Isabelle : *Non.*
Thérapeute : *Est-ce que ce que vous ressentez ressemble à un début de crise de panique ?*
Isabelle : *Oui.*
Thérapeute : *Est-ce que vous savez traiter vos crises de panique ?*
Isabelle : *Oui...*
Thérapeute : *Est-ce que vous pensez que vous risquez d'en mourir maintenant ?*
Isabelle : *Non.*

Thérapeute : *Donc, il y a quelques instants, comme lorsque vous vous couchez, vous pensiez à un risque ou à des sensations qui vous inquiètent, qui peuvent déclencher une crise de panique et qui vous font craindre d'en mourir.*
Mais vous pensez maintenant que vous ne risquez pas d'en mourir, c'est bien ça ? Et vous savez que si vous contrôlez votre respiration, ces symptômes et cette angoisse vont disparaître ?
Isabelle : *Oui.*

Isabelle a bien réévalué le problème : elle pense que ces symptômes sont des sensations d'anxiété, qu'elle ne risque pas d'en mourir maintenant, et qu'elle doit lutter contre son anxiété.

Construisons un scénario réaliste pour prendre le risque et faire face

Thérapeute : *Alors, je vous propose de parler du cœur et des symptômes qui vous mettent mal à l'aise ; cela va déclencher l'anxiété, mais on essaiera de continuer pour obtenir l'habituation. Si c'est trop difficile, vous me ferez signe et on fera une pause pendant laquelle vous ralentirez votre respiration pour vous décontracter, puis on reprendra l'exercice... Est-ce que cela vous paraît possible ?*
Isabelle : *Ça va être dur.*
Thérapeute : *On fera en sorte de ne pas passer en force. C'est vous qui me direz si on peut continuer ou non ; je ne ferai que vous accompagner. On y va ?*
Isabelle : *Oui.*

Résumé du travail cognitif effectué par Isabelle

Ce travail lui a permis de passer progressivement de la logique des paniques à une logique réaliste :

• ne plus focaliser son attention sur le risque de mourir à cause de sensations cardiaques anormales,

• comprendre que tout va mal parce qu'elle pense que tout va mal – et que le malaise en question est une crise de panique et non une crise cardiaque,

• penser qu'elle peut gérer son anxiété,

• prendre le risque de s'exposer à la pensée et aux sensations redoutées.

Cette réflexion constituait en soi une exposition comportementale à l'anxiété : **y penser c'est s'exposer**. C'est au cours de ce travail qu'elle a pu penser au pire et commencer à s'y habituer mentalement. Nous en avons eu la preuve lorsqu'elle a donné le feu vert pour l'exposition comportementale (prononcer les mots et les pensées qui déclenchaient les paniques jusqu'à obtenir l'habituation).

Recherchez les distorsions cognitives d'Isabelle

Isabelle pense « *Ce n'est pas normal, je vais en mourir* » lorsqu'elle sent son cœur battre. En pensant ainsi, elle tire une conclusion sans preuve, oubliant qu'elle ressent cela depuis des années, qu'elle peut faire des efforts sans éprouver de gêne cardiaque, et que l'examen de son cœur reste normal, etc.

Vous savez maintenant que ce sont ses erreurs de jugement, ses distorsions cognitives qui entretiennent ses croyances de catastrophe et les paniques.

Entraînez-vous à reconnaître les distorsions cognitives d'Isabelle avant de continuer cette lecture. Cela vous aidera à reconnaître les vôtres et à prendre du recul sur vos mécanismes de jugement.

Distorsions cognitives d'Isabelle	**Oui**	**Non**
Maximalisation		
Minimisation		
Généralisation		
Abstraction sélective		
Pensée dichotomique		

Voir réponses en annexe, page 245.

Le questionnement aide à corriger l'effet « glace déformante » des distorsions cognitives

Maximalisation, généralisation et abstraction sélective transforment une sensation anodine (sentir son cœur battre) en menace de mort imminente.

À cause de la minimisation, Isabelle pense qu'elle ne pourra jamais affronter ses pensées négatives et ses sensations.

Revoyons quelles questions lui ont permis de remettre en cause cette façon de voir les choses :

Maximalisation et généralisation
Qu'est-ce qui vous fait penser comme cela ?
Est-ce que ce sont ces sensations qui vous font craindre de mourir ?
Est-ce que vous en avez parlé à votre médecin ? Que pense-t-il de votre cœur ?
Mais croyez-vous vraiment que vous pouvez en mourir ?
Est-ce que vous croyez vraiment qu'on peut déclencher une crise cardiaque et en mourir seulement parce qu'on y pense ?
Est-ce que vous pensez que vous risquez d'en mourir maintenant ?
Minimisation
Est-ce que vous savez traiter vos crises de panique ?
Et vous savez que si vous contrôlez votre respiration, ces symptômes et cette angoisse vont disparaître ?

Ce questionnement (qu'il faut prendre comme une suggestion de questionnement et non comme un modèle) aide progressivement Isabelle à dédramatiser ses sensations et à penser qu'elle va pouvoir s'exposer volontairement aux mots et aux sensations de la panique. Ce travail s'appelle une **restructuration cognitive.** Cette restructuration cognitive ne cherche pas à l'influencer. Ni à lui imposer une quelconque « vérité scientifique ». Lorsqu'elle imagine ou lorsqu'on lui présente une autre interprétation du phénomène, le thérapeute vérifie seulement qu'elle y adhère.

Quel est l'impact de la thérapie cognitive sur les pensées anxieuses ?

Prenons l'exemple d'un patient qui vient demander une thérapie pour une phobie de l'avion. Je ne peux évidemment pas lui dire que l'avion qu'il va prendre ne va pas s'écraser. Je peux l'aider à prendre un risque, en lui demandant combien d'avions de la compagnie qu'il a choisie sont tombés au cours des dix dernières années. Et s'il a une idée du nombre d'avions que cette compagnie a affrétés. S'il me demande si je crois vraiment que son avion ne va pas tomber, je réponds que j'ai connu cinq personnes décédées dans différents accidents d'avion, et qu'avant de prendre l'avion, j'essaie de ne pas choisir une compagnie trop « exotique » pour rester dans un risque raisonnable, parce que c'est tout ce que je peux faire.

Ce qui inquiète Isabelle, c'est de **ne pas être certaine que son cœur ne la trahira pas un jour**... Ce type d'inquiétude n'est pas exceptionnel dans le trouble panique, et il pose deux problèmes :

La question de la preuve. Les techniques cognitives ne prouvent rien[5] : avoir fait cent attaques de panique sans anomalie cardiaque ne prouve pas que l'on ne mourra pas pendant une panique. Mais on peut dire que les cardiologues ne redoutent pas spécialement un accident cardiaque en cas de trouble panique.

Rappelez-vous que la thérapie cognitive permet seulement d'évaluer une situation de façon réaliste, pour **prendre des risques acceptables et vérifier que cela augmente notre sentiment de sécurité et de maîtrise vis-à-vis de l'anxiété** (le problème réel est l'anxiété, faut-il le rappeler ?)[6].

Les questions sans réponse. Isabelle sait que son cœur est en bonne santé et ne demande pas à être rassurée de façon excessive à ce sujet, mais... elle pense qu'elle serait soulagée si l'on pouvait l'assurer qu'elle ne mourra pas d'une attaque de panique. Mais c'est une question sans réponse. Une question sans réponse est une question que l'on ne peut tester. Dans ce cas, la thérapie cognitive a deux objectifs :

Aider Isabelle à **évaluer de façon réaliste et à accepter son « risque cardiaque » actuel** (qui est celui d'une femme d'une quarantaine d'années en bonne santé et sans facteur de risque particulier aux dires de son cardiologue).

Accepter aussi qu'aucun thérapeute ne lui prédira rien sur les circonstances de sa mort. C'est une question existentielle très importante mais sans réponse, à cause de la façon dont elle se pose : Isabelle aimerait avoir une garantie que l'on ne peut lui donner. Nous avons vu avec Bernard que ce type de questionnement peut entretenir le trouble panique[7].

Lorsque les questions sans réponse reviennent trop souvent, elles génèrent un autre type d'anxiété que les paniques, appelée « anxiété généralisée » (elle se traduit par des soucis exagérés et des tensions persistantes).

Dans tous les cas, le premier objectif de la thérapie cognitive est d'identifier le problème avec une analyse fonctionnelle.

5. Mac Nally R. J., *op. cit.*, p. 123
6. Beck A. T., Emery G., Greenberg R., *op. cit.*, p 98.
7. Voir « Bernard a peur d'avoir une maladie grave », p. 71.

Faire face devant les autres

Dans ce cas, l'objectif est double : **faire face à la honte** de faire une panique (ou de ses conséquences) devant les autres, et **faire face à la panique**.

Le travail consiste donc à accepter l'idée et la gêne d'avoir à contrôler sa respiration, ou encore de respirer dans une poche en public, pour traiter la crise si nécessaire.

Cet aspect social du problème gêne beaucoup de paniqueurs. C'est pourquoi je vous présente maintenant quelques exemples d'expositions en public, qui ont été préparées par un travail cognitif motivant.

▷ Hélène craint « de faire n'importe quoi » à la caisse du supermarché (problème d'agoraphobie pour trouble panique)

Hélène évite totalement de faire la queue devant une caisse. Elle se sentirait honteuse si elle avait une attaque de panique devant des inconnus.

Cet exemple montre **comment l'on réévalue les pensées négatives, et comment l'on applique la solution du problème**.

Pourquoi une aussi forte honte ? Recherchons le pire

Hélène : *Je ne peux pas m'imaginer qu'ils se disent « elle a un malaise et c'est tout ».*
Thérapeute : *Qu'est-ce que cela signifie pour vous ?*
Hélène : *Ça va loin,* [cela signifie] *quelqu'un qui ne sait pas se tenir... surtout ne pas dire et montrer qu'on est malade, pas bien.*
Thérapeute : *Pourquoi ?*
Hélène : *Je ne sais pas... ce n'est pas bien d'être toujours malade, on ne peut pas compter sur vous.*
Thérapeute : *Et au pire ?*
Hélène : *Ma grande crainte c'est d'être hystérique... je pense à une voisine qui a été internée à l'hôpital psychiatrique après être sortie en se déshabillant.*

Évaluation réaliste du sentiment de honte (décatastropher)

Thérapeute : *C'est aussi grave que ça, de faire une crise de panique en public ?*
Hélène : *Non, je me dis que finalement ça fait partie des choses, mais que j'aurais beaucoup de mal à prendre une autre position.*

Thérapeute : *Imaginons le pire : vous attendez, vous ressentez des signes de panique après quelques minutes, vous contrôlez votre respiration, mais c'est difficile. Vous éprouvez le besoin de vous asseoir par terre, et les gens vous regardent.*

À partir de ce scénario, on peut poser plusieurs questions à Hélène. Vous remarquerez que ces questions n'évitent pas « le pire ».

Questions	Objectif recherché	Réponses
Êtes-vous certaine qu'ils penseraient que vous êtes hystérique ?	Réévaluer la croyance	Non, pas du tout.
Peuvent-ils penser autre chose, par exemple que vous avez un malaise et besoin d'aide ?	Recherche d'autres interprétations possibles	Oui, c'est possible.
Si cela arrivait à quelqu'un devant vous, penseriez-vous qu'il fait un malaise, ou du cinéma pour se faire remarquer ?	Inversion de rôle : cela permet de se « distancier » du problème	Non…
Admettons que quelqu'un pense que c'est une honte de se comporter comme ça, est-ce une raison pour avoir honte de soi, et fuir au lieu de traiter la crise de façon rationnelle ?	Critique rationnelle de la pensée anxieuse	Non, mais ce serait pénible.

Résumé

À l'issue de la réflexion, Hélène pense que :

• même en cas de panique, elle ne risque pas de se déshabiller devant tout le monde (elle ne fait plus l'amalgame entre ce qu'elle a observé une fois et ce qu'il pourrait lui arriver),

• les gens réagiront probablement de façon positive, comme elle le ferait,

• tout le monde peut faire un malaise et que ce n'est pas honteux.

Cela l'aide à se motiver pour s'exposer.

Cherchons une solution réaliste (solution de problème)

Dans un premier temps nous envisageons les **différentes solutions possibles** :

1. Vous vous repliez dans un endroit où l'on peut facilement contrôler sa respiration et attendre le retour au calme, avant de reprendre la queue.

2. Vous insistez, mais en informant les gens sur ce qu'il vous arrive, et sur ce que vous faites : vous contrôlez votre respiration pour ralentir le cœur qui s'emballe et calmer un malaise. Vous expliquez que ce n'est pas grave, et qu'il est inutile d'appeler au secours.

3. Vous fuyez… (voir conséquences dans le chapitre consacré à l'analyse fonctionnelle, p. 85).

4. Vous restez coûte que coûte… (voir conséquences dans le chapitre cité ci-dessus).

Nous évaluons ensuite pour **chaque solution ses avantages et ses inconvénients**, et son **caractère réalisable.**

En voici un exemple :

Solution 1 : je me replie vers le banc en cas de panique

Avantages et degré d'importance	Inconvénients et degré d'importance
Je peux m'asseoir si je me sens faible. Important	*Les gens vont s'étonner si je quitte la queue.* Peu important
Je serai plus à l'aise pour contrôler ma respiration. Important	*Cela va me faire rester plus longtemps dans le supermarché.* Risque d'anxiété, peu important si l'on sait contrôler
Je contrôlerai la crise plus rapidement et plus efficacement. Très important	
Cela me permettra d'attendre plus facilement que l'habituation s'installe. Important	

Commentaire

Hélène pense que les avantages de cette solution l'emportent nettement sur les inconvénients (aucun inconvénient ne lui semble rédhibitoire), et qu'il vaut mieux faire une pause en se repliant pour faciliter l'habituation que fuir ou essayer de passer en force (ce qui maintiendrait le cercle vicieux). Dans un premier temps, il lui semble plus facile de se replier ainsi que de chercher à expliquer aux autres clients ce qu'il lui arrive.

Elle réfléchit ensuite au risque de la « catastrophe », devoir s'asseoir sur place, en disant à l'entourage « *ne vous inquiétez pas, il suffit que je contrôle ma respiration et le malaise va passer; il est inutile d'appeler du secours* » :

Solution 2 : en cas de panique je m'assieds sur place et j'explique...

Avantages et degré d'importance	Inconvénients et degré d'importance
Je peux m'asseoir avant de me sentir trop faible. Important	*Je fais remarquer aux gens que je vais mal.* Très important
Je serai plus à l'aise pour contrôler ma respiration. Important	*Ils vont me critiquer.* Peu probable et finalement pas très grave
Je contrôlerai la crise plus vite. Important	
Ce n'est pas une honte de faire une panique. Très important	

Commentaire

Hélène a réévalué ses pensées négatives. Elle se dit maintenant que :

Une panique ne l'a jamais obligée à s'asseoir sur place, même lorsqu'elle ne savait pas contrôler sa respiration.

Une attaque de panique est très différente d'un malaise vagal, et ne devrait pas l'obliger à s'asseoir (ce qu'elle a ressenti lors de l'annonce de l'accident).

Elle a déjà expérimenté l'efficacité du contrôle respiratoire, et une panique grave lui semble improbable si elle s'expose méthodiquement.

La « solution de problème » lui a permis de choisir la première solution (*je me replie vers le banc en cas de panique*), en réservant la seconde au cas où elle n'arriverait pas à contrôler son anxiété, ni à marcher vers le banc.

Hélène peut maintenant planifier l'exposition

Elle sait comment elle va gérer son anxiété. Elle ne pense plus avoir à se forcer ni à fuir; elle commencera par contrôler sa respiration; en cas de difficulté, elle pourra choisir de se replier ou d'expliquer la situation à l'entourage (faire face à la honte).

L'exposition s'est bien passée. Elle s'était déjà habituée dans le magasin, lorsqu'elle s'est dirigée vers les caisses. Elle a contrôlé sa respiration en prenant la queue (bien centrée sur la gestion de l'anxiété). Elle n'a pas éprouvé le besoin de se replier, ni de s'asseoir. Et elle a bien mémorisé qu'elle pouvait le faire !

Djamila va conduire avec un passager (problème d'agoraphobie pour trouble panique)

Djamila évite absolument de conduire avec des passagers. Elle craint d'avoir une panique et/ou un embarras digestif. Et comme Hélène, elle craint la honte et le jugement des autres.

Premier temps : Djamila précise ce qu'elle redoute

C'est le risque d'avoir un embarras digestif et une crise de panique devant sa collègue Lucie.

Djamila sait faire face efficacement aux crises de panique depuis longtemps, mais elle pense toujours à la honte d'avoir une crise en présence de certaines personnes. Elle digère mal, au sens propre du terme, cette appréhension et elle sent qu'elle risque un embarras digestif très gênant (au pire une diarrhée subite), autre source de honte.

Finalement, Djamila craint le **rejet ou le mépris, à cause de la panique et de l'embarras digestif qui semblent à ses yeux indissociables.**

Deuxième temps : elle réévalue les risques de façon réaliste

Voici les questions que nous nous sommes posé :

1. La diarrhée subite et incontrôlable s'est produite une fois devant les autres, à cause d'une intoxication, et n'a pas déclenché de panique ni de honte. S'est-elle reproduite depuis lors, malgré le trouble panique ? Non, jamais. Mais Djamila se sent souvent obligée de se précipiter aux toilettes au début d'une crise de panique, parce qu'elle interprète ses sensations comme un embarras digestif vrai.
2. Serait-ce réellement aussi grave de faire une crise de panique devant Lucie ?
3. Et si oui, pourquoi ?
4. Existe-t-il des arguments contre cette façon de voir les choses ?
5. Serait-ce aussi grave d'avoir un embarras digestif devant Lucie ?
6. Et si oui, pourquoi ?
7. Existe-t-il des arguments contre cette façon de voir les choses ?

Troisième temps : elle recherche une solution à son problème

Revoyez le détail de la méthode employée dans les exemples qui précèdent. Le but de la réflexion est de définir comment Djamila pense pouvoir faire face en pratique.

Djamila conclut qu'elle pourra probablement gérer la situation, **si elle s'autorise à dire** à Lucie qu'elle peut avoir besoin de s'arrêter pour souffler, que c'est un bon moyen pour gérer son agoraphobie. Si elle gère la panique dès les premières manifestations, elle n'aura pas de trouble digestif trop gênant. Au pire, elle dira qu'elle a une diarrhée subite, parce qu'elle pense finalement que tout le monde peut comprendre cela, et elle s'arrêtera pour faire une pause et contrôler sa respiration.

« *Finalement, c'est très agréable de rouler à deux* », dit-elle après l'exposition !

Résumé

Le travail cognitif a permis à Djamila de :

– dédramatiser les conséquences sociales d'une panique et/ou d'un embarras digestif,

– canaliser sa réflexion sur la façon de faire face, vis-à-vis du risque de panique et vis-à-vis de l'autre.

Les exemples d'Hélène et de Djamila montrent qu'en osant gérer une éventuelle panique devant les autres, elles évitent de passer en force. Oser traiter une attaque de panique devant les autres, c'est une manière *d'ouvrir la porte* pour faire face, au lieu de croiser les doigts pour qu'il n'arrive rien.

Pourquoi est-il utile de prendre conscience des distorsions cognitives ?

Vous venez de constater que des personnes différentes, qui souffrent du même trouble, activent les mêmes mécanismes de raisonnement dans certaines circonstances. Cette activation est instantanée, et elle ne dépend pas du contrôle de la volonté ; c'est pour cela que Beck a parlé de « pensées automatiques » pour désigner les pensées qui en résultent.

Deux précisions importantes : ni la pensée anxieuse, ni ses règles ne sont fausses. Mais elles sont trop rigides à cause des distorsions cognitives, qui lui font toujours sélectionner les mêmes interprétations, et confondre des situations banales avec des situations réellement dangereuses (confondre l'anxiété avec la menace).

Les règles de cette logique d'alarme ont été apprises et mémorisées (au cours de l'éducation et/ou à l'occasion d'événements stressants) afin d'être utilisables instantanément. C'est le but de tout apprentissage. Lorsqu'on a appris à conduire, on n'a plus besoin de réflé-

chir pour freiner instantanément, ou donner un coup de volant en cas d'urgence (on parle souvent, à tort, de « réflexes », mais il s'agit de comportements appris). Un apprentissage normal ne fait pas freiner devant le feu vert au cas où il passerait au rouge. La pensée anxieuse fait freiner devant le feu vert...
Si vous savez reconnaître les distorsions cognitives, vous saurez cibler les questions qui les remettent en cause. Cela vous aidera à prendre du recul sur la logique anxieuse, à faire face et à prendre conscience que vous pouvez faire face.

Reprenez l'exemple d'Isabelle, si tout cela n'est pas encore clair dans votre esprit. Entraînez-vous aussi sur les autres exemples. **Nous devons tous nous entraîner pour que certaines pensées deviennent des évidences, et certaines conduites des automatismes!**
En comprenant qu'elles sont le fruit d'un apprentissage, vous devriez mieux accepter de prendre du temps pour les désactiver et les remplacer par d'autres.

J'utilise les techniques cognitives pour réévaluer mes pensées catastrophiques[8] et prendre conscience de ma capacité à faire face lorsque je m'expose[9]

Nous avons déjà insisté longuement sur cet aspect du travail cognitif, tout au long du chapitre précédent. Actuellement, la plupart des chercheurs s'accordent pour construire des thérapies qui combinent les techniques comportementales et les techniques cognitives. C'est pour cela qu'après chaque exposition on propose un petit bilan; il permet de faire évoluer progressivement les pensées anxieuses vers des pensées plus réalistes et rassurantes[10]. Pour cela encore, **l'enregistrement de vos progrès sur le cahier** est un aspect essentiel du traitement.

8. Mac Nally R. J., *op. cit.* Les thérapies cognitives développées par Clark, Salkovskis et Beck sont la troisième grande méthode de traitement des paniques.

9. Barlow D. H., Cerny J. A., *op. cit.*

10. Mac Nally R. J., *op. cit.* L'auteur cite les travaux de Clark et Beck (1988) qui ont proposé des expériences à des paniqueurs : 1. Définitions de la pensée catastrophique du patient comme une prédiction empirique (vertige = accident vasculaire cérébral) et de la prédiction rationnelle du thérapeute (vertige = sensation désagréable) ; 2. Test de la prédiction avec exercice (hyperventiler assis et se lever brutalement).

Barlow D. H., *op. cit.* D. Barlow écrit p. 450 qu'il faut attaquer directement la panique par l'exposition et la réinterprétation des sensations, et pp. 448 et 460 qu'il faut réévaluer les peurs à la fin de chaque exposition.

Trois critères permettent d'évaluer l'évolution vers la guérison :
• La disparition des crises de panique (fréquence et intensité).
• L'évolution de vos comportements (remplacement des évitements et des passages en force par l'autocontrôle et l'habituation).
• L'évolution de vos croyances (diminution progressive de l'anticipation et de l'interprétation anxieuses des sensations et/ou des situations).

J'observe l'évolution de mes comportements et des paniques

C'est l'un des **meilleurs critères pour apprécier l'efficacité de votre traitement.** C'est la raison de l'insistance avec laquelle je vous ai répété ce conseil maintes fois. Mais rappelez-vous que la logique anxieuse lutte pied à pied contre ces nouvelles interprétations, et qu'elle cherchera toujours à les nier!

C'est la raison pour laquelle il est **toujours nécessaire de réfléchir aux résultats d'une exposition**, qu'elle soit programmée ou spontanée. Et **l'enregistrement de ces résultats sur votre carnet de bord (mémorisation de la capacité à faire face) constituera la preuve indiscutable de votre amélioration.**

Nous approfondirons ces questions au chapitre suivant, « La guérison et le maintien des progrès accomplis ».

L'union des techniques cognitives et comportementales

Le but des expositions comportementales est de vous libérer de l'emprise de ces interprétations automatiques qui agissent comme un filtre.

L'enregistrement réaliste de vos expositions vous aidera à modifier certaines distorsions cognitives tenaces.

Une méthode cognitive, très employée pour remettre en cause les croyances de « danger interne », consiste à s'exposer à une sensation redoutée, et à réévaluer sa croyance anxieuse à la fin de l'exposition, après avoir obtenu l'habituation. Selon D. Clark[11], certaines pensées, comme « *si mon cœur bat aussi fort, il ne va pas tenir le coup* », sont à l'origine des fausses alarmes qui déclenchent les paniques. À partir de ce postulat, l'objectif est d'aider le sujet à modi-

11. Mac Nally R. J., *op. cit.*
Cottraux J. écrit que D. Clark souligne que sa méthode peut représenter une forme d'exposition et d'habituation aux sensations de l'attaque de panique. Cela signifie que, même du point de vue d'un « cognitiviste », l'exposition aux sensations demeure un point incontournable du traitement. *In* Boulenger J.-P., *op. cit.*, 1987, p. 221.

fier sa croyance en utilisant une exposition. Celle-ci déclenche simultanément la sensation et la pensée anxieuse. Mais comme vous le savez maintenant, l'exposition progressive permet d'obtenir l'habituation à la sensation. C'est à ce moment-là que l'on propose au sujet de réévaluer sa croyance en la comparant à la pensée rationnelle, comme vous pouvez le voir dans le tableau suivant :

Cœur qui bat fortement	**Début d'exposition**	**Après habituation**
Force de la croyance anxieuse de 0 à 100 *Je vais avoir un infarctus.*	70 %	10 %
Force de la croyance rationnelle de 0 à 100 *Mon cœur bat fortement mais ce n'est pas grave.*	20 %	90 %

Cette question est évidemment l'un des objectifs essentiels du traitement.
Mais cette théorie ne permet pas de résoudre le cas des paniques spontanées, ni celui des paniques sans peur. Elle ne résout pas non plus le sentiment d'être incapable de faire face par soi-même, dans toutes les situations susceptibles de déclencher des paniques.

▷ **Djamila va prendre un avion et résider une semaine en Tunisie**

Ce dernier exemple récapitule les deux temps du travail cognitif : la préparation et l'interprétation d'une exposition.

Premier temps : préparation à l'exposition

Djamila est motivée pour partir… mais pas encore pour gérer son anxiété dans cette circonstance exceptionnelle. Ses vieilles pensées automatiques refont surface comme au premier jour. L'exemple « Inga va prendre l'avion pour l'Afrique » (p. 159) l'a aidée à comprendre comment construire une très longue exposition.

Consultation la veille du départ.
Djamila : *Si je pouvais, j'annulerais !*
Thérapeute : *Qu'est-ce qui vous empêche d'annuler ?*
Djamila : *Ne me dites pas ça !*

Thérapeute : *Qu'est-ce qui vous oblige à partir : l'argent dépensé, votre mère qui vous accompagne ? Préférez-vous partir parce que je vous dis qu'il faut le faire, ou parce que vous pensez que vous pouvez gérer votre anxiété ?*
Djamila : ...
Thérapeute : *Récapitulons : vous savez faire diminuer votre anxiété en contrôlant votre respiration, vous avez déjà obtenu l'habituation dans de nombreuses circonstances, et vous n'êtes pas déprimée. Pensez-vous réellement que vous n'allez pas arriver à faire face ?*
Djamila : *Si, mais je voudrais que vous me réexpliquiez comment faire.*
Thérapeute : *Vous allez considérer que* ***chaque phase du voyage est une exposition****. La première est l'arrivée à l'aéroport et la queue pour l'enregistrement. La deuxième est l'attente dans la salle d'embarquement, la troisième est le voyage en avion, etc.*
Vous utiliserez le temps que dure chaque phase pour contrôler votre respiration. ***Dans la salle d'embarquement, vous aurez assez de temps pour obtenir l'habituation****.*
Pensez à l'exemple d'Inga qui oublie d'observer méthodiquement son anxiété, et qui oublie le contrôle respiratoire. Alors ***préparez-vous à évaluer régulièrement votre anxiété pour la traiter si c'est nécessaire, et pour prendre conscience que le contrôle respiratoire et l'habituation sont efficaces****. Vous pensez pouvoir le faire ?*
Djamila : *Oui...*

Finalement, Djamila est prête à affronter et à gérer son anxiété :

– Elle a bien compris qu'elle devra se **concentrer sur l'observation de son niveau d'anxiété**, pour savoir comment s'adapter : contrôler sa respiration et/ou rechercher l'habituation en cas de difficulté.

– Elle a compris que l'anxiété d'Inga s'est parfois redéclenchée à cause d'une surprise (par exemple le changement de cap de l'avion au moment où il survole Alger), et qu'en **acceptant ce phénomène elle pourra faire face efficacement**.

– Elle a compris qu'une longue exposition doit être **divisée en plusieurs expositions successives** : par exemple l'arrivée à l'aéroport, l'attente dans la salle d'embarquement, le vol lui-même, l'attente pour les formalités douanières, etc., autant de situations susceptibles de faire remonter son anxiété, surtout si elle est fatiguée.

– Elle a compris qu'elle devra évaluer les résultats de son exposition en se posant **deux questions principales : Est-ce que j'ai bien appliqué la méthode ? Quel résultat ai-je obtenu ?**

Second temps : évaluation de l'exposition

Voici comment Djamila a enregistré son évolution à l'aller :

Heure	Lieu	Degré d'anxiété de 0 à 100	Durée de l'anxiété	Contrôle respiratoire / habituation
8h05	Voiture	45	3 minutes, plusieurs fois à la suite	Oui
8h35	Attente au comptoir du voyagiste	0 puis 40	idem	Oui
9h30	Salle d'embarquement	35 puis 45 puis 0 en regardant le couloir accordéon qui mène à l'avion.	Idem	Oui puis habituation
10h30	vol	0	0	habituation
13h30-14 h	Découvre en débarquant qu'il faut prendre le car pendant une demi-heure.	60		Prend Xanax® 0,25 mg, car se sent fatiguée et pense avoir des difficultés pour faire face. Contrôle sa respiration puis habituation.

Pendant le séjour, elle s'est exposée en prenant le taxi quotidiennement pour aller en ville (trajets de dix minutes par forte chaleur). La première course a été difficile, et Djamila a dû contrôler sa respiration tout le temps. Mais chaque jour c'était un peu plus facile, et elle n'a éprouvé aucune appréhension avant et pendant les derniers trajets.

Évolution au retour :

Heure	Lieu	% anxiété	Durée anxiété	Contrôle respiratoire / habituation
14h15	Hôtel avant de prendre le car (avec des troubles digestifs à cause d'une «tourista[12]»)	70	30 minutes	Oui, puis habituation complète jusqu'au retour au domicile.

12. Infection digestive temporaire très fréquente chez les touristes.

Aucune anxiété pendant le reste du voyage : « *les doigts dans le nez jusqu'à l'arrivée* ». Malgré les troubles digestifs dus à la tourista et l'absence de toilettes dans le car, Djamila décide de le prendre : « *Au pire, je leur demanderai de s'arrêter.* » Elle compte sur l'efficacité du contrôle respiratoire, et ne songe même pas à prendre un tranquillisant.

Commentaires de Djamila : lisez-les bien parce que chaque phrase compte.

« *J'ai bien compris maintenant... chercher l'habituation avant d'enchaîner le passage d'une situation à une autre. Je me suis concentrée sur le travail et j'ai rempli ma feuille d'auto-observation... Dans la salle d'embarquement, je me suis concentrée sur le* « *couloir de la mort* » *et je me suis imaginée dans l'avion.*

Pendant le vol, j'ai pas laissé tomber – si on n'avait pas préparé, j'aurais ventilé au début et laissé tomber le reste du temps et ça aurait été la « *cata* »*... Quand on est arrivées là-bas c'était gagné...*

Finalement, la Tunisie avec le car et les taxis régulièrement, ça m'a vraiment permis de dédramatiser... La peur que j'ai, c'est de laisser trop de temps avant un autre voyage. »

Tout est dit : Djamila s'est motivée pour faire une exposition « pure » à l'occasion d'un voyage. Elle a accepté son anxiété et l'a gérée de façon efficace. Elle a pu se sentir bien pendant plusieurs jours très loin de chez elle. Et maintenant, elle pense réellement qu'elle pourra improviser pour faire face dans d'autres circonstances. Sa thérapie touche à sa fin.

Résumé du travail cognitif

Les différents exemples de ce livre vous ont montré comment l'on structure une thérapie cognitive. Ce travail se fait en plusieurs temps :

• **Avant de vous exposer aux sensations ou aux situations redoutées**

1) **En vous informant** sur ce que sont les paniques et l'agoraphobie, leurs conséquences réelles et les traitements psychologiques possibles. C'est l'objectif du premier chapitre de ce livre.

2) En vous apprenant à **comprendre votre problème, avec l'analyse fonctionnelle,** qui vous montre que vos comportements de réassurance et d'évitement entretiennent le cercle vicieux des paniques et de l'agoraphobie.

3) En vous apprenant à « décatastropher » pour **vous motiver pour faire face.**

4) En vous aidant à **imaginer des solutions adaptées et à les tester pour faire face efficacement.**

Ces deux derniers points ont fait l'objet du présent chapitre.

• **Pendant et après les expositions (intimement liées aux techniques comportementales)**

5) En **réévaluant les pensées anxieuses, testées par des expositions bien construites.**

Ce point a fait l'objet du précédent et du présent chapitre.

6) **En évaluant régulièrement votre niveau de progression avec des critères objectifs.** Ce point a été souligné tout au long du précédent chapitre.

Y penser c'est s'exposer, s'exposer c'est y penser : la boucle est bouclée pour faire face.

CHAPITRE 10

Je construis mon traitement

Nous avons abordé les différentes phases d'une thérapie comportementale et cognitive. Vous avez maintenant assez de connaissances pour faire face efficacement, mais il est important de mettre tout cela en place méthodiquement.

L'objectif d'une thérapie est de vous permettre de traiter les paniques et d'ébranler les deux types de croyances qui vous font souffrir et qui vous handicapent :

- l'attente de catastrophe (danger interne),
- le sentiment d'être incapable de faire face, au cas où...

Mais faire face aux paniques ne consiste pas seulement à essayer de contrôler votre respiration, ni à vous exposer de façon désordonnée. Vous avez vu avec les exemples de Jacqueline (voir p. 129, « Jacqueline pense que son essoufflement est bien inquiétant, Jacqueline risque de faire la queue dans des magasins p. 168 ») **qu'il est très important de hiérarchiser ses expositions, et de commencer par développer l'habituation aux sensations avant de s'exposer à des situations de la vie quotidienne.**

Plan de traitement

Je m'informe sur ce que sont les paniques et l'agoraphobie.

J'apprends le contrôle de la ventilation.

Je choisis les cibles du traitement en m'aidant de la liste de situations évitées :

- Augmenter mon autonomie.
- Augmenter ma capacité à faire face aux paniques.

Je fais l'analyse fonctionnelle de mes difficultés-cibles en commençant par les moins difficiles :

- La peur des mots.

– La peur des sensations.

– La peur des situations.

Je prépare mes expositions, je m'expose :

– Je définis mon objectif.

– Je précise le scénario négatif (pensées redoutées, évitements divers, conduites de réassurance).

– Je construis le scénario positif (évaluation réaliste des risques; autocontrôle et habituation).

– Si j'ai du mal à élaborer un scénario constructif, je fais un travail cognitif (motivation, solution de problème).

– Je prépare mon exposition : je repère les lieux, je répète mentalement la méthode d'exposition.

– Je m'expose en respectant la hiérarchie (sensations de panique avant situations d'agoraphobie).

– J'enregistre l'évolution de mon anxiété à chaque étape.

– Je gère l'anxiété (contrôle respiratoire, ou pause, ou habituation).

J'évalue l'exposition pour clarifier et mémoriser les progrès accomplis :

– Ai-je bien hiérarchisé les sensations et les situations?

– Ai-je bien observé l'évolution de mon anxiété?

– Ai-je utilisé le contrôle respiratoire? Si oui, avec quelle efficacité?

– Ai-je testé l'effet du contrôle respiratoire après une hyperventilation?

– Est-ce que je l'applique pour prévenir et traiter les paniques?

– Est-ce que je l'applique suffisamment longtemps en cas de panique?

– Est-ce que j'observe l'évolution de mes paniques depuis que j'applique le contrôle respiratoire?

– Est-ce que ma méthode d'exposition permet de développer l'habituation?

– Est-ce que je fais le point après mes expositions pour en évaluer la méthode en fonction des résultats?

Je recommence l'exercice jusqu'à l'obtention d'une bonne habituation et d'une anticipation facile, ou je travaille sur une nouvelle situation.

Est-ce que j'arrive à généraliser les progrès ou dois-je m'exposer à d'autres exercices?

Le tableau suivant vous permettra de lire, ou de relire, certaines parties du livre au fur et à mesure de votre progression dans le traitement, et en fonction des principales difficultés que l'on peut rencontrer. Cela vous aidera à appliquer la meilleure méthode pour faire face.

Tout cela prend du temps, alors soyez patient(e) et vous en serez récompensé(e) !

Trouble panique	**OBJECTIFS**	**Agoraphobie**
Crises de panique **pp. 14, 239** Trouble panique **pp. 32, 240** –	**Je fais le diagnostic de trouble panique** **Je fais le diagnostic d'agoraphobie**	– Agoraphobie **Partie pp. 42, 241**
Particularités des paniqueurs **pp. 46-51**	**Je m'informe sur les paniques et l'agoraphobie**	Particularités des agoraphobes **p. 50**
Analyses fonctionnelles de paniques **pp. 61-72**	**Je construis mes analyses fonctionnelles pp. 80-87**	Analyses fonctionnelles d'agoraphobie **pp. 73-77**
	Je hiérarchise les cibles du traitement p. 95	
pp. 228-229 –	**J'enregistre l'évolution de mes paniques et de mes craintes** **J'enregistre l'évolution de mon agoraphobie et de mes craintes**	– **p. 229**
pp. 97-106	**Je traite mes crises de panique**	–
	Je me relaxe Relaxation progressive pour me préparer à m'exposer **pp. 109-113** Relaxation isométrique pendant une exposition **pp. 113-115**	
–	**J'apprends à décatastropher pp. 179-181** **Flèche descendante pp. 180, 189** **Distorsions cognitives p. 178, pp. 198-199**	–
Aux sensations redoutées **pp. 194-199**	**Je me motive pour m'exposer**	Aux situations, seul(e) **pp. 183-200** En présence des autres **pp. 201-207**

Trouble panique	OBJECTIFS	Agoraphobie
Aux mots de la panique **pp. 123-128** Aux sensations de la panique **pp. 129-138** –	**Je m'expose** Tableau principe d'une exposition comportementale **p. 121** **Je prends conscience de ma capacité à faire face** **pp. 208-212** **J'entretiens mes progrès** **p. 223**	Aux situations redoutées en imagination **p. 148** en réalité **pp. 138-176** Tableau résumant la construction d'une exposition comportementale **pp. 172-173**
Je cherche à m'habituer aux sensations de la panique **pp. 129-138**	**J'ai du mal à traiter les crises de panique**	–
	Je m'expose mais je n'ai toujours pas confiance en moi	–
–	Conditions pour obtenir l'habituation **p. 120** Critères d'une exposition comportementale **p. 121** Évaluation après une exposition **p. 140**	–
–	**Je n'ose pas m'exposer** Préparation en imagination **p. 148**	–

TROISIÈME PARTIE

La guérison et le maintien des progrès

CHAPITRE 11

Quatre évolutions caractéristiques

Des études qui ont duré jusqu'à huit ans après une thérapie ont montré que le maintien des progrès est une question essentielle[1]. Je vais essayer maintenant d'illustrer ce problème.

Abordons tout d'abord la question de la guérison. Est-ce que guérir signifie : ne plus faire de paniques, ne plus être agoraphobe ? Quatre exemples vont vous montrer comment l'on s'oriente vers la guérison, et comment l'on répond à cette question.

▷ Hélène a complètement guéri

Avant sa thérapie, Hélène[2] était totalement dépendante, ne pouvant sortir seule de chez elle. Elle a rapidement contrôlé sa respiration de façon efficace, mais elle restait anormalement sensible à l'anxiété et modérément déprimée. Un traitement antidépresseur par Prozac® a amélioré son état et lui a permis de construire ses exercices d'exposition avec une bonne méthode. En les répétant et en abordant progressivement des exercices de plus en plus difficiles, elle obtient une habituation dans toutes les situations qui la handicapaient. Cela lui permet de progresser jusqu'à la guérison.

Après sept mois de traitement, elle maîtrise les situations qu'elle redoutait le plus : aller seule dans un supermarché ou attendre le bus, déjeuner au snack, etc.

Après neuf mois, elle peut improviser des expositions difficiles (par exemple, s'immerger dans une foule pour flâner dans un village inconnu).

1. Practice Guideline for the Treatment of Patients with Panic Disorder. *op. cit.*
2. Hélène : vertiges, sinusite et paniques, p. 25.

Au bout d'un an, elle fait très clairement la part des choses entre fatigue « objective » (en cas de sinusite par exemple) et fatigue « anxieuse » : « *Je me suis dit c'est de la fatigue, je ne risque pas de tomber... la fatigue elle ne passe pas, mais j'arrive encore à débloquer la sensation de panique et de malaise.* » Et malgré de grosses crises de sinusite, « *aucun problème d'agoraphobie nulle part* ». Elle a même participé à des randonnées en montagne, en traitant toute seule sa peur du vide comme elle a traité son agoraphobie.

Huit ans après, Hélène est toujours guérie. Et son trouble anxieux n'est pas remplacé par un autre trouble[3].

Malgré cette guérison (absence de paniques, absence d'agoraphobie), Hélène constate qu'une pensée d'alarme anxieuse peut encore lui traverser l'esprit. Mais elle est aussitôt neutralisée par une autre pensée, comme : « *La fatigue ne passe pas mais j'arrive encore à débloquer la sensation de panique et de malaise.* » Cela signifie qu'**Hélène a encore des pensées anxieuses, comme tout le monde, mais elle n'y croit plus**.

Ces anticipations anxieuses sont devenues de plus en plus rares, et Hélène a même fini par se rendre compte qu'elle pouvait vivre *naturellement* certaines situations (par exemple, se baigner seule sur une plage presque déserte), surprise que tout cela se fasse automatiquement et sans effort.

Hélène a atteint l'objectif idéal d'un traitement :

– Elle ne subit plus d'attaques de panique, ne redoute et n'évite plus aucune situation (à cause de l'agoraphobie) ; sa guérison est stable.

– Elle accepte que des pensées automatiques lui traversent l'esprit.

– Elle accepte de gérer ces pensées et l'anxiété si cela est nécessaire.

Le point important de sa guérison est l'acceptation du risque d'anxiété, et la pensée que l'on peut y faire face : « *Si cela m'arrive, c'est de l'anxiété, voilà comment je vais faire pour la traiter.* »

▷ Bernard, un quasi-guéri qui s'ignorait et qui dépendait de son « psy »

Dès le début du traitement, il s'est exposé à la conduite automobile (voir « Bernard attend au feu rouge en voiture ») p. 148 ; à partir de la sixième semaine, il s'est exposé à la foule dans les supermarchés, en pleine période de Noël ! Et après six mois, il a traversé plusieurs fois de suite le

3. Certains psychanalystes prétendent que, selon leur théorie, le traitement du symptôme (l'angoisse, la phobie) est inutile, et que d'autres symptômes apparaîtront si l'on ne traite pas le « cœur » de la névrose. Toutes les études cliniques faites depuis la fin des années soixante montrent que cette conception est erronée.

pont autoroutier en voiture (voir « Bernard va conduire sur le pont suspendu » p. 150), puis en bus (en se préparant tout seul). Après huit mois de traitement, Bernard a repris son travail et traverse tous les jours le grand pont suspendu pour rentrer son bus au dépôt.

La guérison du trouble panique-agoraphobie a permis la guérison d'une dépression modérée, mais Bernard a conservé deux difficultés :
– une fatigabilité importante sans cause médicale identifiable,
– une sensibilité importante aux sensations physiques de panique.

Par conséquent, il a souvent recommencé à prendre un comprimé de Xanax® 0,25 mg avant d'aller travailler, car cela l'aidait à se décontracter plus rapidement. Ces faibles doses l'ont aidé à s'exposer méthodiquement (au début de la thérapie, il avait pu se sevrer progressivement de ce médicament, qu'il prenait alors à 3 mg par jour ou plus, depuis plusieurs mois). Bernard a maintenu ses progrès en appliquant régulièrement la méthode comportementale, et en insistant sur trois points essentiels :

– Il utilise souvent le contrôle respiratoire pour prévenir les paniques, surtout lorsqu'il commence son travail.

– Il se relaxe chez lui lorsqu'il se sent exagérément tendu.

– Il accepte de se réexposer régulièrement à des situations déjà maîtrisées, comme la tombée rapide de la nuit en hiver, ou les jours de grande pluie ou de brouillard, et, d'une façon générale, aux retours de vacances ou de longs week-ends.

Pour maintenir sa guérison, **Bernard a accepté d'entretenir son habituation aux sensations de la panique par des exercices réguliers, en utilisant toutes les techniques qui lui ont permis de guérir**.

Avant cela, il insistait pour revenir me voir de temps en temps. Vous allez comprendre pourquoi, avec cette histoire caricaturale : Un beau matin, Bernard prend sa voiture pour aller faire ses courses de l'autre côté du fleuve et il s'engage sur le pont autoroutier. Il est probablement le seul Bordelais à avoir oublié le traditionnel bouchon du 15 août !

On peut considérer que du point de vue de l'agoraphobie, c'est une victoire éclatante. Mais pris dans l'embouteillage, Bernard se met en colère et déclenche une panique spectaculaire : « *Je vous prie de croire que j'ai pris une bonne tannée.* » Ce « retour de bâton » l'affole : il se croyait guéri mais il se dit qu'il ne guérira jamais[4] ; cela le déprime, et en ren-

4. Mac Nally R. J., *op. cit.*, p. 156. La survenue d'une panique chez un patient guéri a souvent des conséquences psychologiques très négatives, comme si la peur était « réapprise ».

trant chez lui il se couche et ressasse ses pensées négatives pendant une dizaine de jours.

Nous avons rendez-vous un lundi, et le samedi il se demande : « *Qu'est-ce que va me dire le psy ?* » Il se donne les réponses, fait une relaxation, prépare et refait les exercices de passage du pont avec succès... et vient me parler de tout cela.

Cette séance a été très utile pour aider Bernard à comprendre que **subir une crise de panique ne signifie pas « rechuter » si l'on applique la méthode pour faire face**. J'ai simplement souligné qu'il avait été capable de le vérifier tout seul, avant de revenir me voir.

Reprenons tout cela point par point :

– Dans un premier temps, la panique lui « fait penser » qu'il ne s'en sortira jamais. Vous reconnaissez l'effet de distorsions cognitives caractéristiques : la minimisation et la généralisation (voir « Les erreurs de logique ou distorsions cognitives » p. 187).

– Puis il se ressaisit et traite le problème d'une façon rationnelle, ce qui lui permet de faire face efficacement. Mais dans son esprit, il applique la pensée du « psy », pas la sienne : comme vous le constatez, la minimisation a la vie dure !

– Mon travail se borne à lui faire prendre conscience que c'est lui qui s'est posé les bonnes questions, et a trouvé les bonnes réponses pour faire face à son anxiété.

Mais l'histoire continue, et c'est là qu'elle devient vraiment pertinente. Le 15 août de l'année suivante, Bernard prend le pont d'Aquitaine avec ses deux filles dans la voiture ! Bouchon, colère... mais aussitôt contrôle respiratoire, avec la radio pour attendre dans de meilleures conditions. Bernard est revenu pour me le dire. C'est la dernière fois qu'il est venu : il se sentait enfin maître du jeu, il n'avait plus besoin de moi pour le rassurer.

▷ Djamila : très peu gênée mais pas encore guérie

Deux problèmes ont compliqué l'évolution du trouble panique-agoraphobie de Djamila :

1. **Une dépression récidivante** qui provoque parfois une fatigue importante, notamment le matin, avec des difficultés de concentration, une tristesse envahissante et une tendance à se replier chez elle, ce qui « relance » l'agoraphobie. Cette dépression complique le trouble panique-agoraphobie parce qu'elle **ralentit considérablement le phénomène d'habituation**, et dans ce cas, même les expositions bien construites ne donnent pas à Djamila un sentiment de maîtrise suffi-

sante : cela **entretient le sentiment de ne pas toujours être capable de faire face (minimisation), ainsi que les pensées catastrophiques (« je ne m'en sortirai jamais »).** Un traitement par antidépresseur (Prozac® puis Moclamine®) traite cet état et lui permet de bénéficier de nouveau de l'habituation lorsqu'elle s'expose. Un an plus tard, elle m'adresse une carte postale : elle vient de prendre le métro et le RER à Paris, peu après des attentats effroyables, sans aucune difficulté ! Tout va bien, elle décide d'interrompre le traitement, et quelques mois plus tard... rechute dépressive sévère. C'est au cours de cette rechute qu'elle subit une attaque de panique très pénible à Paris, à l'occasion d'un voyage professionnel. Elle se calme lorsqu'elle applique le contrôle respiratoire, mais ses pensées négatives persistent. Elle se dépêche pour atteindre son rendez-vous... la panique reprend dans le métro... consultation aux urgences, tranquillisants à forte dose et rapatriement à Bordeaux en avion. Comme on pouvait s'y attendre, cet épisode a déclenché une grave rechute d'agoraphobie. Djamila avait perdu confiance dans sa capacité à faire face dans toutes les situations, et elle ne parvenait plus à évaluer les expositions de façon rationnelle. Elle a fait quelques passages en force, et très rapidement elle a évité toute situation « d'insécurité ».

2. **Un compromis avec l'agoraphobie** : même guérie une seconde fois de ses paniques, Djamila « s'arrange » pendant longtemps pour éviter certaines situations qui ne la handicapent pas trop, et notamment celle qui la gêne le plus (circuler en voiture avec quelqu'un), comme si elle ne pouvait pas faire face dans cette situation (voir « Djamila va conduire avec un passager » p. 205).

Point important

De tels évitements induisent un faible handicap de fonctionnement, mais ils entretiennent les pensées catastrophiques, ainsi que le sentiment de ne pas pouvoir faire face par soi-même. Une exposition forte bien préparée (un voyage de plusieurs jours) a aidé Djamila à développer sa confiance pour faire face. **Ce contraste entre un handicap faible ou minime et une pensée encore influencée par la logique anxieuse est très caractéristique de l'agoraphobie.**

C'est un problème qui ne se résout pas seulement en répétant bravement les expositions, mais aussi en posant les questions que nous avons abordées au chapitre des méthodes cognitives pour faire face :

– Celle de la motivation. Pourquoi s'exposer (avantages et inconvénients) ?

– Celle du scénario catastrophe, qui demeure souvent flou, masqué par « *je sais bien qu'au fond je ne risque rien* ». La recherche de la catastrophe permet de préciser le contexte et le risque contre lequel on doit se battre.

– Celle du scénario constructif (comment utiliser relaxation, contrôle respiratoire et habituation pour faire face) dans une situation bien définie.

C'est le travail que nous avons poursuivi méthodiquement, parce que nous avions décidé d'aller au bout de son agoraphobie. Et comme Bernard, Djamila a appris à se poser des questions réalistes, au lieu d'attendre des réponses rassurantes de la part de son thérapeute. Ses expositions sont devenues de plus en plus efficaces et elle a acquis, elle aussi, un sentiment d'autonomie.

▷ Jacqueline a des problèmes très difficiles

Une série de problèmes compliquent l'évolution de Jacqueline :

1. Elle est **extrêmement sensible à l'anxiété** (voir « Jacqueline pense que son essoufflement est bien inquiétant » p. 129).
2. Le **contrôle respiratoire la soulage peu**, probablement parce que le fait de se concentrer sur sa respiration constitue une exposition involontaire et intense à la sensation de gêne respiratoire.
3. **La situation qui la dérange le plus est une exposition brève et en « tout ou rien »,** et l'on sait que dans ce cas le risque est d'éprouver le soulagement à cause de la fin de l'exposition (évitement), et non à cause de l'habituation (que l'on ne peut obtenir que dans la durée, c'est-à-dire en répétant plusieurs fois de suite l'exposition brève).
4. **Sa mère est « toujours là » pour la rassurer** (ce n'est pas une critique de sa mère, c'est un constat d'analyse fonctionnelle : cette réassurance maintient les croyances anxieuses).
5. **Elle souffre d'une dépression, modérée et fluctuante,** qui influence considérablement son intolérance à l'anxiété et ralentit le phénomène d'habituation. De plus, cette évolution en dents de scie lui donne l'impression de ne jamais faire de progrès (cela renforce donc la minimisation).
6. **Elle ne supporte aucun antidépresseur**, même à très faible dose, et même de faibles doses de benzodiazépines la gênent. Les traitements de « médecine douce » ne la soulagent pas non plus.

Tout cela nous oblige à définir et accepter un objectif réaliste : passer beaucoup de temps sur l'habituation aux sensations de la panique. Les exercices personnels de Jacqueline sont centrés sur ce point. Parallèlement, elle utilise ses connaissances pour s'exposer le mieux possible lorsqu'elle fait la queue dans les magasins (voir « Jacqueline risque de faire la queue dans un magasin » p. 168). Mais elle sait bien qu'elle ne pourra s'exposer de façon efficace à des attentes que lorsqu'elle aura éprouvé une habituation suffisante à la sensation d'essoufflement.

Récapitulons les points que nous venons d'aborder avec ces quatre exemples :

Que dois-je faire pour entretenir mes progrès ?
Accepter de traiter une panique, même longtemps après ma guérison Voir l'exemple de Bernard
Lutter contre les évitements discrets, les « compromis » avec l'agoraphobie Voir l'exemple de Djamila
Reprendre la méthode d'exposition dès que je me sens en difficulté Voir l'exemple de Bernard
Enregistrer mon évolution moyenne sur le cahier pour en prendre conscience et accepter que le processus de guérison n'est pas une ligne parfaite
Prendre conscience de ma capacité à faire face dans les situations difficiles Voir l'exemple de Bernard

CHAPITRE 12

J'évalue régulièrement mes progrès

Je pense que vous avez compris depuis longtemps que l'évaluation régulière de l'évolution sous traitement est l'une des caractéristiques des thérapies comportementales et cognitives. Cette objectivation des difficultés et des progrès accomplis permet d'établir une stratégie de traitement, puis de prendre confiance en soi au fur et à mesure de l'accomplissement des progrès. **Pour cela, le cahier joue un rôle de mémoire impartiale.**

Nous allons évaluer régulièrement quatre grands axes :
– les attaques de panique
– l'agoraphobie
– les expositions
– le handicap social et professionnel

J'observe la fréquence et la gravité des paniques

Une suggestion consiste à noter la sévérité avec des croix, de la façon suivante : +++ pour sévère, ++ pour moyen, + pour faible.

Notez quotidiennement sur votre cahier les paniques éventuelles comme dans l'exemple ci-dessous (voir page 94) :

Date	Heure	Lieu	Degré d'anxiété de + à +++	Durée de la crise (minutes)	Contrôle respiratoire (oui/non)
10.3.02	10 h 30	Bureau	++	5	Non
	16 h 15	Supermarché	+	2	Oui
	etc.				

Vous pouvez aussi enregistrer l'évolution globale du profil des attaques de panique de la façon suivante :

Symptômes	Avant TCC	Sem. 1	Sem. 2	Sem. 3	Sem...	Sem...
1. Souffle coupé, étouffement	+++	++	+			
2. Étourdissement, instabilité, évanouissement	+					
3. Palpitations, cœur accéléré	++	++	+	+		
4. Tremblements ou secousses musculaires						
5. Transpiration	+					
6. Sensation d'être étranglé(e)						
7. Nausée ou gêne abdominale						
8. Étrangeté, irréalité de vous-même ou du monde extérieur						
9. Engourdissements, picotements						
10. Chaleur, frissons, chaud, froid						
11. Douleur, gêne thoracique	++	+				
12. Peur de mourir	++	+				
13. Peur de devenir fou ou de commettre un acte incontrôlé						

J'observe l'évolution de l'agoraphobie

Le carnet de bord permet aussi d'évaluer les **progrès concernant le degré d'évitement de chaque situation incluse dans la liste initiale**. C'est un excellent indicateur des progrès « cognitifs », c'est-à-dire de votre croyance en votre capacité à faire face « au cas où ». En voici un exemple :

Situation	Évitement avant traitement	Évitement (date) %	Évitement (date) %	Évitement (date) %
1. Conduire seule	100	100	90	60
2. Marcher seule dans la rue	95	50	30	15
3. M'éloigner de chez moi	90	50	30	30
4. Traverser une rue	70 à 90			
5. Attendre bus	80 à 100	80 à 100	80 à 100	70
6. Espaces situés en hauteur (escalier ajouré)	90			
7. Ascenseur, espaces fermés	80			
8. Foule	70			
9. Attendre au feu de circulation	100	100	70	40

J'observe l'évolution de mes expositions

Pour chaque type d'exposition, après avoir construit l'analyse fonctionnelle et fait un éventuel travail cognitif de motivation par questionnement, évaluez les résultats de la façon suivante :

Questions que je me pose après une exposition	oui / non
L'exposition a-t-elle fait monter mon anxiété nettement mais sans excès ?	
Me suis-je préparé(e) avec la relaxation ?	
Ai-je utilisé le contrôle respiratoire en cas d'anxiété trop forte ?	
Ai-je fait des pauses (en cas d'anxiété trop forte) ?	
Ai-je obtenu l'habituation (en combien de temps) ?	
Pour conclure : est-ce que je redoute toujours autant la situation à laquelle je me suis exposé(e) ?	

J'observe l'évolution de mon handicap social et professionnel

Le handicap social et professionnel dépend beaucoup du contexte dans lequel vous évoluez. Vous pouvez évaluer subjectivement la perte d'autonomie (évitement d'être seul(e) ou dépendance vis-à-vis de l'entourage, réduction du « périmètre de sécurité ») et le handicap professionnel.

Le tableau suivant devrait vous permettre d'évaluer l'évolution de ces deux « dimensions » importantes. Vous pouvez noter la sévérité avec des croix, de la façon suivante : +++ pour sévère, ++ pour moyen, + pour faible.

	Avant TCC	Sem. 1	Sem. 2	Sem. 3	Sem...	Sem...
1. Dépendance de l'entourage, réduction du périmètre de sécurité	+++	++	+			
2. Handicap professionnel	+	+				

Vous disposez maintenant d'instruments simples et faciles à consulter pour mesurer l'évolution du trouble panique-agoraphobie. Ces observations vous aideront à prendre conscience de vos progrès, et à savoir s'ils sont dus à votre méthode ou au hasard. C'est ainsi que vous prendrez progressivement confiance en vous. En cas de difficulté, elles vous aideront à focaliser vos efforts sur les points délicats, et à ne pas brûler les étapes de votre thérapie.

CHAPITRE 13

Comment évolue-t-on vers la guérison ?

L'idéal est bien sûr de ne plus faire de panique, de ne redouter ni éviter aucune situation et de ne plus être gêné dans sa vie, mais la progression n'est jamais une ligne droite[1].

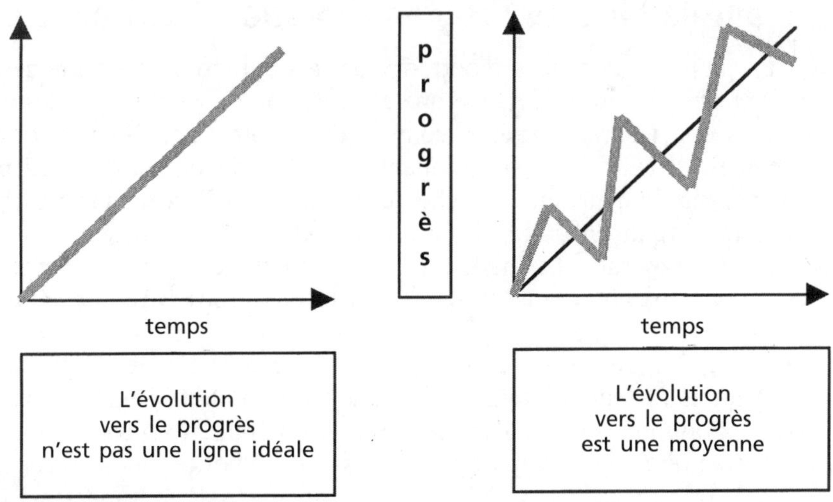

Être guéri(e) consiste surtout à ne plus avoir peur des attaques de panique, ne plus avoir peur de la peur, quelles que soient les circonstances. Il faut donc pour cela **accepter la possibilité d'avoir une crise**, un jour (comme la fraction de la population qui a des attaques de panique

1. Andrews G., Crino R., Lampe L., Hunt C., Page A., *op. cit.*

sans trouble panique). Le cas de Bernard illustre bien ce problème. Vous avez vu que pour lui, accepter signifie aussi :

- penser à traiter toute crise débutante,
- continuer de lutter contre les évitements et les recherches de réassurance, même lorsqu'ils sont subtils.

Être guéri(e) c'est aussi accepter que de temps à autre les anticipations anxieuses automatiques nous traversent l'esprit, parce qu'elles ne sont pas graves en soi (voir Hélène). Ce qui est grave, c'est d'obéir à leur logique, de croire qu'elles sont vraies, et de réactiver le cercle vicieux que vous connaissez bien.

La guérison résulte d'un travail méthodique et soigneux, qui va toujours dans le sens contraire de ce que le trouble panique-agoraphobie incite à faire : tester et retester sa capacité à faire face. « *Beaucoup de patients continuent d'interpréter de façon erronée leurs symptômes comme catastrophiques, parce qu'ils ont des conduites qui leur évitent de tester leurs croyances.*[2] »

Que puis-je faire en cas d'amélioration incomplète ?

La plupart des études montrent que la diminution des paniques est souvent beaucoup plus rapide que celle de l'agoraphobie. Tous les paniqueurs que j'ai rencontrés étaient motivés pour faire disparaître leurs attaques, et cela n'est pas étonnant : tout le monde est d'accord pour soulager la douleur. En revanche, le problème de l'agoraphobie est plus complexe : pour la traiter, il faut « aller chercher » l'anxiété, la provoquer en s'exposant. Les motivations pour s'exposer sont très variables : recouvrer une autonomie suffisante est possible sans affronter toutes les situations problèmes, et des compromis sont souvent possibles. Et dans ce cadre, l'influence de l'entourage peut jouer un rôle très important.

D'autres facteurs de résistance proviennent de la difficulté à s'exposer (sensibilité importante à l'anxiété, lenteur d'habituation) ou de l'interaction avec une dépression, des conduites d'alcoolisation ou la consommation de tranquillisants, utilisés pour « compenser » le sentiment, souvent mal verbalisé, de ne pas pouvoir faire face (minimisation).

Quoi qu'il en soit, il faut toujours vérifier que la méthode pour faire face est bien assimilée et bien appliquée.

2. Salkovskis, cité par Mac Nally R. J., *op. cit.*, p. 112.

J'accepte d'appliquer la méthode régulièrement

Le cas de Bernard est explicite : ses progrès se maintiennent parce qu'il accepte d'entretenir son habituation, en s'exposant régulièrement à des situations qu'il a déjà maîtrisées (essentiellement la conduite du bus dans des circonstances météorologiques désagréables).

J'analyse ma motivation en reprenant l'analyse fonctionnelle

Beaucoup de phobiques de l'avion demandent à se traiter parce qu'ils ont réellement envie ou besoin de voyager par ce moyen de transport. Il est beaucoup plus facile de trouver un (mauvais) compromis dans des situations de la vie quotidienne.

L'exemple de Mireille est caractéristique : elle avait progressé lentement, mais très régulièrement, dans la lutte contre son agoraphobie. Malgré une bonne technique d'exposition et un bon contrôle de l'anxiété, l'idée de conduire dans le centre de sa petite ville lui semblait toujours insurmontable.

Lorsque son fils a eu seize ans, elle a décidé de faciliter son apprentissage avec la « conduite accompagnée ». C'est à ce moment-là qu'elle a trouvé la motivation qu'elle ne trouvait pas pour elle-même ! Elle a pensé que son agoraphobie ne devait pas entraver l'autonomie de son fils. Vous reconnaissez là un processus cognitif de motivation à faire face. Mireille n'est plus restée en arrêt devant les « *je sais bien que je ne risque rien, mais...* », ni les « *au cas où...* ». Elle a réfléchi (toute seule) à une méthode pour s'exposer efficacement à cette situation. Elle l'a fait avec succès. Elle s'est rendu compte qu'elle avait bien maîtrisé son émotion et que son fils avait bien conduit... Et elle a pu enchaîner une exposition en conduisant elle-même !

On peut être motivé pour soi ou pour les autres. L'important est de se poser les bonnes questions pour ne pas éviter ni passer en force.

Chacun décide pour soi, l'important est de comprendre les conséquences d'une attitude sur notre vie et sur notre psychologie. Le travail cognitif nous aide à le faire.

Que puis-je faire en cas de rechute ?

On n'oublie pas une technique que l'on a apprise et pratiquée avec succès. Même après des intervalles de temps très importants, ce que l'on appelle souvent dans la vie courante « les réflexes » revient dès que l'on recommence à pratiquer.

Avoir une crise de panique ou une anticipation anxieuse ne signifie pas « rechuter », parce que l'apprentissage pour faire face ne s'oublie pas (on peut seulement oublier de faire face).

Une rechute n'est pas...

L'histoire de Bernard vous a montré que guérir ne signifie pas « ne plus jamais avoir une attaque de panique », bien que l'on comprenne très bien que vous souhaitiez cela.

Les histoires d'Hélène et de Bernard vous montrent que cela ne signifie pas non plus « ne plus avoir aucune pensée agoraphobe ».

Qu'est-ce qu'une rechute ?

Vous avez bien compris qu'une attaque de panique ou des pensées anxieuses ne signifient pas « rechute ». Il y a deux types de problèmes dans une rechute :

1. **La réapparition de symptômes (anticipations anxieuses, évitements) et d'un handicap dans le fonctionnement socioprofessionnel.**

Commençons par le contrôle respiratoire : dans un trouble panique-agoraphobie pur, il n'y a aucune raison pour qu'il devienne un jour inefficace si... vous y pensez et si vous acceptez de le pratiquer en cas de besoin, et pendant le temps nécessaire ! En revanche, l'amélioration qu'il produit peut être moins complète ou durer moins longtemps si vous êtes déprimé(e), ou en cas de stress (un manque de sommeil chronique par exemple).

Si l'habituation vous semble moins efficace, commencez par relire le « Tableau comparant les deux façons de s'exposer et leurs conséquences » p. 121, pour vérifier que vous n'évitez pas vos peurs, même de façon subtile. Si l'habituation reste ou devient un peu imprévisible malgré une bonne technique d'exposition, vous souffrez peut-être d'une dépression, d'un autre trouble psychologique ou d'une maladie somatique, en plus du trouble panique-agoraphobie.

2. **La signification catastrophique et désespérante que cela représente** : la peur de ne jamais en sortir. C'est ce qu'exprime très bien Bernard. C'est le véritable drame de la rechute car il signifie que les cercles vicieux se sont reconstitués, avec les pensées concernant le danger et le sentiment d'être incapable de faire face.

Si vous avez le sentiment de rechuter, prenez rapidement l'avis d'un spécialiste

Moins longtemps vous resterez « isolé(e) » dans la rechute, plus vite vous en sortirez.

La rechute suit-elle un sevrage de médicaments du trouble panique ?

L'arrêt d'un antidépresseur ou d'un tranquillisant est souvent suivi d'une rechute, surtout s'il est brutal et prématuré (avant 18 à 24 mois de traitement).

Précisez ce que « rechute » signifie : panique et/ou agoraphobie ?

S'agit-il de crises de panique qui se répètent, de la peur de sensations de panique ?

S'agit-il d'anticipations agoraphobes suivies d'évitements, ou de passages en force qui maintiennent la logique anxieuse ?

Recherchez des facteurs associés (manque de sommeil, dépression, maladie somatique, abus de café, d'alcool ou de tranquillisants, etc.)

Il faut refaire le tour du problème, en commençant par panique et agoraphobie, et chercher un autre trouble psychologique et une maladie physique associée, que l'on pourrait confondre avec des paniques (voir « Faites la différence entre trouble panique et autre maladie »).

La dépression est fréquemment associée au trouble panique. Elle peut en être une conséquence (cas de Bernard) ou indépendante de lui (cas de Djamila). Mais il faut savoir qu'une dépression complique souvent la réponse à une TCC à cause de multiples facteurs (émotivité augmentée, fatigue, démotivation).

C'est en fonction de ces éléments que le spécialiste vous proposera une méthode de traitement en conséquence (TCC seule, médicament avant la TCC, ou associé à la TCC).

La dépendance aux benzodiazépines à fortes doses et/ou à l'alcool ou à d'autres substances (cannabis, cocaïne) est aussi un facteur fréquent de résistance ou de rechute.

Reprenez l'analyse fonctionnelle et le travail cognitif

En tenant compte des autres problèmes, afin de déterminer les priorités et les moyens de mise en œuvre du traitement.

Si la méthode comportementale est indiquée, refaites un plan d'expositions pour chasser les compromis et les évitements subtils

En veillant bien à aller jusqu'au bout de la logique anxieuse, si c'était elle la cause de la résistance ou de la rechute.

Conclusion

Vous voici maintenant arrivé(e) à la fin de ce manuel. Bravo, et merci pour vos efforts. J'espère vraiment qu'il vous aidera à faire face efficacement. Pour cela, il vous faudra revenir plusieurs fois sur « vos » points les plus difficiles. C'est normal, cela fait partie de tout apprentissage.

Deux derniers conseils :

• Utilisez et revenez sur les différents exemples, pour construire et évaluer méthodiquement vos analyses fonctionnelles et vos expositions.

• Structurez bien votre thérapie à l'aide du chapitre « Je construis mon traitement ».

Un dernier test :

Avez-vous l'impression d'avoir lu plusieurs fois certaines consignes ?	Oui / Non

Oui ? Vous êtes sur la bonne voie, cela me fait plaisir.

Luttez bien !

Annexes

Le DSM-IV est la quatrième version du *Manuel diagnostique et statistique* de l'American Psychiatric Association (APA). C'est l'organisme qui a introduit en 1980 la définition actuelle de l'attaque de panique dans une nouvelle classification des maladies psychiatriques. Ce concept a été adopté depuis par l'Organisation mondiale de la santé (OMS), dans la dixième édition de la Classification internationale des maladies (CIM-10).

Critères diagnostiques d'une attaque de panique selon le DSM-IV

Ils sont représentés par une période bien limitée de crainte ou de malaise intense, dans laquelle au minimum quatre des symptômes suivants sont survenus de façon brutale, et ont atteint leur acmé en moins de dix minutes :

- palpitations, battements de cœur ou accélération du rythme cardiaque,
- transpiration,
- tremblements ou secousses musculaires,
- sensation d'étranglement,
- douleur ou gêne thoracique,
- nausée ou gêne abdominale,
- sensation de vertige, d'instabilité, de tête vide ou d'évanouissement,
- déréalisation (sentiment d'irréalité) ou de dépersonnalisation (être détaché de soi),
- peur de perdre le contrôle de soi ou de devenir fou,
- peur de mourir,
- paresthésies (sensations d'engourdissement ou de picotements),
- frissons ou bouffées de chaleur.

Liste des symptômes présents au cours des attaques de panique sur un échantillon de six cent quatre-vingt-quatre patients[1].

Palpitations, battements de cœur ou accélération du rythme cardiaque	90 %
Sensation de « souffle coupé » ou impression d'étouffement	81 %
Sensations de vertiges, d'instabilité, de tête vide ou impression d'évanouissement	70 %
Transpiration	69 %
Frissons ou bouffées de chaleur	64 %
Douleur ou gêne thoracique	62 %
Peur de mourir	60 %
Tremblements ou secousses musculaires	58 %
Peur de perdre le contrôle de soi ou de devenir fou	56 %
Paresthésies (sensations de fourmillements, picotements, engourdissement)	51 %
Sensation d'étranglement	51 %
Nausées ou gêne abdominale	40 %
Déréalisation ou dépersonnalisation (impression d'étrangeté de l'entourage ou de soi-même)	33 %

Critères diagnostiques du trouble panique selon le DSM-IV

A – Il faut à la fois que le patient présente les symptômes (1) et (2) :

1) Attaques de panique récurrentes et inattendues.

2) Au moins une des attaques est accompagnée, pendant un mois (ou plus), de l'un (ou plus) des symptômes suivants :

a) crainte persistante d'avoir d'autres attaques de panique,

b) préoccupations à propos des implications possibles de l'attaque ou bien de ses conséquences (par exemple, perdre le contrôle, avoir une crise cardiaque, « devenir fou »),

c) changement de comportement important en relation avec les attaques.

B – Absence d'agoraphobie (trouble panique sans agoraphobie) ou présence d'agoraphobie (trouble panique avec agoraphobie).

C – Les attaques de panique ne sont pas dues aux effets physiologiques directs d'une substance (par exemple, une substance donnant

1. Servant D. *op. cit.*, p. 47.

lieu à un abus, un médicament) ou d'une affection de médecine générale (par exemple, une hyperthyroïdie).
D – Les attaques de panique ne sont pas mieux expliquées par un autre trouble mental, tel qu'une phobie sociale (par exemple, lors de l'exposition aux situations sociales redoutées), une phobie spécifique (par exemple, lors de l'exposition à une situation phobogène spécifique), un trouble obsessionnel-compulsif (par exemple, l'exposition à la saleté chez quelqu'un ayant une obsession de la contamination), un état de stress post-traumatique (par exemple, en réponse à des stimuli associés à un facteur de stress sévère) ou un trouble « anxiété de séparation » (par exemple, en réponse au fait d'être éloigné du domicile ou des proches).

N.B. Les critères d'exclusion du « D » peuvent induire une certaine confusion dans l'esprit du lecteur. En effet, dans les cas cliniques présentés, il existait chez l'un ou chez l'autre des phobies de situations sociales ou des peurs correspondant à une anxiété de séparation ancienne. Ce qui importe, c'est que les crises de panique ne surviennent pas seulement dans un seul type de situation (comme dans le cas de ces autres troubles anxieux) et qu'elles répondent aussi aux critères du « A ».

Critères diagnostiques de l'agoraphobie selon le DSM-IV

– Anxiété liée au fait de se retrouver dans des endroits ou des situations d'où il pourrait être difficile (ou gênant) de s'échapper, ou dans lesquelles on pourrait ne pas trouver secours en cas d'attaque de panique, soit inattendue soit facilitée par des situations spécifiques, ou bien en cas de symptômes à type de panique. Les peurs agoraphobiques regroupent typiquement un ensemble de situations caractéristiques incluant le fait de se retrouver seul en dehors de son domicile, d'être dans une foule ou dans une file d'attente, sur un pont ou dans un autobus, un train ou une voiture.

N.B. Il faut envisager le diagnostic de phobie spécifique si l'évitement est limité à une ou seulement quelques situations spécifiques, ou celui de phobie sociale si l'évitement est lié aux situations sociales.
– Les situations sont soit évitées (par exemple restriction des voyages), soit subies avec une souffrance intense ou bien avec la crainte d'avoir une attaque de panique, ou des symptômes à type de panique, ou bien nécessitant la présence d'un accompagnant.

– L'anxiété ou l'évitement phobique n'est pas mieux expliqué par un autre trouble mental, tel qu'une phobie sociale (par exemple, évitement limité aux situations sociales par peur d'être embarrassé), une phobie spécifique (par exemple, évitement limité à une situation unique comme les ascenseurs), un trouble obsessionnel-compulsif (par exemple, évitement de la saleté chez quelqu'un ayant une peur de la contamination), un état de stress post-traumatique (par exemple, évitement des stimuli associés à des facteurs de stress sévère) ou un trouble « anxiété de séparation » (évitement lié au départ du domicile ou à la séparation d'avec les membres de la famille).

Qu'ai-je appris sur le trouble panique ?

Vérifiez vos connaissances générales sur le trouble panique en consultant le tableau ci-dessous.

	VRAI	FAUX
Le trouble panique est une maladie :		
– physique (cardiaque, neurologique...)		X
– psychologique	X	
Une crise de panique peut :		
– tuer		X
– rendre très malade		X
– rendre fou		X
– nous faire faire n'importe quoi		X

Qu'ai-je appris sur l'agoraphobie ?

	OUI	NON
C'est la peur d'un « danger » intérieur	X	
C'est la peur d'un « danger » extérieur		X
L'agoraphobe évite des situations qu'il ou elle croit dangereuses	X	
L'agoraphobe évite des situations réellement dangereuses		X
L'agoraphobe évite des situations non dangereuses	X	
C'est une maladie qui met en danger		X

Les traitements des paniques et de l'agoraphobie

Que sais-je du contrôle respiratoire ?

	OUI	NON
Le contrôle respiratoire des paniques consiste à ralentir sa respiration avec des blocages inspiratoires et avec une respiration lente	X	
Il faut quelques minutes pour que le C.R. soit efficace	X	
Il faut le prolonger pendant quelques minutes après avoir fait céder une crise	X	
Il est utile même si l'hyperventilation ne déclenche pas de crise	X	
Il est beaucoup plus rapidement efficace que les tranquillisants, même injectés ou sucés	X	
Il est utile pour traiter les paniques	X	
Il est utile pour traiter l'agoraphobie	Oui, mais en complément de l'exposition, qui reste la méthode principale	

Que sais-je de l'habituation ?

	OUI	NON
L'habituation est un phénomène automatique	X	
L'habituation est une technique de contrôle		X
L'habituation est un phénomène progressif	X	
L'habituation permet de se désensibiliser (ne plus redouter certaines sensations ni certaines situations)	X	
L'habituation nécessite une méthode précise pour traiter un trouble anxieux	X	

Tableau des situations évitées

Situation	Évitement avant traitement	Évitement (date)	Évitement (date)	Évitement (date)
1				
2				
3				
4				
5				
6				
7				
8				
9				
10				
11				
12				

Questions sur l'exposition

Réponses aux questions sur l'exposition d'Hélène	Oui / Non
A-t-elle fait une exposition « pure » (et non une exposition pour faire quelque chose) ?	Oui
L'exposition a-t-elle fait monter son anxiété nettement mais sans excès ?	Oui, fortement 80 %
S'est-elle préparée avec la relaxation ?	Non
A-t-elle utilisé le contrôle respiratoire (en cas d'anxiété trop forte) ?	Oui
A-t-elle fait un repli (en cas d'anxiété trop forte) ?	Oui
A-t-elle obtenu l'habituation ?	Oui, en 15 minutes
Pour conclure : pensez-vous qu'elle redoute toujours autant la situation à laquelle elle s'est exposée ?	Non

Réponses aux questions sur la nuit de Martine	Oui / Non
A-t-elle fait une exposition « pure » (et non une exposition pour faire quelque chose) ?	Oui (elle a décidé de s'exposer en gardant seule ses enfants)
L'exposition a-t-elle fait monter son anxiété nettement mais sans excès ?	Oui (une ou deux montées d'angoisse)

Questions sur les distorsions cognitives

Distorsions cognitives d'Isabelle	Oui	Non
Maximalisation	X	
Minimisation	X	
Généralisation	X	
Abstraction sélective	X	
Pensée dichotomique	X	

– La pensée dichotomique, ou pensée en « tout ou rien » : si je sens mon cœur c'est anormal... si c'est anormal, je suis en danger de mort = si je ne suis pas complètement rassurée, je suis en danger de mort.

– La généralisation : la moindre sensation, les mots même déclenchent l'anxiété.

– La maximalisation : cœur qui bat très fort = cœur qui va « *exploser* ».

– L'abstraction sélective : le constat qui est à la base de son raisonnement est : sentir son cœur battre lorsqu'elle se repose. À cause de cela, elle ignore tous les éléments rassurants qui peuvent l'aider à *prendre du recul*.

– La minimisation : elle ne pense même pas qu'elle peut contrôler son anxiété.

Il est évident que cette logique ne laisse pas de place au « faire face ».

Modèle de Barlow[2]

Barlow pense que la peur de la peur résulte dans le trouble panique d'un conditionnement aversif.

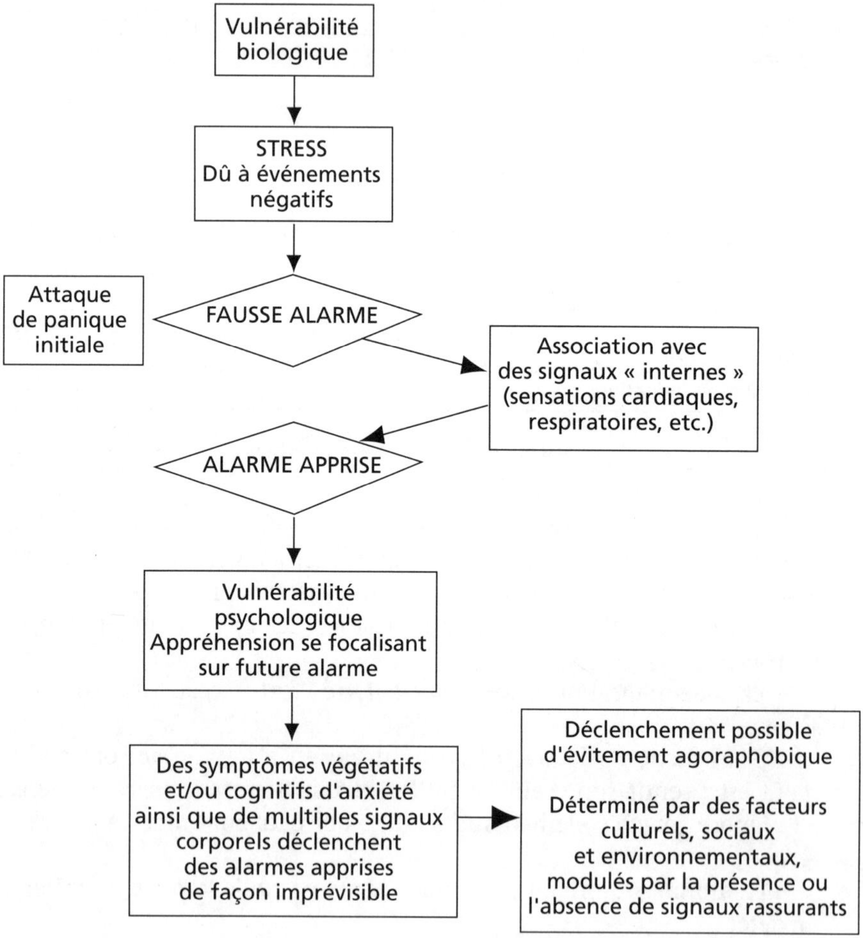

2. Barlow D. H., *op. cit.*, p. 367.

Tableau présentant les différents antidépresseurs efficaces sur le trouble panique-agoraphobie (bien supportés dans 70 à 80 % des cas)

Nom commercial Dénomination internationale	Doses moyennes recommandées en mg par jour, à atteindre en quelques semaines	Effets secondaires les plus fréquemment rencontrés, mais supportables la plupart du temps
DEROXAT® paroxetine*	40	Troubles gastriques, troubles sexuels, somnolence, prise de poids
SEROPRAM® citalopram*	20 à 30	Troubles gastriques, troubles sexuels, somnolence, prise de poids
PROZAC® fluoxetine	20	Troubles gastriques, troubles sexuels
FLOXYFRAL® fluvoxamine	300	Troubles gastriques, troubles sexuels, somnolence, prise de poids
ZOLOFT® sertraline	50	Troubles gastriques, troubles sexuels
EFFEXOR® venlafaxine	150	Troubles sexuels, prise de poids, élévation de la tension artérielle
ANAFRANIL®. clomipramine*	100	Sécheresse de la bouche, constipation, vertiges, troubles sexuels, prise de poids. Augmentation des paniques en début de traitement si dose supérieure à 25 mg/jour

(*) Seuls les traitements suivis d'un astérisque sont recommandés par la Sécurité sociale.

Tableau présentant les différents tranquillisants de type benzodiazépine efficaces sur le trouble panique-agoraphobie

Nom commercial Dénomination internationale	Doses moyennes recommandées en mg par jour, à atteindre en quelques semaines	Effets secondaires les plus fréquemment rencontrés, mais supportables la plupart du temps
XANAX® alprazolam*	Doses élevées 6 mg/jour à atteindre en 3 semaines	Risque de rebonds d'angoisse entre les prises, car le produit est rapidement éliminé par l'organisme. Troubles de l'attention et de la mémoire au-delà de 2 à 3 mg par jour. Potentialisation réciproque avec l'alcool. Risque de dépendance dans 10 % des cas.
RIVOTRIL® clonazepam	Doses assez élevées 1 à 2 mg/jour, à atteindre en 3 semaines	Au-delà de 1,5 mg/jour, effet abrutissant, troubles de l'attention et de la mémoire. Potentialisation réciproque avec l'alcool. Risque de dépendance dans 10 % des cas.

(*) Seul le traitement suivi d'un astérisque est recommandé par la Sécurité sociale.

Références

Andrews G., Crino R., Lampe L., Hunt C., Page A., *The Treatment of Anxiety Disorders, Clinician's Guide and Patient Manual*, Cambridge University Press, 1994.

Bailly D., *L'Angoisse de séparation*, Masson, 1995.

Bandura A. *L'Apprentissage social*, traduit par Jean A. Rondal, Pierre Mardaga, 1976.

Barlow D. H., *Anxiety and its Disorders. The Nature and Treatment of Anxiety and Panic*, The Guilford Press, 1988.

Barlow D. H., Cerny J. A., *Psychological Treatment of Panic*, The Guilford Press, 1988.

Beck A. T., Emery G., Greenberg R., *Anxiety Disorders and Phobias, A Cognitive Perspective*, Basic Books, Harper Collins Publishers, 1985.

Beck A., *Cognitive Therapy and the Emotional Disorders*, New American Library, 1976.

Boulenger J.-P., *L'Attaque de panique, un nouveau concept?* Jean Pierre Goureau éditeur, 1987.

Cottraux J., *Les Thérapies cognitives*, Retz, 1992.

Cottraux J., *Les Thérapies comportementales et cognitives*, Masson, 1995.

Cungi C., *Savoir gérer son stress*, Retz, 1998/2001.

Emery J.-L., *Surmontez vos peurs. Vaincre le trouble panique et l'agoraphobie*, Odile Jacob, 2000.

Gorman J. M, Kent J.-M., Sullivan G.M., Coplan J.-D., « Neuroaantomical Hypothesis of Panic Disorder Revised », *Am J Psychiatry*, 2000; 157 : 493-505.

Klein D.F., « Flawed Meta-Analyses Comparing Psychotherapy with Pharmacotherapy », *Am J Psychiatry*, 2000; 157 : 1204-1211.

Lepine J.-P., Lellouch, « Étude épidémiologique des troubles dépressifs et anxieux dans une population générale », *Ann. Med. Psychol.*, 1993, 151 (9), 618-623.

Mac Nally R. J., *Panic Disorder. A critical Analysis*, The Guilford Press, 1994.

Marchand A., Letarte A., *La Peur d'avoir peur*, Stanké, les Éditions de l'Homme, 1993.

Narrow W. E., MD, MPH; Rae D. S., MA; Robins L. N., Ph D; Regier D. A., MD, MPH. « Revised Prevalence Estimates of Mental Disorders in the United States. Using a Clinical Significance Criterion to Reconcile 2 Surveys'Estimates », *Arch. Gen. Psychiatry*, vol 59, feb. 2002, pp. 115-123.
Rachman S., De Silva P., *Panic Disorder. The Facts*, Oxford University Press, 1996.
Rosenbaum J. F., Pollack M. H., *Panic Disorder and its treatment*, Marcel Dekker, 1998.
Servant D. *Attaques de panique et agoraphobie. Diagnostic et prise en charge*, Masson, 2001.
Sutton N. (D'après une idée originale de Michèle Slung), *Les Mamandises*, Paris, Albin Michel, 1986.
« Practice Guideline for the Treatment of Patients with Panic Disorder », supplement to *The American Journal of Psychiatry*, vol. 155, 5, May 1998.

Quelques adresses utiles

Association française de thérapie comportementale et cognitive (AFTCC) : 100, rue de la Santé, 75674 Paris Cedex 14; téléphone 01 45 88 78 60; fax : 01 45 89 55 66; e-mail : aftcc@wanadoo.fr.; site internet : http://perso.wanadoo.fr/aftcc/.

Association de psychiatres, psychologues, médecins généralistes et infirmiers. Formation professionnelle et congrès scientifique annuel.

Association francophone de formation aux thérapies comportementales et cognitives (AFFORTHECC) : 10, avenue de Gantin, 74150 Rumilly; téléphone : 04 50 01 49 80; fax : 04 50 64 58 46; e-mail : afforthecc@aol.com.; site internet : http://users.aol.com/afforthecc.

L'AFFORTHECC est une association de psychiatres, psychologues, médecins généralistes et infirmiers francophones. Formation professionnelle. Congrès scientifique annuel.

Institut de recherche comportementale et cognitive sur l'anxiété et la dépression (IRCCADE) : 66, cité de l'Église-Saint-Augustin, 33 000 Bordeaux; site internet : http://irccade.com.

Association de psychiatres, psychologues, médecins généralistes et infirmiers. Formation professionnelle.

Association des agoraphobes et des phobiques sociaux MEDIAGORA; site internet : http:// chez.com/mediagora.

Association de patients atteints de trouble panique et d'agoraphobie. Permanence téléphonique 01 47 70 58 18 ; rencontre entre patients chaque semaine à Paris ; informations sur les traitements du trouble panique, de l'agoraphobie et des phobies sociales.

E-mail de l'auteur : peyrepsy@aol.com

Index

W

Dans la même **collection**

Composition et mise en page : AGD Dreux
Édition : Françoise Fellous
Correction : Bérangère Allaire, Gérard Tassi

N° d'éditeur : 1186
N° de projet : 10140935 - Dépôt légal : Novembre 2002
Imprimé en France en mars 2007 sur les presses de l'imprimerie EMD S.A.S.
53110 Lassay-les-Châteaux - N° d'imprimeur : 16868